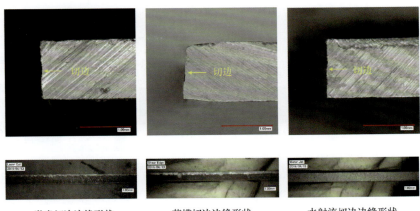

激光切边边缘形状　　　落模切边边缘形状　　　水射流切边边缘形状

a)

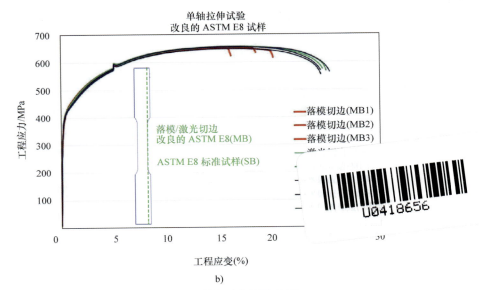

b)

图 3-12　不同加工方法的切边与扩孔性能

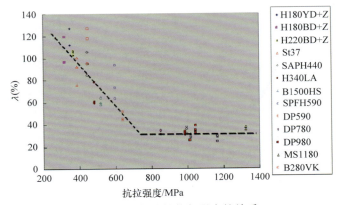

图 3-16　扩孔性能与强度的关系

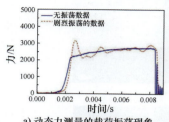 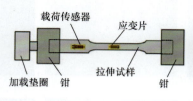 

a) 动态力测量的载荷振荡现象　　b) 试件夹持段粘贴应变片的方法测量载荷　　c) 轻质力传感器方法测量载荷

图 4-4　动态拉伸力传感器

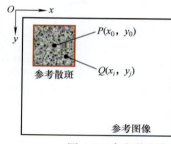 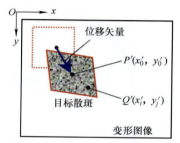

图 4-6　参考散斑集变形前后的对比示意图

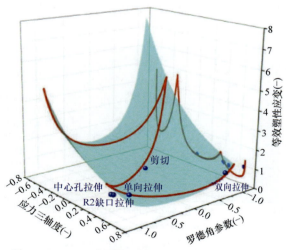

图 4-17　MMC 准则的三维表征结果（损伤累积法）

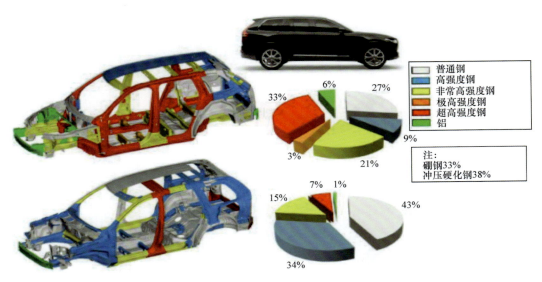

图 12-34　高强度钢车身分布图

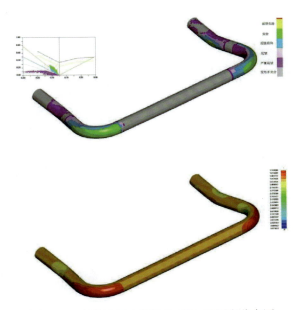

图 13-9　弯管过程中钢管的 FLD 和厚度分布图

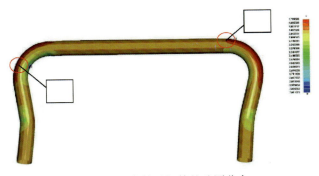

图 13-10　弯管后钢管的壁厚分布

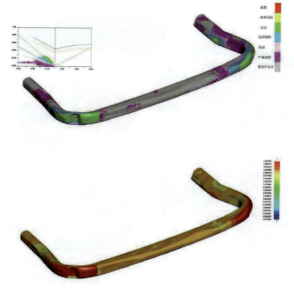

图 13-11　预成形过程中钢管的 FLD 和厚度分布图

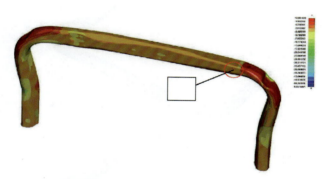

图 13-12　预成形后钢管的壁厚减薄率分布

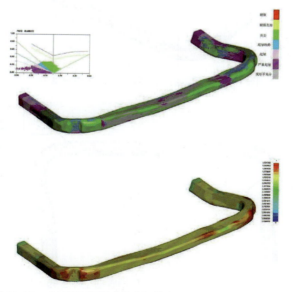

图 13-13　内高压成形过程中钢管的 FLD 图和厚度分布图

图 13-14　内高压成形后钢管的壁厚减薄率分布

图 13-15　试验样件

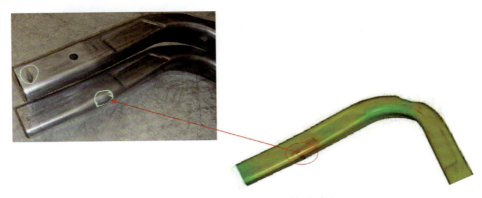

图 13-16　模拟结果与调试结果对比

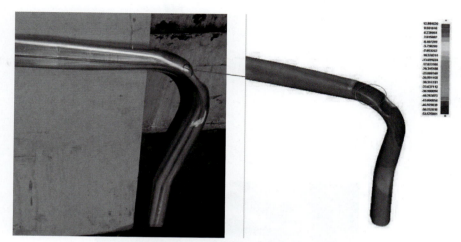

图 13-17　模拟结果与调试结果对比

图 13-18　壁厚检测截面位置

汽车轻量化技术与应用系列丛书

汽车用钢板性能评价与轻量化

中国汽车工程学会
汽车轻量化技术创新战略联盟　组　编

主　编　王　利　孙　黎　杨　洁
副主编　王　彦　杨　冰　韩志勇　杨上陆
　　　　杨　辛　王纳新
参　编　吴　磊　刘永刚　高宪臣　王存宇
　　　　李　红　吴海龙　赖兴华　邢汶平
　　　　张文浩　李言波　贾彦敏　池静媛

机械工业出版社

在汽车用材的组成中，钢铁材料占很大比重，钢铁材料的超高强度可保证汽车安全性，且具备高性价比，在现在乃至今后相当长的时间内，都将是汽车构成的基本材料。近年来，高强度钢和先进高强度钢发展迅速，在汽车轻量化和汽车安全性的提升方面发挥了重要的作用。面对逐年丰富的钢板品类，如何科学有效地对钢板性能进行评价成为各大主机厂及材料工作者必须解决的问题。本书主要由各大主机厂材料部门具有丰富经验的专家撰写，集理论性和实用性为一体，系统地介绍了钢板在力学、连接、腐蚀等方面的性能评价方法。同时对钢板轻量化实例也做了介绍。对于汽车企业、汽车零部件企业工程师，高校教师、研究生，汽车行业其他从业人员来说，本书是一本非常实用的参考书。

图书在版编目（CIP）数据

汽车用钢板性能评价与轻量化/王利，孙黎，杨洁主编；中国汽车工程学会，汽车轻量化技术创新战略联盟组编. —北京：机械工业出版社，2022.6

（汽车轻量化技术与应用系列丛书）

ISBN 978-7-111-70818-6

Ⅰ.①汽… Ⅱ.①王…②孙…③杨…④中…⑤汽… Ⅲ.①汽车轻量化-钢板-性能-评价 Ⅳ.①U465.2

中国版本图书馆 CIP 数据核字（2022）第 085908 号

机械工业出版社（北京市百万庄大街22号　邮政编码100037）
策划编辑：孙　鹏　　　　责任编辑：孙　鹏
责任校对：郑　婕　李　婷
责任印制：单爱军
河北宝昌佳彩印刷有限公司印刷
2022年8月第1版第1次印刷
184mm×260mm・16.25印张・4插页・401千字
标准书号：ISBN 978-7-111-70818-6
定价：129.00元

电话服务　　　　　　　　　　网络服务
客服电话：010-88361066　　　机　工　官　网：www.cmpbook.com
　　　　　010-88379833　　　机　工　官　博：weibo.com/cmp1952
　　　　　010-68326294　　　金　书　网：www.golden-book.com
封底无防伪标均为盗版　　　　机工教育服务网：www.cmpedu.com

汽车轻量化技术与应用系列丛书

编委会

主　任　张进华

副主任　侯福深　王登峰

委　员（按姓氏笔画排序）

马芳武　王　立　王　利　王智文　任　鹏　刘　波
刘永刚　刘宏亮　刘春太　汤　涌　孙凌玉　李占营
李光耀　李彦波　李菁华　邱国华　闵峻英　宋景良
张　海　陈云霞　易红亮　周　佳　赵丕植　夏　勇
徐成林　凌　静　高宪臣　郭爱民　康　明　董晓坤
蒋　斌　韩　聪　程志毅　鲁后国　熊　飞

秘　书　杨　洁　王利刚　项　坤

《汽车用钢板性能评价与轻量化》编著委员会

主　编　王　利　孙　黎　杨　洁
副主编　王　彦　杨　冰　韩志勇　杨上陆　杨　辛　王纳新
参　编　吴　磊　刘永刚　高宪臣　王存宇　李　红　吴海龙
　　　　赖兴华　邢汶平　张文浩　李言波　贾彦敏　池静媛

丛书序 PREFACE

经过20余年的快速发展,我国汽车产业正由产销量持续增长向结构调整和转型升级转变,自主品牌汽车的品牌价值和品质不断提升,新能源汽车的市场份额和总量不断扩大。从技术的发展趋势来看,受能源革命、信息革命和材料革命的影响,汽车产业正迎来百年不遇的大变革,汽车产品"电动化、智能化、共享化"的发展趋势明显。轻量化作为支撑汽车产业变革的重要技术手段,是推进汽车产品节能减排的一项关键共性技术。汽车轻量化是指在保证汽车综合性能指标的前提下,采用科学的方法降低汽车产品重量,以达到节能、减排的目标。目前,轻量化已成为国内外汽车企业应对能源、环境挑战的共同选择,也是汽车产业可持续发展的必经之路。它不仅是节能减排的需要,也是汽车产业结构调整的需要。

近10年来,我国汽车轻量化取得了快速的进步和发展,突破了汽车高强度钢、先进纤维增强复合材料、轻量化结构设计等一系列关键技术,积累了丰富的经验,轻量化产品开发体系基本形成,汽车产品轻量化水平也不断提高,与国际先进水平的差距逐渐缩小,同时,也培养出了一批年轻的、掌握核心技术的工程师。然而,随着轻量化工作不断深入,轻量化技术开发与产业化应用已进入了"深水区",加快工程师的专业培养和基础技术、数据积累已迫在眉睫。

为此,中国汽车工程学会(以下简称"中汽学会")和汽车轻量化技术创新战略联盟(以下简称"轻量化联盟")共同策划了"汽车轻量化技术与应用系列丛书",计划用3~5年时间,组织汽车企业、材料企业、汽车零部件企业等100多名一线技术专家,在分析大量轻量化案例的基础上,编写包括轻量化材料、结构设计和成形(型)工艺等不同技术领域的系列专著,如《汽车用钢板性能评价与轻量化》《乘用车内外饰材料与轻量化》《乘用车用橡胶与轻量化》等,以指导年轻工程师更好地从事汽车轻量化技术开发与应用工作。

书籍是知识传播的介质,也是人才培养及经验积累和传承的基础。本系列丛书秉承中汽学会和轻量化联盟推动汽车产业快速进步和发展的理念,主要面向国内从事汽车轻量化工作的年轻工程师而编写,同时,也为从事汽车轻量化的研究的人员提供参考。

2019年7月23日于北京

序 PREFACE

近年来，中国汽车工业发展迅速，汽车销量连续10年位居世界第一，但是2018年突遭寒冬，车市出现了多年未遇的负增长。目前，国内汽车产销规模基数较大，未来汽车行业发展低增速甚至减速将成为常态，市场竞争也将更加激烈，行业洗牌或将加速到来。在这一背景下，汽车工业的转型升级和高质量发展将成为主旋律。唯有掌握核心技术才能使企业在这一大变革时代中立于不败之地，实现高质量发展。

随着国家油耗及排放法规的进一步加严，在大力发展新能源汽车产业的现实要求下，汽车轻量化已经成为汽车产业的关键核心技术之一。国家和行业发布的《中国制造2025》《汽车产业中长期发展规划》《节能与新能源汽车技术路线图》等政策、规划和技术路线中均已将轻量化列为一项重要内容。车身作为整车中最大的总成部件，其轻量化水平的高低将直接决定整车的重量和轻量化水平。如何设计出又好又轻的车身已经成为汽车行业的热点课题，汽车轻量化技术创新战略联盟每年都会组织中国轻量化车身会议专门研讨车身的轻量化技术。

本书以材料-结构-性能一体化设计为思路，从结构入手，以轻量化为目标，结合车身用材和性能要求，对车身结构与轻量化的设计过程进行了深入浅出的剖析。书中详细地论述了车身结构与轻量化的设计流程，以及概念设计、详细设计、性能设计、轻量化设计等内容，相信这些内容无论是对大中专院校汽车专业的学生，还是对汽车企业从事车身设计的技术人员都会大有裨益。

本书由汽车企业一线从事车身开发的工程技术专家编写，全书采用理论+案例分析的形式进行内容组织，既具备很好的理论性，又具备很好的工程性、实用性和科普性。相信本书的出版会对我国汽车车身开发和轻量化技术的发展起到一定的推动和促进作用，同时也希望本书能够对中国民族汽车工业的进步做出一定的贡献。

2019年8月15日

前言 PREFACE

轻量化是实现汽车减重节能的最主要的技术路线，"双碳"背景下快速发展的新能源汽车，对轻量化的需求则更加迫切。材料、工艺和设计是实现汽车轻量化的主要手段，其中材料是基础。在汽车上使用的各类材料中，钢板因其具有宽泛的性能可控性、易获得性、规模性、易维修和低成本等优势，是目前汽车上使用最多的材料。

中国汽车工程学会于 2007 年成立汽车轻量化技术创新战略联盟，经过联盟单位 10 多年的共同努力，极大地推动了中国汽车工业轻量化技术的积累和进步。在中国汽车工程学会的组织下，写作团队汇集了汽车轻量化技术创新战略联盟、高校和国内一些汽车相关企业的技术专家，聚集"汽车用钢板性能评价与轻量化"，按照汽车工业使用钢板的产业链中涉及的关键技术，从钢板的制造、性能、成形、涂装、连接和服役等维度来论述，全书共分为 13 章。

第 1 章由杨洁、贾彦敏、池静媛撰写，概述了汽车轻量化的目标与发展路径。

第 2 章由王利、刘永刚撰写，介绍了汽车上常用的各类高强度钢板家族，主要包括常规高强度钢、先进高强度钢和各种表面处理钢板，此外还介绍了激光拼焊钢板、变厚度钢板和复合减振钢板等特殊用途的钢板。

第 3 章由孙黎撰写，介绍了钢板的静态基本力学性能、表征方法与成形性之间的关系，重点论述了与高强度钢板应用最相关的成形极限图、切边与扩孔性能和回弹性能。

第 4 章由吴海龙、赖兴华撰写，介绍了钢板的动态基本力学参数与表征方法，重点论述了钢板断裂失效特性与表征方法，钢板断裂特性测试与仿真应用等。

第 5 章由韩志勇撰写，介绍了钢板的钢板疲劳试验分类、试验方法和应用等。

第 6 章由高宪臣、王存宇撰写，介绍了钢板热/温成形技术与性能评价、工艺、零件性能和评价和应用等。

第 7 章由王彦、吴磊撰写，介绍了钢板辊压成形工艺、影响因素和评价。

第 8 章由吴磊、李言波撰写，介绍了板材、管材、壳体液压成形工艺、影响因素和评价。

第 9 章由杨上陆撰写，介绍了钢板的不同焊接方法及其性能，对电阻点焊、镀锌钢板的点焊液态金属裂纹、镀锌钢板的激光焊接和汽车用钢 CMT 焊接进行了论述。

第 10 章由杨冰撰写，介绍了钢板的机械连接，论述了无铆连接、自冲铆连接、流钻螺钉连接和高速铆钉连接。

前 言

第 11 章由杨辛撰写，介绍了钢板的钢板的胶粘连接与胶焊连接技术，论述了影响胶粘接头与胶焊接头力学性能的因素、胶粘连接与胶焊连接的模拟技术和胶粘结构的设计。

第 12 章由王纳新、邢汶平、张文浩共同撰写，介绍了钢板的涂装及涂层耐蚀性，论述了钢板的常用涂装材料、涂料工艺以及涂装工艺新技术。

第 13 章由杨冰、李红撰写，介绍了钢板的典型零部件轻量化设计案例，重点介绍了车身结构件的轻量化设计案例和底盘零件的轻量化设计案例。

本书主要面向汽车厂、零部件厂和钢厂的相关工程技术人员编写，也可作为大学材料类专业师生和从事材料工作技术人员的参考用书。

本书借鉴了钢板性能评价与轻量化方面的参考文献和会议材料，在此对参考文献的作者表示衷心的感谢。由于编者水平有限，书中难免有不妥和错漏之处，恳请读者批评指正。

编 者

2022 年 4 月

目录 Contents

丛书序

序

前言

第1章 概述

1.1 汽车轻量化的战略意义与目标 ………………………… 1
1.2 汽车轻量化发展趋势与技术路径 ………………………… 3
1.3 汽车轻量化材料分类与选择 ………………………… 4
1.4 钢板性能评价与轻量化应用 ………………………… 5

第2章 汽车用钢板分类

2.1 常规高强度钢 ………………………… 7
  2.1.1 烘烤硬化钢 ………………………… 7
  2.1.2 冷轧各向同性钢 ………………………… 10
  2.1.3 高强度IF钢 ………………………… 10
  2.1.4 低合金高强度钢 ………………………… 13
2.2 先进高强度钢 ………………………… 15
  2.2.1 双相钢 ………………………… 16
  2.2.2 复相钢 ………………………… 19
  2.2.3 马氏体钢 ………………………… 20
  2.2.4 相变诱发塑性钢 ………………………… 21
  2.2.5 相变诱发塑性双相钢 ………………………… 22
  2.2.6 淬火配分钢 ………………………… 22
  2.2.7 孪晶诱发塑性钢 ………………………… 23

目 录

  2.2.8 中锰钢 ··· 24
 2.3 表面处理钢板 ··· 24
  2.3.1 电镀锌钢板 ·· 25
  2.3.2 热镀锌钢板 ·· 25
  2.3.3 热镀锌铝镁钢板 ··································· 25
  2.3.4 热镀铝硅钢板 ····································· 27
 2.4 激光拼焊钢板 ··· 27
 2.5 变厚度钢板 ·· 28
 2.6 复合减振钢板 ··· 29
 参考文献 ·· 29

第3章 钢板力学性能与成形性

 3.1 基本力学参数的确定及意义 ······················· 30
  3.1.1 拉伸试验中的基本力学参数 ··················· 30
  3.1.2 屈服准则 ·· 32
  3.1.3 硬化模型与包氏效应 ···························· 33
 3.2 成形极限图 ·· 35
  3.2.1 成形极限图的试验测量 ························· 35
  3.2.2 影响成形极限图测量的几个因素 ············· 37
  3.2.3 基于应力的成形极限图 ························· 37
 3.3 切边与扩孔性能 ······································ 38
  3.3.1 高强度钢的切边性能 ···························· 38
  3.3.2 扩孔性能 ·· 38
 3.4 回弹性能 ··· 40
  3.4.1 影响回弹的几个因素 ···························· 40
  3.4.2 半弹塑性模型 ···································· 42
 参考文献 ·· 43

第4章 钢板的动态力学和断裂失效特性

 4.1 中高速拉伸试验的设计 ····························· 45
  4.1.1 中高速拉伸试验的设备 ························· 45
  4.1.2 中高速拉伸试验的测量方法设计 ············· 46
 4.2 高速拉伸试验数据分析 ····························· 48
  4.2.1 高速拉伸应力-应变曲线和特征参数确定 ··· 48
  4.2.2 高速拉伸应变速率确定 ························· 48
 4.3 霍普金森杆试验 ······································ 49
  4.3.1 霍普金森杆设备组成 ···························· 49
  4.3.2 霍普金森杆数据分析方法 ······················ 49
  4.3.3 霍普金森杆测试数据分析 ······················ 51
 4.4 杆型测力系统 ··· 51
 4.5 钢板高速拉伸性能分析与表征方法 ············· 52
 4.6 钢板断裂失效特性与表征方法 ···················· 54

  4.7 钢板断裂特性测试与仿真应用 ………………………… 56
  参考文献 …………………………………………………… 59

第5章 钢板的疲劳性能

  5.1 疲劳试验分类、术语及定义 …………………………… 64
   5.1.1 疲劳试验分类 …………………………………… 64
   5.1.2 应力控制试验方式（即 $S-N$ 曲线）的疲劳试验相关术
      语及定义、符号与说明 ………………………… 64
   5.1.3 应变控制试验方式（即 $\varepsilon-N$ 曲线）的疲劳试验常用相
      关术语及定义、符号与说明 …………………… 68
  5.2 钢板疲劳试验分类与选择 ……………………………… 71
   5.2.1 钢板疲劳试验分类 ……………………………… 71
   5.2.2 钢板疲劳试验选择 ……………………………… 82
  5.3 汽车钢板疲劳试验设计与操作 ………………………… 85
   5.3.1 疲劳试验参数 …………………………………… 85
   5.3.2 疲劳试验样品 …………………………………… 87
   5.3.3 试验夹具 ………………………………………… 88
   5.3.4 试验结束与保护控制 …………………………… 88
   5.3.5 试验数据有效性判定 …………………………… 89
  5.4 疲劳试验数据处理 ……………………………………… 89
   5.4.1 应力控制疲劳试验 $S-N$ 曲线斜线部分数据处理 …… 89
   5.4.2 应力控制疲劳试验 $S-N$ 曲线水平部分（暨升降法疲劳
      极限）试验数据处理 …………………………… 93
   5.4.3 应变控制 $\varepsilon-N$ 曲线试验数据处理 ……………… 98
   5.4.4 可疑试验数据的取舍 …………………………… 100
  5.5 钢板疲劳性能分析评价现状 …………………………… 102
  5.6 钢板疲劳性能影响因素 ………………………………… 102
  5.7 钢板疲劳性能后续工作展望 …………………………… 103
  参考文献 …………………………………………………… 103

第6章 钢板热成形技术与性能评价

  6.1 钢板热成形工艺 ………………………………………… 105
   6.1.1 直接热成形工艺 ………………………………… 105
   6.1.2 间接热成形工艺 ………………………………… 106
  6.2 热成形钢的微观组织需求 ……………………………… 107
   6.2.1 热成形前钢板基础特性 ………………………… 107
   6.2.2 热成形前后钢板的微观组织 …………………… 108
  6.3 热成形钢零件性能评价 ………………………………… 109
   6.3.1 加热温度及加热时间对热成形钢零件力学性能
      的影响 …………………………………………… 109
   6.3.2 冷却速率对热成形钢零件力学性能的影响 …… 111
  6.4 钢板温成形技术 ………………………………………… 111

6.4.1 温成形定义及原理 …………………………………… 111
6.4.2 温成形工艺窗口 …………………………………… 113
6.4.3 温成形零件的工业生产 …………………………………… 114
6.4.4 性能评价 …………………………………… 115
6.4.5 结论与展望 …………………………………… 115
参考文献 …………………………………… 116

第 7 章 钢板辊压成形性能与评价

7.1 辊压成形工艺 …………………………………… 117
  7.1.1 基本原理 …………………………………… 118
  7.1.2 辊压生产工艺流程 …………………………………… 118
  7.1.3 辊压成形在汽车上的应用 …………………………………… 118
  7.1.4 辊压工艺新技术 …………………………………… 123

7.2 辊压成形工序对成形质量的影响 …………………………………… 125
  7.2.1 钢板的力学性能 …………………………………… 125
  7.2.2 摩擦系数 …………………………………… 126
  7.2.3 钢板厚度/轧辊间隙 …………………………………… 127
  7.2.4 相对弯曲半径 …………………………………… 128
  7.2.5 成形速度 …………………………………… 128

7.3 辊压成形对钢板的要求 …………………………………… 129
  7.3.1 辊压成形性 …………………………………… 129
  7.3.2 辊压成形对钢板的技术要求 …………………………………… 130
参考文献 …………………………………… 132

第 8 章 板材和管材液压成形性能与评价

8.1 液压成形工艺与技术 …………………………………… 134
  8.1.1 管材液压成形技术 …………………………………… 134
  8.1.2 板材液压成形技术 …………………………………… 136
  8.1.3 壳体液压成形技术 …………………………………… 138
  8.1.4 液压成形技术在汽车轻量化方面的应用 …………………………………… 139

8.2 管材液压成形质量的影响因素 …………………………………… 142
  8.2.1 管材成形性能 …………………………………… 142
  8.2.2 材料性能的影响 …………………………………… 143
  8.2.3 成形工艺对管件液压成形质量的影响 …………………………………… 145

8.3 管材液压成形质量的技术要求 …………………………………… 147
  8.3.1 弯管工序的主要缺陷 …………………………………… 147

- 8.3.2 预成形工序的主要缺陷 ······ 149
- 8.3.3 液压工序的主要缺陷 ······ 150
- 8.3.4 液压成形工艺对板材的质量要求 ······ 151
- 8.3.5 液压成形工艺对焊管的质量要求 ······ 153
- 参考文献 ······ 155

第9章　汽车用钢板的不同焊接方法及其性能

- 9.1 高强度钢的电阻点焊 ······ 157
  - 9.1.1 电阻点焊高强度钢的挑战 ······ 157
  - 9.1.2 不同电极压力对电阻点焊高强度钢的影响 ······ 158
  - 9.1.3 不同涂层对电阻点焊高强度钢的影响 ······ 158
  - 9.1.4 回火对电阻点焊高强度钢的影响 ······ 159
- 9.2 液态金属裂纹 ······ 161
- 9.3 镀锌钢板的激光焊接 ······ 164
  - 9.3.1 零间隙激光焊接镀锌钢板的挑战 ······ 164
  - 9.3.2 零间隙普通激光焊接镀锌钢板的不同解决思路 ······ 164
  - 9.3.3 零间隙远程激光焊接镀锌钢板的不同解决思路 ······ 166
- 9.4 汽车用钢 CMT 焊接 ······ 168
- 9.5 钢板可焊性评价 ······ 170
- 参考文献 ······ 171

第10章　钢板的机械连接

- 10.1 无铆连接 ······ 173
  - 10.1.1 无铆连接的原理 ······ 173
  - 10.1.2 无铆连接点的类型 ······ 174
  - 10.1.3 无铆连接点的质量检验 ······ 175
  - 10.1.4 无铆连接点的力学性能 ······ 176
  - 10.1.5 无铆连接的材料要求 ······ 177
- 10.2 自冲铆连接 ······ 178
  - 10.2.1 自冲铆连接的原理 ······ 178
  - 10.2.2 自冲铆连接的铆钉和铆模 ······ 178
  - 10.2.3 自冲铆连接点的质量检验 ······ 179
  - 10.2.4 自冲铆连接的材料要求 ······ 181
- 10.3 流钻螺钉连接 ······ 181
  - 10.3.1 流钻螺钉连接的原理 ······ 181
  - 10.3.2 流钻螺钉连接的质量检验 ······ 182
  - 10.3.3 流钻螺钉连接的适用范围 ······ 182
- 10.4 高速铆钉连接 ······ 184
  - 10.4.1 高速铆钉连接的原理 ······ 184
  - 10.4.2 高速铆钉连接的适用范围 ······ 185
- 参考文献 ······ 185

目 录

第 11 章 钢板的胶粘连接与胶焊连接技术

- 11.1 作为连接工艺的胶粘连接与胶焊连接 ………… 186
- 11.2 影响胶粘接头与胶焊接头力学性能的因素 …… 187
  - 11.2.1 胶焊接头的制造方法 ………………… 187
  - 11.2.2 胶焊接头强度的影响因素 …………… 187
  - 11.2.3 胶焊接头中点焊与胶层的关系 ……… 189
- 11.3 胶粘连接与胶焊连接的模拟技术 ……………… 191
  - 11.3.1 模拟胶层的单元类型 ………………… 192
  - 11.3.2 表征胶黏剂的材料模型 ……………… 194
- 11.4 胶粘结构的设计 ………………………………… 195
- 参考文献 …………………………………………… 197

第 12 章 钢板的涂装及涂层耐蚀性

- 12.1 保证钢板耐蚀性的常用涂装材料 ……………… 199
  - 12.1.1 传统漆前处理材料 …………………… 199
  - 12.1.2 薄膜前处理 …………………………… 205
  - 12.1.3 电泳底漆 ……………………………… 206
  - 12.1.4 中涂 …………………………………… 210
- 12.2 钢板的涂装工艺 ………………………………… 214
  - 12.2.1 常用汽车涂装工艺流程 ……………… 215
  - 12.2.2 相关工序过程 ………………………… 221
  - 12.2.3 涂装工艺新技术展望 ………………… 231

第 13 章 典型零部件轻量化设计案例

- 13.1 车身结构件的轻量化设计案例 ………………… 236
  - 13.1.1 热成形 B 柱轻量化 …………………… 236
  - 13.1.2 QP980 拼焊 B 柱和门槛的轻量化 …… 239
- 13.2 底盘零件的轻量化设计案例 …………………… 241
- 参考文献 …………………………………………… 246

XIII

第 1 章 概　　述

1.1 汽车轻量化的战略意义与目标

汽车轻量化是指在成本控制与性能改进条件下，通过轻量化结构设计与轻量化材料和制造技术在整车产品上的集成应用而实现的产品减重。轻量化作为汽车产业发展的重要方向之一，是国内外汽车企业应对能源环境挑战的共同选择，也是汽车产业可持续发展的必经之路。发展汽车轻量化技术，是我国汽车产业节能减排的需要，也是产业结构调整的需要，更是提升我国汽车产品国际竞争力和建设汽车强国的需要。

1. 轻量化是实现汽车产业可持续发展的长期任务

从国际上看，解决汽车节能减排问题主要通过以下三种途径：一是大力发展新能源汽车，通过推广使用电能和氢能，来减少对石油资源的依赖；二是大力发展先进发动机，通过一系列新技术，提升发动机效率，改善燃油经济性；三是大力发展汽车轻量化技术，在保证汽车性能的前提下，通过减轻汽车自身重量，达到节能减排的目的。因此，无论当前还是将来，轻量化都是汽车技术体系中的重要组成部分。

放眼未来，严峻的能源和环境问题仍然是汽车产业可持续发展所必须面对的首要挑战。汽车已成为石油资源的第一大消费领域，随着汽车保有量的持续增长，汽车产业对能源和环境的压力还在不断增大，2018 年全球汽车领域石油消耗量占比超过 50%。对于汽车来说，整备质量消耗了动力系统输出能量的 70% 以上，因此，汽车轻量化是降低汽车燃油消耗和实现节能减排的有效途径之一。受世界铝业协会、欧洲铝业协会、美国铝业协会联合委托，德国海德堡责任有限公司能源与环境研究所的调查和研究结果见表 1-1。

表 1-1　轻量化对各种车型降低油耗的效果

车型类别	减重 10% 对应的节油效果
乘用车	5.7%
轻型商用车	5.7%
中型货车	5.7%

(续)

车型类别	减重10%对应的节油效果
汽车列车	4%
城市客车	5.6%
长途客车	2.4%

其次,产业科技变革带来了新能源汽车、智能网联汽车的发展。汽车与能源、通信等相关技术全面高度融合,电子信息、网络通信、人工智能、物联互通等技术赋予了汽车更多的功能和驾驶体验,但这些技术的运用也进一步增加了整车整备质量。为了满足车辆安全性、经济性和智能化水平不断提升的要求,必须采用轻量化设计,使整车整备质量保持在合理的区间。

因此,随着节能减排和电动化、智能化技术的发展,轻量化必须作为一项共性关键技术长期地推进下去。

2. 轻量化是提升我国汽车产品竞争力的重要途径

众多的研究成果表明,轻量化不仅将对车辆节能做出贡献,也将影响到车辆的加速性能、制动性能、操纵稳定性、平顺性和噪声振动水平等诸多车辆性能,合理的结构设计和高强度材料的应用将有效提升车辆的安全性能,科学合理的用材策略也将有效控制车辆的生产成本。

以乘用车为例,近年来,中国品牌汽车产品性能提升较快,企业的品牌价值和整车品质都在稳步提高,如一汽红旗H5、上汽荣威350、广汽传祺GS8、长城汽车H6等车型得到国内外消费者的普遍认可,其中也包括了轻量化技术进步的成果。先进轻量化设计、材料成形和连接技术的应用,使这些产品各项性能大幅度提升,大幅度缩小了中国品牌产品与国外同类产品的差距。

在商用车领域,随着我国交通环境治理的推进,依靠超载获得效益已经成为过去,轻量化对降低车辆运营成本和提升运输效率的价值开始显现,轻量化已经成为商用车企业获得市场竞争优势的"法宝",一批轻量化技术应用水平较高的产品成为市场的"宠儿",消费者对中国品牌商用车的认可度得到了进一步的巩固和提升。

3. 轻量化是带动汽车上下游相关产业转型升级的源动力

轻量化能够有效增强我国汽车产品的竞争力,但实现"轻"不仅需要产品设计和评价技术的进步,更需要现代化原材料生产体系、装备制造工业体系的支撑和众多与之相关先进成形工艺、连接技术的发展。

汽车轻量化涉及冶金、化工、材料、装备、设计、维修、回收再利用等多个相关产业。当前,轻量化正向产品设计多学科集成和产品生产智能化的方向发展,由此催生了对生产装备的高精度、高可靠性和对材料性能的高稳定、低成本要求。如车身用薄壁化铸造铝合金,需要铝合金纯净化技术与装备、高效铸造工艺与装备、先进模具设计系统和高质量模具、先进连接工艺与装备等。因此,汽车轻量化水平的提高,将带动冶金、材料、装备等相关产业的转型升级。

1.2 汽车轻量化发展趋势与技术路径

新能源汽车和智能网联汽车的快速发展，对汽车轻量化提出了新的要求，也改变着人们对汽车轻量化工作目标的认识。

其一，为满足车辆安全性、节能环保和智能化的要求，车辆的零部件数量越来越多，一些世界知名汽车企业开始放弃车辆微型、小型化的发展策略，以使得车辆能够有更大的尺寸空间加装新增的零件，使车辆在市场上有更好的价格空间以确保产品能够获得必要的利润。在这一背景下，努力将车辆整备质量控制在一个合理的水平比单纯追求车辆整备质量的持续降低更有意义。

其二，对于新能源汽车，虽然动力系统的改变将导致传统汽车上的零件消失，但由于动力电池能量密度在短期内无法有大幅度的提升，对汽车轻量化的要求就更加迫切。统计资料表明，目前我国新能源汽车的整备质量比同级别燃油汽车高10%以上。因此，必须通过结构设计的优化和轻质材料的利用，为动力系统让出更多的重量空间，实现在车辆整备质量不变的情况下使车辆的续驶里程更长。

其三，由于汽车智能化水平的提高，对汽车的轻量化设计提出了新的要求。例如主动避障技术的大规模应用，会大大减小车辆发生碰撞的概率，或将发生碰撞时车辆的损失降低到最小。因此，通过采取优异的结构设计和高强度材料确保车辆安全性的理念或将在未来某个时间节点被摒弃，以"集成最优"的理念将优异的设计与恰当选材、用材相结合，更好地优化车辆性能、控制整车整备质量和控制车辆生产成本成为未来汽车轻量化的核心任务。

其四，在过去的若干年，碳纤维复合材料和铝合金材料的应用给了汽车企业大幅度降低车辆整备质量的契机。汽车企业也从全碳纤维和全铝车型上市后的市场回馈中进一步认识到多材料混合应用的优势，更加重视"以恰当的设计、恰当的材料和恰当的工艺实现轻量化"，这从宝马i3到后续上市的5系、7系中宝马公司的用材策略变化就可见一斑。导致这些改变的因素，有企业对车辆成本控制方面的需求，也有企业对从原材料生产－零件生产－回收再利用全产业链节能减排的更深入思考，即当我们享受轻量化带来的车辆节能减排收益时，也应当考虑原材料生产过程、产品生产过程和材料再生过程对能源消耗和碳排放的影响。

基于以上认识，未来汽车轻量化的实现途径并没有发生变化，依然包含结构优化设计，钢、铝合金、镁合金、工程塑料、复合材料及与其相关的各种工艺技术，但其发展将更加聚焦于优化设计和多材料混合应用，将出现多种技术和多种技术路线并存的局面。随着产品设计、成形技术和连接技术成熟度的不断提高，各种材料都将有其用武之地（图1-1、图1-2）。对于整车企业来说，轻量化技术和技术路线的选用，将更加注重综合考虑车辆的市场定位、性能目标、成本目标、生产效率和供应链体系的能力等因素。

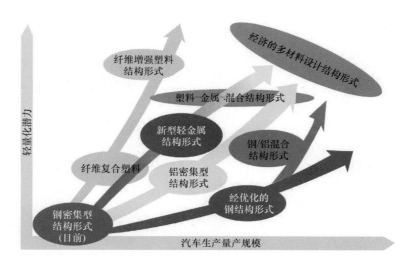

图 1-1　乘用车车身轻量化技术路径

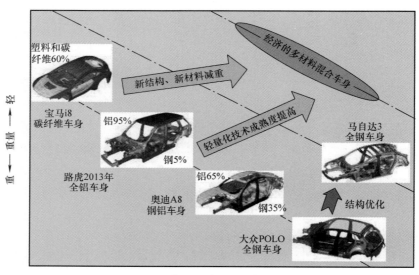

图 1-2　乘用车车身轻量化技术和成本关系

1.3　汽车轻量化材料分类与选择

乘用车白车身选材中要求材料的物理性能、化学性能、力学性能和工艺性能（如屈服强度、抗拉强度、延伸率、刚度、耐蚀性、焊接性能、深冲和冷弯性能、经济性、可获得性等），需从应用、工艺和经济三方面来考虑。目前，在白车身上应用的材料主要有钢材、铝合金、镁合金、碳纤维、塑料以及其他复合材料。

钢铁材料具有良好的塑性和韧性，可以很容易地将其加工成不同部件所需要的形状，满足各零部件的需求。钢铁研究相对其他材料更成熟,形成了不同强度级别的汽车用钢,满足不同零部件的不同要求。

铝合金的密度为钢的1/3,具有重量轻、耐蚀性好、耐磨性好、比强度高及可回收等优点,已成为仅次于钢材的汽车用金属材料。用于汽车上的铝合金主要是铝合金铸件、铝合金板材和挤压铝型材。

镁的密度只有钢铁密度的1/4,它的阻尼性和抗冲击能力均优于钢铁和铝合金,是汽车行业采用的最轻的金属结构材料。镁合金主要用于仪表板骨架、油底壳等支架和壳体类零件上。使用镁合金结构件可在铝合金的基础上再减重30%,轻量化效果非常好。但因其易氧化燃烧、耐蚀性差、加工困难、成本高等问题,一直未能得到较大范围的应用。

碳纤维增强复合材料(CFRP)是在树脂中加入碳纤维而形成的一种新型材料。其疲劳强度、刚度和抗拉强度高,而且耐久性、导电导热性好。碳纤维密度小,被用于制造汽车车身、底盘等主要结构件。但碳纤维材料制造成本较高,目前主要用于赛车、高级轿车中。

2018年我国上市的140多款新开发车型中,80%以上车型车身选用以钢为主材料,国产品牌产品和合资品牌产品均如此,只是由于其面对的消费群体、成本控制要求和企业技术积累、研发能力、供应体系的差异,不同车企在选用汽车用钢种类、强度等级等方面略有不同。

从国际上看,总体而言,目前低价位车型仍然采用以钢为主的用材策略,随着车型档次和价位的提升,铝镁合金用量的占比逐步加大。而随着企业对碳纤维复合材料认识的不断深入,其应用更加趋于理性,碳纤维复合材料占主体的车型已不再受追宠,"恰当"成为汽车企业对碳纤维复合材料应用的核心思想。而从不同国家看,在各类材料的应用方面有其自身特点,这是由其自身工业体系所决定的。

1.4 钢板性能评价与轻量化应用

建立汽车零件成形与钢板性能之间的对应关系,是汽车行业和钢铁行业共同追求的目标。然而,目前在开展实际工作时,对于钢板性能缺乏系统的评价指标和方法。汽车企业依据钢铁企业提供的基本性能参数,难以对零件进行恰当的选材和钢板订购;另一方面,钢铁企业在确定汽车用钢新产品开发的性能目标时,由于对汽车零件所需的钢板性能缺乏指标体系,难以准确评价,致使在新钢种开发时,无法直接针对钢板的应用要求进行新产品开发。

因此,分析汽车覆盖件的使用性能,提出一套系统的覆盖件用钢板性能评价及试验方法,对于指导覆盖件用钢板供应及零件选材、覆盖件用钢板新钢种开发等具有实用价值。根据车身覆盖件制造流程,覆盖件用钢板的性能评价,应分别考虑钢板的冲压性能、连接性能、涂装性能和防腐性能等。

第 2 章
汽车用钢板分类

汽车用钢板经过近 60 年的发展，已经形成了比较齐全的产品系列，涉及牌号近 500 个。根据不同维度可以把汽车用钢板分成不同的类别，常规的分法有以下几种：

(1) 按照钢板的表面状态分类　可分为裸板和镀层板。

(2) 按照钢厂的生产状态分类　可分为热轧（HR）、热轧酸洗（HR-P）、冷轧普冷（CR）、热镀纯锌（GI）、热镀锌铁合金（GA）、热镀铝硅（AlSi）、电镀锌（EG）和后处理表面涂层产品等。

(3) 按照强度级别分类　可分为低碳软钢（Mild Steel）和高强度钢（HSS，抗拉强度≥340MPa）。高强度钢中抗拉强度（TS）≥780MPa 的称为超高强度钢（UHSS），抗拉强度≥980MPa 的称为吉帕钢。根据强化机理，高强度钢又可分为以析出固溶和细晶强化为主的常规高强度钢（CHSS）和以相变强化为主的先进高强度钢（AHSS）。常规高强度钢的牌号命名往往以抗拉强度或屈服强度为准，而先进高强度钢由于同样的抗拉强度可以有不同的屈服强度，因此其命名往往抗拉强度和屈服强度均标出，如 DP 500/800 表示最小屈服强度为 500MPa 和最小抗拉强度为 800MPa 的双相钢。

(4) 按照冲压方式分类　可分为冷冲压和热冲压。

(5) 按照冶金原理分类　可细化为低碳铝镇静钢（LC）、无间隙原子钢（IF，HSSIF）、碳锰钢（CMn）、各向同性钢（IS）、烘烤硬化钢（BH）、高强低合金钢（HSLA）、双相钢（DP）、高延伸双相钢（DH）、相变诱发塑性钢（TRIP）、相变诱发塑性贝氏体铁素体钢（TBF）、复相钢（CP）、孪晶诱发塑性钢（TWIP）、淬火配分钢（QP）、热冲压用钢（PHS）和特殊用途钢等。图 2-1 显示了冷轧各类汽车用钢板的强度和伸长率（EL）关系。

(6) 按照钢板的强塑积的高低分类　可分为第 1 代、第 2 代和第 3 代先进高强度钢，第 1 代先进高强度钢的强塑积为 10~20GPa%，第 2 代先进高强度钢的强塑积为 20~50GPa%，第 3 代先进高强度钢的强塑积在 50GPa% 以上，详见图 2-1。

第 2 章 汽车用钢板分类

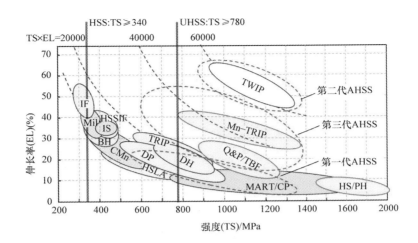

图 2-1 冷轧各类汽车用钢板的强度和伸长率关系

2.1 常规高强度钢

常规高强度钢的主要组织为铁素体，碳（C）含量也比较低，其强化主要采用析出（Nb、V、Ti）、固溶（P）和细晶强化，主要包括烘烤硬化钢（BH）、析出强化钢（HSLA）、各向同性钢等。

2.1.1 烘烤硬化钢

烘烤硬化钢（BH）以铁素体作为基体组织，采用固溶强化原理。这些钢的一个独特的特点是通过成分和工艺设计，以保持碳在生产过程中固溶，然后使碳在烤漆的过程中或在室温下几周的时间里析出。这增加了成形零件的屈服强度和抗凹性，同时不损害成形性。

烘烤硬化钢板主要用途是汽车的外板，其强度级别按照屈服强度分为 140MPa、180MPa、220MPa、260MPa 和 300MPa 级别。烘烤硬化钢板根据生产工艺的不同，可分为冷轧普板、电镀锌和热镀锌三大类产品，相应的设计思路也有多种方案，如罩式炉方向的微碳设计和连续退火方向的超低碳设计等（表 2-1）。

目前国内新一代轿车的外板多采用这一系列的电镀锌烘烤硬化钢板，屈服强度的级别主要是 180MPa 和 220MPa。220MPa 级别电镀锌烘烤硬化钢板冲压的发动机罩外板零件，经冲压烘烤后钢板的屈服强度在 330MPa 左右，具有较高的抗凹陷性能。

烘烤硬化值（BH 值）是烘烤硬化钢的一项重要性能指标。烘烤硬化值的常用测量方法是将试样进行 2% 预拉伸变形，卸载后加热至 170℃ 保温 20min，重新加载至屈服，所得屈服强度与 2% 预拉伸变形的强度差值即为 BH_2 值，计算示意如图 2-2 所示。

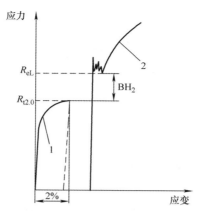

图 2-2 BH_2 值计算示意图

1—2%预应变的应力-应变曲线　2—同一试样烘烤后的应力-应变曲线

表 2-1　烘烤硬化钢分级及品种

钢级	冷轧普板（CR）	电镀锌（EG）	热镀纯锌（GI）	热镀锌铁合金（GA）
140B		●	●	●
180B		●	●	●
220B	●	●	●	●
260B	●	●	●	●
300B	●		●	

目前，广泛应用于外板件的 BH 钢通常为超低碳烘烤硬化钢（Ultra Low Carbon Bake Hardening steel，ULC-BH），是以高强度无间隙原子钢（IF）成分及工艺设计为基础的汽车用钢，其特点是加入微量 Nb 和/或 Ti 合金元素固定部分 C、N 元素，同时加入 Si、Mn、P 等固溶强化元素提高强度。因此 ULC-BH 钢既有高强度 IF 钢的深冲性能，也拥有烘烤硬化特性。

常温抗时效性是制约 BH 钢广泛使用的关键因素，自然时效后的钢板在冲压时表面会出现滑移线（橘皮）缺陷，因为钢中的间隙固溶碳原子会逐渐扩散在位错处形成钉扎，聚集形成柯氏气团，从而产生屈服平台现象。屈服点伸长率（A_e）的大小决定冲压是否产生滑移线缺陷，根据外板的实际使用情况通常 A_e 在 0.5% 以内是可接受范围，超过 1% 后冲压产生缺陷的风险就极高。

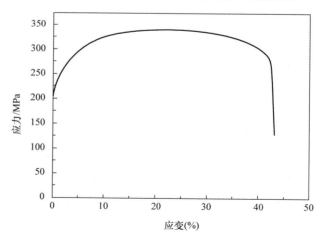

图 2-3　HC180B 典型拉伸曲线

典型 ULC-BH 钢的拉伸曲线、金相组织如图 2-3 和图 2-4 所示，其组织为纯净铁素体，组织及性能特点类似高强度 IF 钢，也存在二次脆性问题，可通过加入微量 B 元素改善冷加工脆性，通常二次加工脆性温度超

过 -60℃。典型牌号 HC180B 的高速拉伸曲线及可焊性工艺窗口示意图如图 2-5 和图 2-6 所示。

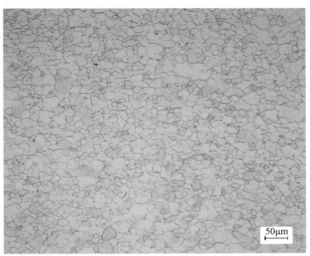

图 2-4　HC180B 金相组织

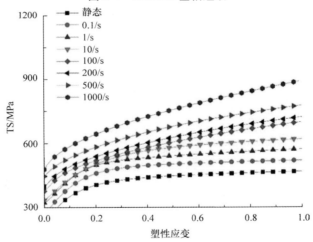

图 2-5　HC180B（0.6mm）高速拉伸曲线

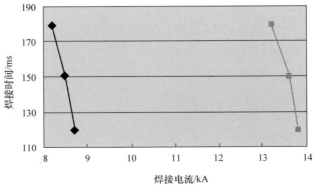

图 2-6　HC180B（0.6mm）可焊性工艺窗口

2.1.2 冷轧各向同性钢

冷轧各向同性钢（IS）属于低碳微合金钢，通过加入微合金元素获得细小的铁素体晶粒和弥散强化效果，从而提高钢板强度，微合金元素阻碍再结晶的进行，影响织构的发展，最终形成有利于各向同性的织构类型。其 Δr 值趋向零，一般为 $-0.15 \sim +0.15$。

各向同性钢深冲时各个方向变形一致，壁厚减薄均匀无制耳，适合于杯状物件冲压。该产品是于20世纪90年代开发的一种汽车板材新品种，多用于汽车外板。国内钢厂具备批量生产能力。

相较于烘烤硬化钢产品，各向同性钢产品成形性能略差，同时产品强度级别较高，并不适合复杂的外板零件冲压，同时各向同性钢也不保证烘烤硬化性能，现在应用很少。

2.1.3 高强度 IF 钢

高强度 IF 钢（HSS-IF）的高强度是通过添加一定量的固溶强化元素 P 来实现的，由于 IF 钢具有超深冲性能，因此高强度 IF 钢是一种超深冲的高强度钢，强度级别根据抗拉强度的不同主要分为 340MPa、370MPa、390MPa 和 440MPa。高强度 IF 钢主要应用于要求有一定强度同时形状比较复杂的零件中，由于其强度的提高主要是通过 P 来实现的，而 P 容易偏聚在铁素体晶界引起二次加工脆性，因此在使用高强度 IF 钢前，需要特别关注其二次加工脆性的评估。

高强度 IF 钢的合金成分设计思路为通过冶炼和 RH 处理使钢中 C、N、S 等元素含量降至最低水平以保证钢质纯净，通过 Ti 和/或 Nb 处理固定钢种 C、N 间隙原子以保证其成形性，同时适当增加置换型固溶原子 P、Mn、Si 的含量，通过固溶强化来保证强度。因此，高强度 IF 钢具有以下特征：

1) 具有较高的屈服强度和抗拉强度，其强度明显高于普通 IF 钢。
2) 优异的深冲性能，r 值和 n 值较高，适用于拉深、胀形等成形复杂的零件。
3) 良好的韧性与塑性。
4) 非时效性。

典型高强度 IF 钢静态工程应力应变曲线如图 2-7 所示，其金相组织为纯净铁素体（图 2-8），高速拉伸性能、疲劳性能、焊接工艺窗口以及二次冷加工脆性如图 2-9 ~ 图 2-12 所示。在 IF 钢中由于无间隙原子存在，故而晶界很弱，在低温冲压变形时有出现脆裂的趋势，且随变形程度的加重，脆性转变温度提高。高强度 IF 钢中，低温脆性问题更加突出，原因是 P 极易在晶界偏聚导致晶界脆化，即冷加工脆性。抑制冷加工脆性的方法主要有以下四种：

1) 加入适量的 B。
2) 控制退火钢中存在少量固溶 C。
3) 采用 Ti-Nb 复合成分。
4) 钢中 S 的质量分数控制在 0.002% 以下。

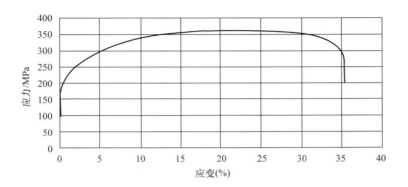

图 2-7 HC180Y 静态工程应力应变曲线

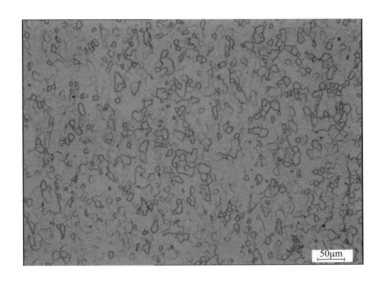

图 2-8 HC180Y 金相组织

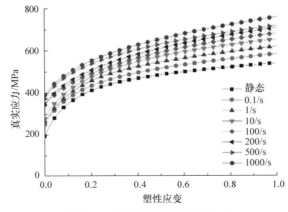

图 2-9 HC180Y 高速拉伸曲线

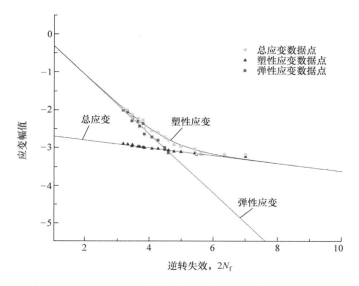

图 2-10　HC180Y 疲劳寿命曲线

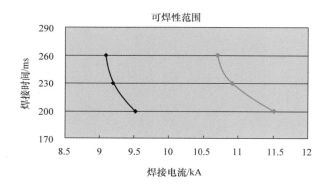

图 2-11　HC180Y 焊接工艺窗口

近年来,汽车用钢板向高强度化方向发展,当钢板厚度分别减小 0.05mm、0.10mm 和 0.15mm 时,车身减重分别为 6%、12% 和 18%,可见增加钢板强度、减小板厚是减轻车重的重要途径。另一方面,在一定范围内采用高强度钢板减小板厚,配合结构优化设计,可实现在不降低覆盖件抗凹陷性、耐久强度的情况下,提高零件的大变形冲击强度,提高了安全性。

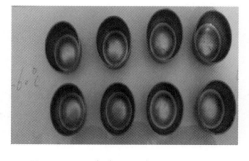

图 2-12　二次冷加工脆性（-60℃）

高强度 IF 钢常用于"四门二盖",即发动机舱盖、前后翼子板、行李舱盖及门外板等外覆盖件零件以及成形较为复杂的结构件,如横梁。

2.1.4 低合金高强度钢

低合金高强度钢（High-Strength Low Alloy Steel，HSLA）是在低碳钢成分的基础上添加 Nb、Ti、V 等合金元素，利用这些元素的弥散析出达到析出强化和细晶强化的效果，在提升钢强度的同时可获得较好的伸长率。

低合金高强度钢板目前无论是生产还是使用都已经比较成熟，品种也已经形成系列，按照最小屈服强度大体分为 260MPa、300MPa、340MPa、380MPa、420MPa、460MPa、500MPa、550MPa、600MPa、800MPa 等几个级别，按照生产工艺的不同可分为热轧、冷轧和热镀锌三大类产品。

析出强化是比较优良的一种强化方法，二相粒子除了具有析出强化作用外还可以细化晶粒，因此，在提高强度的同时基本不降低伸长率，有利于钢板的综合力学性能的改善。与同等强度的固溶强化钢相比，碳当量降低，加之二相粒子的细晶作用，可以有效减少焊接造成的晶粒粗大，有利于改善焊接性，常用的合金元素有 Nb 和 Ti。

目前，各大主流汽车板材生产厂家基本具备 500MPa 及以下的低合金高强度钢生产能力，供货规格覆盖 0.5～2.5mm 不同厚度的产品。

1）强化机理。对于低合金高强度钢，强度的提升主要通过细晶强化和析出强化两种机制实现。通过在低碳钢成分的基础上添加 Nb、Ti、V 等合金元素后，微合金元素与钢中碳、氮形成多种化合物，起到析出强化作用。同时轧制过程中会在位错、亚晶界、晶界上析出碳氮化物阻碍奥氏体动态再结晶，细化晶粒，其中尤以 Nb 元素效果最为明显。

低合金高强度钢产品的性能与微合金元素化合物的数量、形态、尺寸息息相关，且其析出规律十分复杂。随着微合金元素含量、产品强度级别的提升，其性能波动也相应增加，性能稳定性控制成为低合金高强度钢生产过程中的一大难点。目前钢厂主要通过提高微合金元素的控制水平，减少 Ti 的烧损（保证有效 Ti），热轧、冷轧一体化工艺设计以实现析出物、产品性能的稳定控制。

2）组织及力学性能。低合金高强度钢典型的金相组织为铁素体+珠光体，图 2-13 为低合金高强度钢 H340LA 产品典型的金相组织及力学性能曲线。

a）金相组织

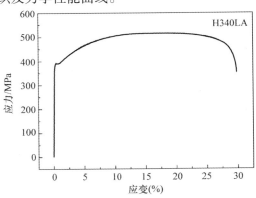
b）静态应力应变曲线

图 2-13　H340LA 典型金相组织及力学性能曲线

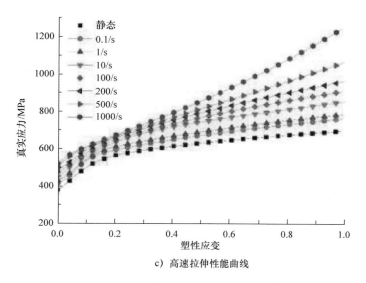

c)高速拉伸性能曲线

图 2-13 H340LA 典型金相组织及力学性能曲线(续)

3)焊接、疲劳性能。图 2-14 为典型的低合金高强度钢 HC340LA 产品的可焊性工艺窗口,低合金高强度钢产品因合金元素含量低,焊接性能优良。

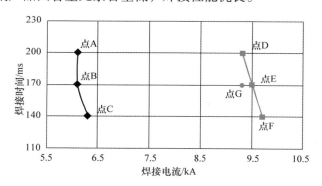

图 2-14 HC340LA-1.2mm 可焊性工艺窗口

典型低合金高强度钢 HC340LA 疲劳寿命曲线如图 2-15 所示,疲劳性能如表 2-2 所示。

表 2-2 HC340LA-1.2mm 疲劳性能

疲劳强度 σ'_f	疲劳延性系数 ε'_f	疲劳强度指数 b	疲劳延性指数 c	循环强度 K'	循环应变硬化指数 n'
518.441MPa	1.754	-0.100	-0.735	735.936MPa	0.197

低合金高强度钢有较高的强度、良好的焊接性能和冷冲压成形性能,广泛应用于汽车的结构件及加强件,如汽车 A 柱上部加强件、内侧 B 柱、车门槛加长件、左右纵梁外板和底盘、座椅部件等领域,发展前景广阔。这些零件需要钢板有较高的强度,适中的伸长率和良好的点焊性,对成形性的要求相对较低。

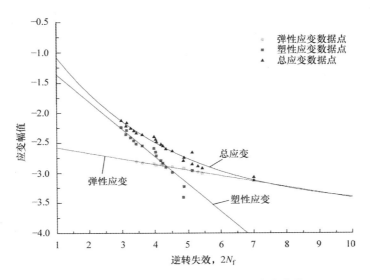

图 2-15　HC340LA－1.2mm 的疲劳寿命曲线

2.2　先进高强度钢

先进高强度钢（AHSS）主要是指采用相变强化为主的系列高强度钢，目前商业化冷成形先进高强度钢的抗拉强度级别最低 500MPa，最高到 1700MPa，是汽车轻量化的主导材料，是汽车材料的主要发展方向，种类比较多，表 2-3 给出了目前已经商业化应用的各类先进高强度钢的级别与性能情况。

表 2-3　AHSS 级别与性能

编号	钢种	屈服强度/MPa	抗拉强度/MPa
1	DP 210/440	210	440
2	DP 300/500	300	500
3	FB 330/450	330	450
4	DP 350/600	350	600
5	TRIP 350/600	350	600
6	TRIP 400/700	400	700
7	FB 450/600	450	600
8	TRIP 450/800	450	800
9	CP 500/800	500	800
10	DP 500/800	500	800
11	TWIP 500/900	500	900
12	TWIP 500/980	500	980
13	CP 600/900	600	900

(续)

编号	钢种	屈服强度/MPa	抗拉强度/MPa
14	TWIP 600/900	600	900
15	DP 600/980	600	980
16	TRIP 600/980	600	980
17	QP 650/980	650	980
18	CP 680/780	680	780
19	TPN 680/780	680	780
20	DP 700/1000	700	1000
21	CP 750/900	750	900
22	DP 750/980	750	980
23	TRIP 750/980	750	980
24	CP 800/1000	800	1000
25	DP 800/1180	800	1180
26	CP 850/1180	850	1180
27	QP 900/1180	800	1180
28	MS 950/1200	950	1200
29	CP 1000/1200	1000	1200
30	MS 1050/1470	1050	1470
31	CP1050/1470	1050	1470
32	HF 1050/1500	1050	1500
33	DP 1150/1270	1150	1270
34	MS 1150/1400	1150	1400
35	HF 1200/1900	1200	1900
36	MS 1250/1500	1250	1500

图 2-16 给出了不同种类抗拉强度超过 780MPa 的先进高强度钢典型力学性能曲线。

根据先进高强度钢冶金原理的不同，目前商业化的品种大类主要包括 8 类：双相钢、高延伸双相钢、相变诱发塑性钢、相变诱发塑性贝氏体铁素体钢、复相钢、孪晶诱发塑性钢、淬火配分钢、热冲压用钢，各钢种大类的特点具体如下。

2.2.1　双相钢

双相钢（DP）钢板的商业化开发已 30 多年，包括热轧、冷轧、电镀和热镀锌产品，是目前汽车上 AHSS 使用量最多的品种。其组织包括软相铁素体和硬相马氏体（图 2-17），随着马氏体含量的增加，钢板的强度线性增加，强度范围为 500~1500MPa。热轧 DP 钢的生产是通过控制冷却来得到铁素体和马氏体组织，冷轧和热镀锌 DP 钢是通过铁素体和奥氏体

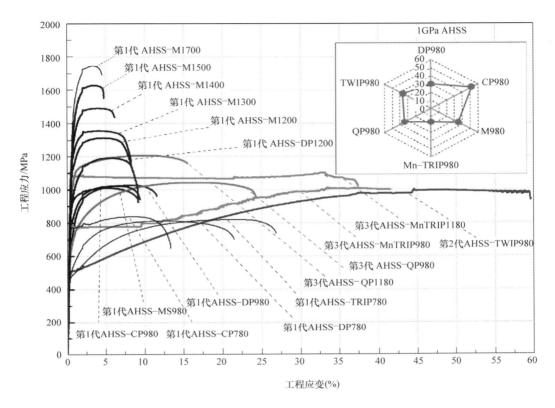

图 2-16　先进高强度钢的典型力学性能（$T_S \geq 780$MPa）

两相区退火和随后的快速冷却来得到铁素体和马氏体组织。DP 钢的主要成分是 C 和 Mn，根据生产工艺的不同，可适当添加 Cr、Mo 等元素使 C 曲线右移，避免冷却时析出珠光体和贝氏体组织。

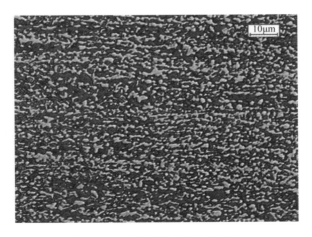

图 2-17　双相钢的典型金相组织

除了 AHSS 钢的共性特点外，双相钢还具有以下特点：

1）连续屈服，应力-应变曲线呈光滑的拱形，无屈服点延伸。这就避免了成形零件表面出现拉伸应变痕，从而不需要附加的精整工序。

2）高的加工硬化速率，尤其是初始的加工硬化速率，只需5%以下的应变，就可使双相钢的流变应力达到500~550MPa。

3）无屈服延伸，无室温时效。

4）具有烘烤硬化值35~80MPa。

5）屈服强度比较低（0.5~0.65）。

6）点焊与激光焊接性能良好。易通过简单的焊接工艺调整实现良好的焊接，焊点塑性好，采用普通焊接规范即可获得性能优良的点焊接头。

DP钢典型级别的硬化曲线和成形极限如图2-18和图2-19所示。

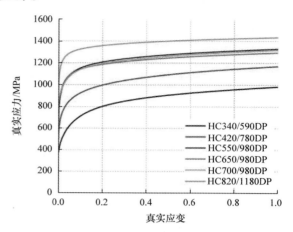

图2-18 典型双相钢的硬化曲线

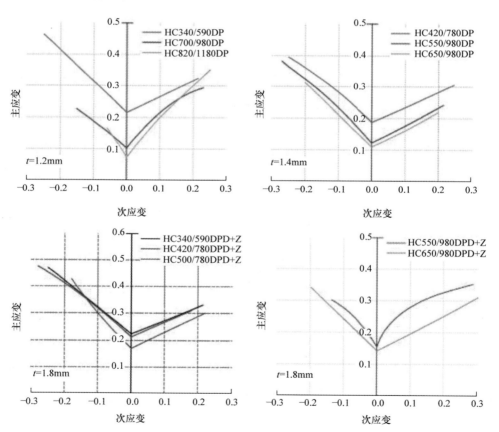

图2-19 典型双相钢的成形极限

DP 钢是目前 AHSS 中成熟度最高和使用量最大的产品，是结构类零件首选材料，广泛应用于如 A 柱、B 柱、门槛加强板、车门防撞杆等车身和座椅安全结构件，也可推广应用到外板件零件。

2.2.2 复相钢

复相钢（CP）具有非常高的抗拉强度，其微观组织是铁素体/贝氏体基体上含有少量的马氏体、残余奥氏体和珠光体，图 2-20 是 CP 钢的金相结构示意图。通过抑制再结晶或微合金元素（Ti 和 Nb）的析出使晶粒尺寸显著细化。图 2-21 是典型 CP 钢的硬化曲线和成形极限。

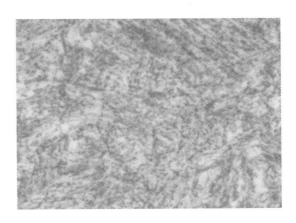

图 2-20 复相钢的典型金相组织

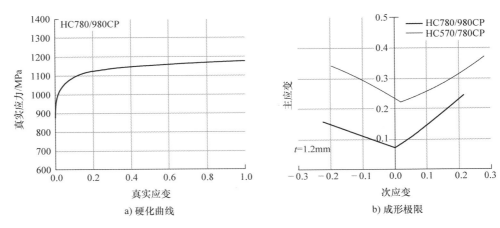

a) 硬化曲线　　b) 成形极限

图 2-21 典型复相钢的成形性能

与 DP 钢相比，相同抗拉强度级别的 CP 钢（800MPa 或者更高抗拉强度）具有更高的屈服强度。CP 钢的特性是具有高的碰撞吸收能力、高残余变形能力和高扩孔性能。CP 钢主要应用于要求有扩孔的零件中，如座椅和底盘悬架的一些结构零件。

2.2.3 马氏体钢

马氏体钢（MS）的组织特点是在马氏体基体上含有少量的铁素体和（或）贝氏体，如图 2-22 所示。在多相钢中，马氏体钢具有最高的抗拉强度，目前工业上已经生产出最高强度达到 1700MPa 的马氏体钢。目前常用的冷轧马氏体钢是通过连续退火生产的，通过加热到奥氏体区后快速冷却到室温，常用的冷却方式是通过水淬，冷却速度可达到 1000℃/s。为了提高马氏体钢的延展性和改善延迟开裂性能，淬火后的钢板常常需要回火处理，从而具有适中的成形性和极高的强度。马氏体钢中添加碳元素可以提高其淬透性，并强化马氏体组织。以不同的组合方式添加锰、硅、铬、钼、硼、钒和镍元素也可以用于提高淬透性。图 2-23 是典型马氏体钢的硬化曲线和成形极限。

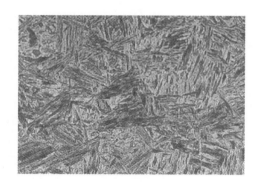

图 2-22 马氏体钢的典型金相组织

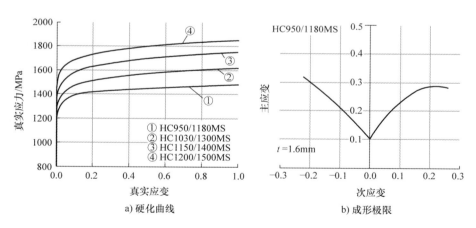

a) 硬化曲线 b) 成形极限

图 2-23 典型马氏体钢的成形性能

马氏体钢的高强度也导致了其伸长率比较低，一般只适用于形状简单的零部件，最常用的成形方式是辊压成形，典型零件如门槛梁和保险杠等。在使用马氏体钢时，延迟开裂的控制是必须考虑的。

2.2.4 相变诱发塑性钢

相变诱发塑性钢（TRIP）的主要组织是铁素体、贝氏体和残余奥氏体，其中残余奥氏体的质量分数为5%~15%，图2-24是其典型的金相组织，强度范围为600~980MPa。

TRIP钢具有高伸长率的本质是应变诱发残余奥氏体转变为马氏体，同时相变引起的体积膨胀伴随着局部加工硬化指数增加，使得变形很难集中在局部区域。同DP钢相比，TRIP钢的起始加工硬化指数小于DP钢，但是TRIP钢的加工硬化指数在很长的应变范围内仍保持较高，特别适合要求具有高的胀形情况。与同强度级别的DP钢相比，TRIP钢的碳当量较高，焊接性能略差。

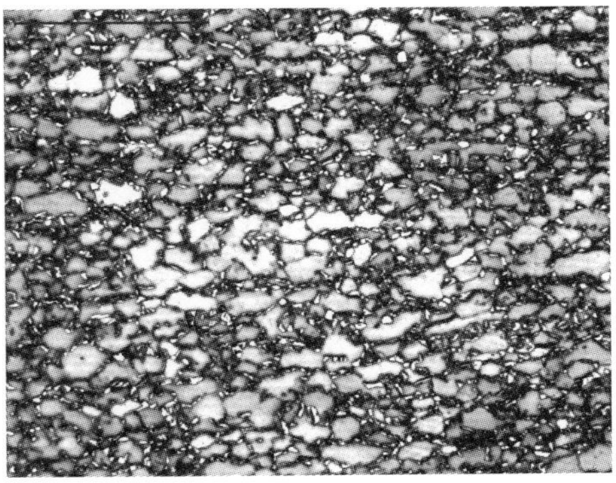

TRIP钢的生产需要在贝氏体区等温保持一段时间形成贝氏体和富C的奥氏体，TRIP钢的主要成分是C、Si和Mn，其中Si的主要作用是抑制贝氏体转变时渗碳体的析出。图2-25是典型TRIP钢的硬化曲线和成形极限。

图2-24 TRIP钢的典型金相组织

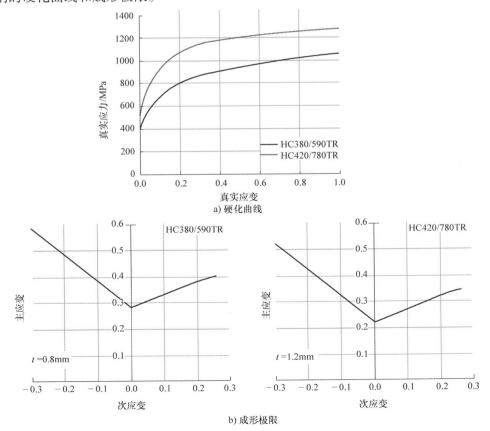

图2-25 典型TRIP钢的成形性能

2.2.5 相变诱发塑性双相钢

相变诱发塑性双相钢（DH）是近年来由欧洲提出的一类先进高强度钢，强度级别主要包括590MPa、780MPa 和980MPa，表2-4是 VDA 标准中3个级别的性能要求情况。

表2-4 VDA 中 DH 钢的性能要求

级别	Y_S/MPa	T_S/MPa	EL80（%）最低	n10 – UE 最低
CR330Y590T – DH	330 ~ 430	590 ~ 700	26	0.16
CR440Y780T – DH	440 ~ 550	780 ~ 900	18	0.13
CR700Y980T – DH	700 ~ 850	980 ~ 1180	13	—

DH 钢的伸长率介于同级别 DP 钢和 TRIP 钢之间，大约是同级别双相钢的1.3倍。DH 钢的伸长率借鉴了 TRIP 钢的理念，在组织设计上引入了亚稳奥氏体，质量分数在6%左右（TRIP 钢在10%以上），其组织包括铁素体、马氏体、贝氏体和亚稳奥氏体（图2-26）。

2.2.6 淬火配分钢

淬火配分钢（QP）的概念首先由美国教授 Speer 于2003年提出，继而由我国宝钢在2012年全球首先实现产业化。QP 钢也是一种通过亚稳奥氏体应变诱发塑性的超高强度钢，其组织主要包括马氏体、亚稳奥氏体和铁素体（图2-27所示），已经商业化的强度级别包括980MPa、1180MPa；伸长率是同级别 DP 钢的两倍，如 QP980 的伸长率超过21%，QP1180 的伸长率超过15%，典型力学性能如表2-5所示。

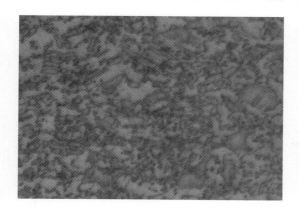

图2-26 DH 钢的典型金相组织

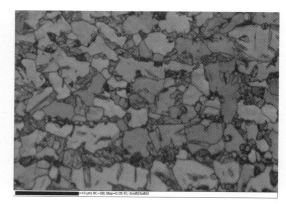

图2-27 QP 钢的典型组织照片

表2-5 QP 钢的典型力学性能

钢级	Y_S/MPa	T_S/MPa	EL（%）	HER（%）
QP980	690	1047	22	31
QP1180	1002	1223	17	37

图2-28是典型 QP 钢的硬化曲线和成形极限。

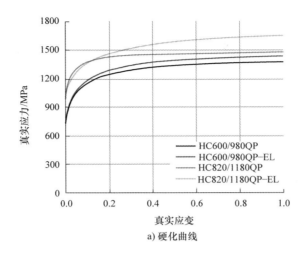

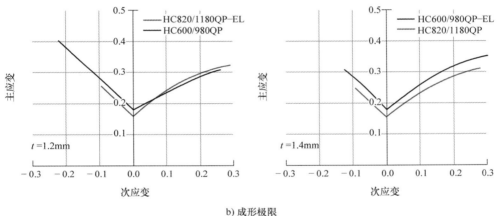

图 2-28 典型 QP 钢的成形性能

QP 钢由于具有高强度和高成形性，已成为对结构要求复杂、强度要求很高的结构和安全件的优选方案。QP 钢适用于形状相对复杂的结构件或安全件的冷成形，使冷成形超高强度钢制造复杂零件的强度从 780MPa 提升到 1180MPa，减重 10%～20%，有利于汽车的减重节能和提高乘员安全性。此外，汽车复杂结构如 B 柱等之前只能由热冲压来实现，随着高成形性 QP 钢的逐渐成熟，通过冷冲压为汽车结构安全件提供了一种新的轻量化材料技术路线。

2.2.7 孪晶诱发塑性钢

孪晶诱发塑性钢（TWIP）有高的锰含量（质量分数为 17%～24%），这使其室温为完全奥氏体组织（图 2-29）。形变孪晶的形成使其具有大的变形量，这类钢也是由此变形机制命名的。孪晶引起高的瞬间硬化速率（n 值），使晶粒变得越来越细小，产生的孪晶界具有类似晶界的作用使材料强化。

TWIP 钢同时具有极高的强度和很高的延展性。在 30% 的工程应变下，n 值可以达到

0.4，而且 n 值可以保持基本不变直到均匀和断裂伸长率达到 50%，其抗拉强度可以超过 1000MPa。图 2-30 是典型 TWIP 钢的硬化曲线和成形极限。

TWIP 钢的高成形性决定其特别适合于通过冷冲压制造比较复杂的结构件，但由于其制造比较困难，目前在国际上可商业化生产的钢厂和应用的汽车厂均较少。

图 2-29　TWIP 钢的典型组织照片

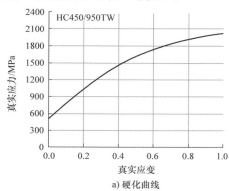

a) 硬化曲线

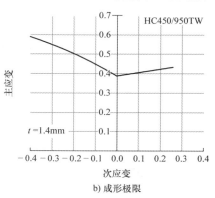

b) 成形极限

图 2-30　典型 TWIP 钢的成形性能

2.2.8　中锰钢

中锰钢（Mn-TRIP）是第 3 代先进高强度钢中另外一种实现的技术路线，组织主要是铁素体和亚稳奥氏体（图 2-31）。

Mn-TRIP 钢通常含有质量分数为 4%~10% 的 Mn 和较低含量的 C，强塑积超过 30GPa%。这种优异的力学性能取决于其成分和退火工艺，以控制残余奥氏体的体积分数和稳定性。通过退火调控，C 和 Mn 从铁素体中配分到奥氏体，提高了奥氏体稳定性，从而导致奥氏体在室温下稳定存在并具备 TRIP 效应，因而为 Mn-TRIP 钢提供了优异的力学性能。

Mn-TRIP 钢尽管其性能优异，但由于 Mn 含量较高，在钢厂制造端和汽车使用端均存在很多技术挑战需要攻克，目前在国际上 Mn-TRIP 钢还没有批量应用实绩。

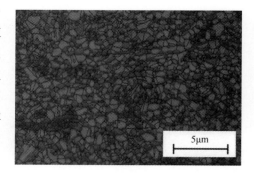

图 2-31　Mn-TRIP 钢的典型组织照片

2.3　表面处理钢板

通过表面处理技术可以赋予钢板高的耐蚀性和特殊的功能性能，不同镀层的钢板被广泛应用于汽车工业,以满足汽车工业所提出的"10-5"防锈目标。目前国外新设计的汽车,镀层钢板在车身上使用的比例超过70%。主要的品种如下。

2.3.1 电镀锌钢板

电镀锌是一种锌电沉积工艺,由于电镀工艺不显著提高钢铁基体的温度,在连续退火生产线上实现产品的显微组织和物理性能在电镀锌工艺后基本不变,图2-32是典型电镀锌钢板表面SEM照片。

由于电镀锌对钢板的性能和表面影响较小,同时电镀锌还具有单面镀、镀锌量易控制的特点,因此被广泛应用在汽车外覆盖件上。电镀锌钢板又可分为纯Zn电镀锌钢板(镀锌量20~60g/m²)、电镀Zn-Ni钢板(镀锌量20~30g/m²)、电镀Zn-Fe钢板(镀锌量30~50g/m²),近年来由于预磷化电镀锌钢板进一步提高了冲压性能,也逐渐得到广泛的应用。综合考虑环保和成本等因素,目前电镀锌钢板的总体应用在减少。

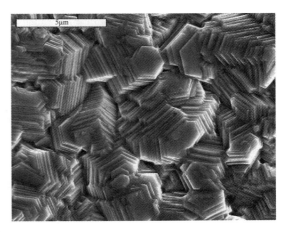

图2-32 典型电镀锌钢板表面SEM照片

2.3.2 热镀锌钢板

热镀锌钢板根据镀层成分的不同分为热镀锌纯锌(GI)和热镀锌合金化(GA)两类,一般来说,欧系车多采用GI钢板,日系车多采用GA钢板。

GI镀层结构特征是镀锌层通过薄的Fe_2Al_5金属间化合物与基板紧密结合,无铅低光亮度的纯Zn热镀锌钢板进一步提高了耐蚀性,并具有成本低、镀层厚度范围宽(镀锌量达40~140g/m²)的特点。GA合金化热镀锌钢板是钢板在低铝(<0.15% Al)的锌锅中热镀后又在480~540℃下进行短时间的退火,Zn、Fe相互扩散形成Zn-Fe合金的镀层钢板,其铁的质量分数在7%~11%之间,焊接性能较GI更好,但这种钢板具有易粉化的特点。图2-33是典型的GA钢板表面和横截面SEM照片。

热镀锌钢板可广泛地应用在结构件、内覆盖件,随着对其抗粉化性能的研究,表面质量得到有效的控制,也可用于外覆盖件。目前在国外新设计的车上镀锌钢板的使用比例超过70%。

2.3.3 热镀锌铝镁钢板

锌铝镁镀层最大的优点是耐蚀性好,一定范围内Mg质量分数(1%~3%)的增加会提高耐蚀性几倍到十几倍,添加Mg之后,镀层表面会形成一层稳定的含Mg的Zn和ZnAl的保护层,大大减缓了镀层的腐蚀速率。因此,在保证相同平面耐蚀性的前提下,使用锌铝镁

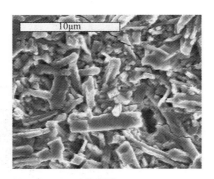

a) 表面

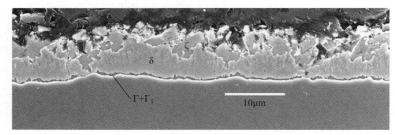

b) 横截面

图 2-33 典型的 GA 钢板表面和横截面 SEM 照片

镀层可实现镀层减薄，"低铝"锌铝镁镀层替代热镀锌纯锌（GI）镀层可实现镀层减薄 30%～50%。这不仅对生产企业减少锌锭消耗、降低制造成本非常有利，而且对节约锌资源也有重要的意义。图 2-34 是典型锌铝镁镀层表面和横截面的 SEM 照片。

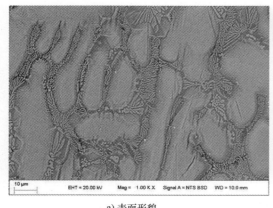

a) 表面形貌

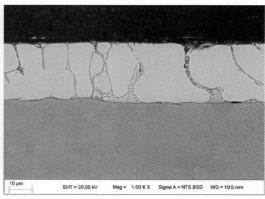

b) 截面金相

图 2-34 典型锌铝镁镀层汽车钢板

锌铝镁镀层的另一主要优点是镀层具有一定的自愈性，在镀层有破损的情况下或者是切口位置，镁腐蚀后会迁移至镀层破损处，形成富镁的腐蚀产物，从而具有优异的耐切口腐蚀性和耐膜下腐蚀性。除耐蚀性之外，添加 Al、Mg 对镀层硬度、摩擦系数均有影响。镀层硬度随 Mg 含量增加而增加,从成形性角度考虑,镀层硬度适当提高有利于减少磨损,试验表明 GI 和电镀锌(EG)的摩擦系数会随着测量次数增加而升高,但锌铝镁镀层的摩擦系数较低,且十分稳定,并不随测量次数增加而升高。锌铝镁镀层低的摩擦系数、稳定的摩擦特性,对冲压非常有利,可以减少镀层磨损量,从而降低模具的清洁频率,提高冲压效率。锌铝镁镀层钢板在汽车车身上的应用处于起步阶段,尚未大量应用;但随着用户对锌铝镁镀层钢板的认识越来越深入,锌铝镁镀层钢板替代 GI 镀层钢板用于汽车车身零件可能成为一种发展趋势。

2.3.4 热镀铝硅钢板

热镀铝硅钢板主要是为适应热冲压而开发的一种镀层钢板,镀层铝的质量分数在 90% 左右,硅在 10% 左右,热冲压工艺中需要把带钢加热到 900℃ 左右,带钢表面会形成很多氧化铁皮和引起脱碳等问题,需要在后工序增加喷丸工序。

在热成形前,铝硅镀层主要由以 Al_7Fe_2Si 为主的合金层及以初生 $\alpha-Al$ 相和 Si 相组成的镀层母层组成;在热成形奥氏体化加热和保温的过程中,Fe、Al 发生了充分的扩散,形成了 Al、Si 饱和的 $\alpha-Fe$ 相、$Fe_2Al_5/FeAl_2$ 相以及 Fe_2SiAl_2 相。图 2-35 显示了铝硅镀层热成形钢板镀层冲压前后的截面金相照片。

 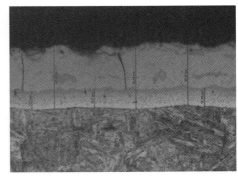

a) 热冲压前　　　　　　　　　　　　b) 热冲压后

图 2-35　铝硅镀层热成形钢板镀层截面金相

研究表明,铝硅镀层能够比较好地实现钢板表面防止氧化的功能,进而省掉了后工序的喷丸,同时镀层还对零件起到一定的耐腐蚀作用。目前国外新设计的车身中热镀铝硅钢板占到热冲压钢板的 60% 以上。

2.4 激光拼焊钢板

激光拼焊钢板(TWB)是利用"裁缝"的原理,将多块相同或不同材料、相同或不同厚度及相同或不同表面状态的钢板经过激光对焊而成的汽车冲压板坯。按厚度、强度及拼焊的方式不同可分为等厚度不等强度、等厚度等强度、不等厚度等强度及不等厚度不等强度四类。激光拼焊钢板的主要优点体现在以下几方面。

1）零件数量减少。通过激光拼焊钢板的使用，将原来多个零部件冲压后再用点焊连接起来的工序，转变成通过激光拼焊将多张钢板连接在一起然后冲压成一个零部件，取代了原先多个零部件，从而实现了一体成形，减少了大量冲压设备和模具，简化工序，并且提高了车身装配精度。在这一方面的典型运用便是轿车的侧围板，通过激光拼焊将五六张不同厚度的钢板连接成一个毛坯件，再冲压成一个零部件，从而大大减少了汽车厂冲压工序和模具数量。

2）轻量化。由于采用不同厚度钢板进行拼接，对不承受载荷或承载较小的部位，可采用比原先更薄的钢板，从而减轻了车身整体重量。

3）提高车身耐蚀性。采用不同表面处理的钢板进行拼接，使一些受腐蚀较严重的部位可选用更耐蚀的镀锌钢板和其他合金镀层板。

4）为生产宽体车提供可能。由于受钢厂轧机宽度的限制，钢厂提供的板宽是有一定限度的，而随着汽车工业的发展，汽车对宽板的需求却日趋紧迫，采用激光拼焊不失为一种有效而经济的工艺方法。

5）提高车身性能。这是汽车结构件采用激光拼焊板最重要的原因之一，由于采用连续的激光焊接代替不连续的点焊，使车身结构刚性和可靠性得到大大提高。同时在有碰撞要求的部位，通过使用高强度钢或厚板，而在要求低的部位，使用低强度钢或薄板，从而大大提高了汽车零部件抗碰撞的能力。激光拼焊正是适应了在该要加强的部位进行加强的需要，通过厚板和薄板的连接或者高强度钢与低强度钢的连接，对汽车安全性提高的效果要大大优于钢板厚度或强度等级没有变化的情况。

TWB 已经是一种比较成熟的技术，也是一种重要的轻量化解决方案之一，已经被广泛应用于汽车的门内板、侧围外板、前纵梁、地板等零件。

2.5 变厚度钢板

变厚度轧制钢板是通过柔性轧制技术而获得的连续变截面薄板，即在钢板轧制过程中，可以通过计算机实时控制和调整轧辊的间距，以获取沿轧制方向上按预先定制的厚度连续变化的板材。

由于 TWB 存在厚度突变和焊缝的影响，且焊接添加金属材料与被焊接基材在材料特性上必然有一定差异，致使 TWB 在沿长度方向上的硬度也会发生跳跃式的变化，不利于后续的成形加工。再就是 TWB 的焊缝从外观上来说即使采用任何涂装措施也无法彻底掩盖，因此它不适宜用作车身外覆盖件材料，而一般用来制作内覆盖件或支承结构件。相比之下，变厚度钢板具有较好的力学性能，其在沿长度方向上的硬度变化比较平缓，没有 TWB 那样的硬度和应力波峰，具有更佳的成形性能；变厚度钢板所制成的零部件厚度可以连续变化，以适应车身各部位的承载要求；其表面变化是连续、光滑的，因而可以制作各种车身外覆盖件。变厚度钢板由于生产效率较低，在汽车上的使用较 TWB 仍比较少，目前主要应用于 B

柱等零件。

2.6 复合减振钢板

复合减振钢板是由金属/高分子阻尼材料/金属复合而成的功能性材料，它有效地把金属材料和高分子材料的特性结合起来使用，使其既保持了金属材料原有的加工成形等各类特性，又具有高分子阻尼材料的阻尼特性，是振动、噪声场合替代金属材料使用的理想产品。大多数金属由于内耗较小，当受迫振动时，吸振能力较低，容易产生较大幅度的共振。而复合减振钢板受迫振动时，产生的弯曲振动使两块表面钢板之间存在相位差，中间夹层阻尼胶产生剪切变形，可以吸收大量的振动机械能；另一方面，由于高分子材料本身呈现出较高的振动阻尼特性，当聚合阻尼层受迫振动时可以吸收振动机械能，将振动机械能转化成热能散发出去。据测试，复合减振钢板在不同的条件下，对噪声总声级的降低一般在 1~14dB 之间。

复合减振钢板主要种类有热塑性树脂复合减振钢板、热固性树脂复合减振钢板、可焊性的导电型树脂复合减振钢板、高耐热性复合减振钢板等。复合减振钢板主要应用于汽车发动机的油底壳等零件，对汽车 NVH 的控制有一定的贡献。

参 考 文 献

[1] 吴华春，李名尧，蒋启，等. 国内外汽车钢板的发展概况研究 [J]. 机械设计与制造，2011，7 (7)：255.
[2] WOLFGANG B. Colded rolled, high strength sheet steels for auto application [J]. Jom, 1996 (7)：26 – 31.

第 3 章
钢板力学性能与成形性

在汽车用材的选择中最重要的考虑因素之一就是其力学性质，比如强度、刚度、疲劳性能等等。特别的，对于板材而言，在给定的冲压工艺下成形为特定零件的能力，简称为成形性，其可以认为是诸多基本力学性质的综合表现。对板材成形性的评价基于两个重要的前提：板材力学性质精确的描述（输入参数）及准确的成形工艺数学模型（模型本身）。而这些力学性质的取得通常需要一系列精准的力学试验。基于这些力学试验数据建立起来的数学模型用来模拟生产中的实际力学工况。概括地说，力学性质的取得与数学模型的建立对于汽车板的成形性的评价都是至关重要的。本章将就此展开讨论。

3.1 基本力学参数的确定及意义

板材的力学性质决定了板材成形过程中应力与应变的变化，其直接导致了零件最终的几何尺寸和应力分布。在此过程中，材料经历了弹性变形与塑性变形两种不同的变形模式。板材成形为特定形状需要某些材料点经历不可恢复的塑性流动，其塑性应变是很大的。相比于塑性应变，弹性应变小得多，但其是金属材料中应力的产生来源。特别强调，不存在所谓的塑性应力，所有变形中产生的应力只与弹性应变有关。

基本力学参数确认的核心就是利用简单的试验尽量减少过程的影响而得到材料本身性质。

3.1.1 拉伸试验中的基本力学参数

由于操作便捷却可以得到最重要的力学信息，单向拉伸试验一直是应用最为广泛的力学试验。拉伸试验的试件设计如图 3-1 所示，一般形象地称之为"狗骨头棒"形试件。这类试件由加持段、过渡段、平行段组成。基于不同行业标准，例如 ASTM E8—2021，ISO 6892-1：2019 或 JISZ 2201—1998 等，其几何尺寸有所不同。近年来的研究表明，JISZ 2201 标准对高强度钢的拉伸试验更为合适。

将试件竖直加载在万能试验机上，匀速拉伸直至试件断裂。试验机会记录下载荷 P 随

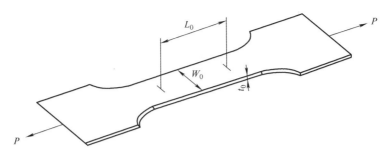

图 3-1 拉伸试件设计

时间的变化曲线。平均化后得出材料点的工程应力 $S = P/(W_0 t_0)$。试件平行段居中的部分，称之为标距段，即用应变引伸计测量变形的区域。利用引伸计记录下标距段的距离 L 与初始距离 L_0 之间的变化 $e = (L - L_0)/L_0$，称之为工程应变。工程应力与工程应变可通过如下公式转化成真实应力与真实应变。

$$\varepsilon = \ln(1 + e). \tag{3-1}$$

$$\sigma = S(1 + e). \tag{3-2}$$

式中，e、S 分别对应于工程应变与工程应力；ε 与 σ 分别对应真实应变与真实应力。如图 3-2 所示，从工程应变的定义可以看出，其隐含的前提是标距段内变形是均匀的。在工程应力达到最高点以后，颈缩（necking）开始，变形过渡到不均匀阶段。因而把颈缩以后的工程应力应变曲线转化成真实应力应变曲线已经没有意义，也不能作为材料性能输入到模拟计算中。另一个有趣的例子是某些中锰高强度钢在拉伸初始变形就不均匀，鲁德思带（Lüders Band）伴随着整个变形过程。此时工程应变与真实应变不再具有对应关系，变形的过程需要数字散斑系统（Digital Image Correlation System）来研究。

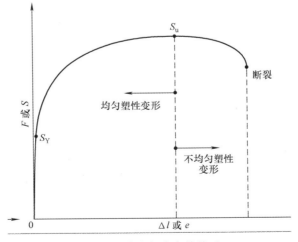

图 3-2 应力与应变的关系

通常我们设定试件在加载过程中的工程应变率约为 0.001/s，即准静态试验。在板材实际成形过程中，其材料点的应变率最高会达到 1/s ~ 10/s，比准静态试验的应变率高出 3 ~ 4

个数量级。这种应变率上的区别通常被人为忽略了，其带来的误差一般不会对成形造成太大影响，不过对某些特殊的应变率敏感材料，这种误差可能会很大。

单向拉伸时，薄板试样宽度方向实际应变与厚度方向实际应变之比通常被称作板材的 R 值。R 值的大小体现了板材抵抗厚度方向变形的能力。通常的，对于某些先进高强度钢，其 R 值会小于 1，其变形能力也会相应地下降。各向同性的情况下，板材的 R 值为 1。

真实应力与塑性应变的关系可拟合成如下式表示的 Holloman 形式。其中的 n 值表征了板材的加工硬化能力。n 值越大，材料抵抗局部变形的能力越强，相应的伸长率也会更高。特别的，对于符合 Holloman 形式的材料，其均匀伸长率就等于 n 值。

$$\sigma = K\varepsilon^n \tag{3-3}$$

一个值得注意的问题是杨氏模量的取得。通常认为在屈服前材料是线弹性阶段，应力应变曲线的斜率即为杨氏模量。实际试验中会发现这种线弹性的假设是不成立的。应力应变曲线从开始就不是完全线性的。因而不同标准下得出的杨氏模量会有较大出入。具体的细节在本章最后回弹部分讨论。笔者想强调的是单向拉伸不是一个测量杨氏模量的精确方法。更为精确的杨氏模量的取得需要声学法等其他方法。

3.1.2 屈服准则

1913 年 Von Mises 提出，在任意受力状态下，三个主应力的等效应力达到某一定值时，材料发生屈服开始塑性变形。可以表示为

$$(\sigma_1 - \sigma_2)^2 + (\sigma_1 - \sigma_3)^2 + (\sigma_3 - \sigma_2)^2 = 6k^2 \tag{3-4}$$

假设变形物体为各向异性，则其具有三个各向异性主轴，分别为沿轧制方向、垂直于轧制方向以及沿板厚方向。当变形体的应力主轴与各向异性主轴恰好重合时，仿照 Mises 准则，Hill 提出了正交各向异性体的屈服条件为

$$F(\sigma_{yy} - \sigma_{zz})^2 + G(\sigma_{zz} - \sigma_{xx})^2 + H(\sigma_{xx} - \sigma_{yy})^2 + 2L\sigma_{yz}^2 + 2M\sigma_{zx}^2 + 2N\sigma_{xy}^2 = 1 \tag{3-5}$$

为了更加准确地描述材料的变形行为，一大批学者针对不同材料及不同工艺下的屈服行为进行了研究。

Hill 将各向异性引入屈服准则，提出现在广泛应用的 Hill48 屈服准则，之后又针对不同的材料和受力情况提出了 Hill79、Hill90、Hill93 屈服准则，Lin 和 Ding 在 Hill90 的基础上加上 Taylor 模型，更好地描述面内各向异性屈服行为。Hosford 在多晶学计算的基础上提出一个不含剪应力的屈服准则，该准则针对体心立方和面心立方材料的描述与晶体模型计算结果吻合度很好。之后，Barlat 基于 Hosford 准则提出 Barlat 及后续的 Barlat1989、Barlat1996、Barlat2000 等模型。

基于不同材料，选择合适的屈服准则是同步工程工程师必须考虑的问题。从最基础的只有一个参数的 Mises 各向同性屈服准则到各向异性多参数的 Hill、Barlat 系列屈服准则，工程师需要对材料的各向异性行为作出判断。

最近通用汽车与同济大学的研究人员通过十字拉伸试验获得了不同等效塑性应变下的屈服轨迹。研究显示，高强度钢屈服面的形状会随着塑性应变的增加而变化。在等效塑性应变

达到一个特定值时，屈服面的形状趋于稳定。因而在做参数拟合时，找到合适的拟合位置对于后续的计算准确性有一定的影响。

3.1.3 硬化模型与包氏效应

通常的，我们把描述材料应力与变形的关系称为材料的本构关系（图3-3）。本构关系的建立对于描述材料的力学行为非常重要，也为准确地预测板材的成形与回弹奠定了基础。传统的描述钢板的塑性本构模型都是基于线性等比例加载试验（例如单向拉伸试验）构造的。而这样的本构对于描述板材成形工艺是不准确的。在金属板材成形过程中，大多数的材料点经历了复杂而非单一的加载模式。比如在模具弯角处的材料在弯曲、反弯曲的过程中经历了应变路径的迅速改变。对于板材成形的CAE模拟来说，精确描述这种复杂加载模式的应力应变关系或者说本构模型对于成形与回弹的可靠预测是必不可少的。因而，考虑非等比例加载下的本构关系，特别是加载、反向加载工况下的本构关系变得非常重要。

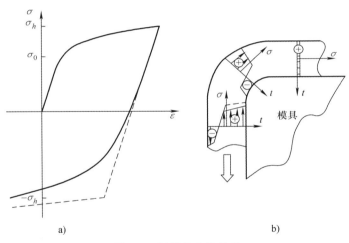

图3-3 材料的本构关系

如图3-4所示DP590板材试件经历了压缩-拉伸试验。为了方便对比，使用累计真实应变绝对值与真实应力绝对值分别作为横轴与纵轴。从试验曲线可以看出，反向加载后出现三个特征：①过早屈服；②过渡区硬化；③永久软化。这些特征通常被称作包氏效应（Bauschinger effect）。构建一个简单有效的描述包氏效应的本构模型对于工程应用是必需的。

对于硬化模型，通常可分为等向硬化模型（Isotropic Hardening）与随动硬化模型

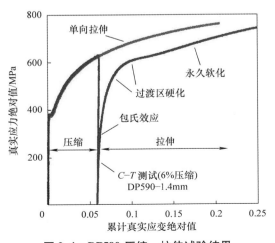

图3-4 DP590压缩-拉伸试验结果

(kinematic hardening)，以及这两种模型的叠加（图3-5）。其中只有含随动硬化模型的本构方程可以描述包氏效应。Prager 与 Ziegler 最早引入了描述包氏效应的线性随动硬化模型。Mroz 基于引入硬化模量场的方法，把线性随动硬化模型推广到更一般意义上的多屈服面模型里。基于 Mroz 的工作，Dafalias 与 Popov 提出了双屈服面模型。在这个模型里塑性模量不再像多屈服面模型里是线性分段结构，而是一个连续的函数。另一方面，Armstrong 与 Frederick 提出了非线性的随动硬化模型，其是由 Prager 模型上加入非线性项实现的。非线性的随动硬化模型应用非常广泛，后来许多学者都对其修改并展开研究。从应用的角度出发，本章只介绍基于现象的最为重要而广泛应用的硬化模型：非线性随动硬化模型。

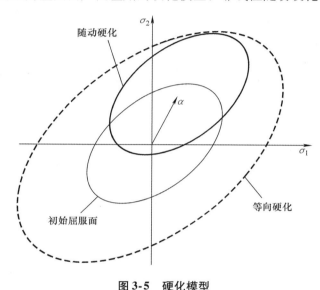

图 3-5 硬化模型

为了描述一个非线性的应力应变曲线，Armstrong 与 Frederick 提出了非线性的随动硬化模型，其是由 Prager 模型上加入非线性项实现：

$$\mathrm{d}\alpha = \frac{2}{3}c\mathrm{d}\varepsilon_p - \gamma\alpha\mathrm{d}p \tag{3-6}$$

式中，p 是等效塑性应变；c 与 γ 是与材料相关的参数；α 为屈服面中心，也成为背应力项。对于一维表述，解析表达式为

$$\alpha = v\frac{c}{\gamma} + \left(\alpha_0 - v\frac{c}{\gamma}\right)\exp\left[-v\gamma(\varepsilon_p - \varepsilon_{p0})\right] \tag{3-7}$$

式中，$v = \pm 1$，分别对应于单向拉伸与单向压缩的工况。包氏效应中的过早屈服与过渡段硬化都可以从上式中推出。而永久软化在此基础模型中无法表述。

Chaboche 推广了 Armstrong 与 Frederick 模型，将背应力推广为几项之和。

$$\boldsymbol{\alpha} = \sum_{i=1}^{m} \boldsymbol{\alpha}_i \tag{3-8}$$

$$\mathrm{d}\boldsymbol{\alpha}_i = \frac{2}{3}c_i\mathrm{d}\boldsymbol{\varepsilon}_p - \gamma_i\boldsymbol{\alpha}_i\mathrm{d}p \tag{3-9}$$

这里每一项 $\boldsymbol{\alpha}_i$ 是独立演化的。参数增加提高了该模型拟合实际材料的能力。当其中的一项背应力为线性，即 $\gamma_i = 0$ 时，

$$d\boldsymbol{\alpha}_m = \frac{2}{3} c_m d\boldsymbol{\varepsilon}_p \tag{3-10}$$

永久软化的影响通过上式得到体现。对于一维问题，永久软化的大小为 $2c_m\varepsilon_{pre}$。显然永久软化的大小正比于反向加载前应变的大小。

图 3-6 为三项（$m = 3$）α 下拟合的 3 组压缩 – 拉伸试验。数值模拟与试验结合得很好。

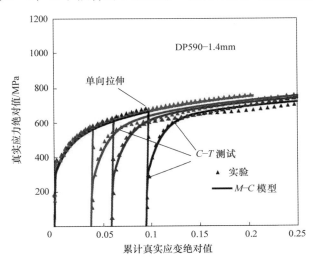

图 3-6　压缩 – 拉伸试验结果

3.2　成形极限图

3.2.1　成形极限图的试验测量

Marciniak 和 Nakazima 试验是工业界广泛用来测量板材成形极限的冲压试验，其本质是通过改变试件宽度获得不同应变路径下的成形极限。其中 Nakazima 为球头冲压试验，球形冲头与试件之间可使用泰富龙或橡胶垫加润滑油以减少摩擦。Marciniak 试验为平头冲压试验，试件平底部分为平面（图3-7），为了消除摩擦力对应变路径的影响，在试件与冲头之间放置中心挖孔的低碳钢片作为载体板，以消除载体板和试件之间摩擦的影响。相对于 Nakazima 球头冲压试验，Marciniak 试验平头冲压试验排除了试验中弯曲

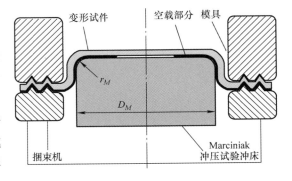

图 3-7　Marciniak 试验

效应、冲头压力引入的第三向主应力及和试件和冲头间摩擦的影响，得到结果更为精确。试件尺寸如图3-8及表3-1所示。不同材料可以有少许更改以期可获得更加准确的平面应变状态，($\varepsilon_2 = 0$)。

传统上使用激光刻蚀或者化学腐蚀的方面在试件板上印上圆形格子。试验完成后计算格子的变形（椭圆主轴）来确定极限应变。目前数字散斑系统（DIC）方案已经广泛地应用在成形极限图的测量之中。如图3-9所示为A8号试件破裂前一帧的主应变分布图及破裂后结合DIC技术采集试件在冲压变形过程中的变形信息。

而如何利用DIC得到的数据确定成形极限成了成形极限图的试验测量中一个新的课题。

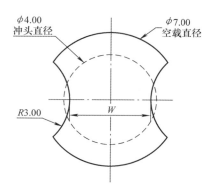

图3-8 成形极限试验样品示意图

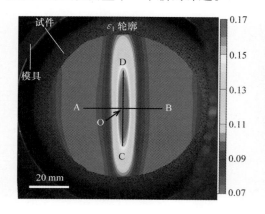 

图3-9 A8号试件主应变分布图及断裂后的试件

表3-1 Marciniak 试件尺寸

试件编号	A1	A2	A3	A4	A5	A6	A7	A8	A9	A10	A11	A12	A13
宽度/mm	20	40	70	90	100	110	120	128	135	150	160	170	180

目前使用DIC确定成形极限主要有三种方法：

1）时间 - 空间演化法。这种方法在垂直于裂纹的方向画线，考虑用特定的方程对裂纹两边线上点的主应变进行二次函数拟合，进而推导出中间区域局部颈缩的应变。这种方法被ISO - 12004作为推荐方法之一。

2）应变或应变率突变法。此类方法的核心是基于应变或应变率与时间的变化曲线，找到变化最快的那个转捩点。认为此点就是产生局部颈缩的点。实际情况下由于数字噪音，此点的选择会基于试验人的主观选择而变化。

3）曲率突变法。由通用汽车与同济大学合作开发的曲率突变法实质上是利用了局部颈缩的定义：板材厚度方向上发生剧烈变化。依靠跟踪板材一个矩形点阵的曲率的变化来确定局部颈缩点。

3.2.2 影响成形极限图测量的几个因素

1)应变路径。成形极限图是强烈受限于应变路径的。事实上,目前使用的成形极限图测量方法都是基于应变是线性加载的假设。一旦应变路径发生变化,成形极限图将随之改变。如图 3-10 所示,如果开始时的应变路径是 $\varepsilon_2 < 0$,即压缩或单向拉伸状态,后续的应路径是双向拉伸,则此时新的成形极限曲线 II 要高于原成形极限曲线(等比例线性加载)I。相应的,如果开始时为双向拉伸状态,改变应变路径为单向拉伸状态($\varepsilon_2 < 0$),则新的成形极限曲线 III 要低于原成形极限曲线 I。

2)冲头的曲率。Charpentier 研究了不同冲头对于成形极限曲线的影响。随着半径的降低,成形极限曲线将升高。

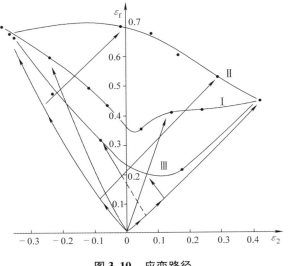

图 3-10 应变路径

这种影响是试验方法带来的,应予以去除。即平头冲头 Marciniak 试验是更为合理的试验方法。

3)正压力的影响。正压力 $\sigma_3 < 0$ 将抑制颈缩的产生,从而提高成形极限曲线。

4)应变速率的影响。在板材成形的过程中,其材料点的应变率最高会达到 1/s ~ 10/s。而限于试验条件所限,多数的成形极限曲线都是在准静态下完成,比实际的应变率低了 3~4 个数量级。这种应变率上的区别通常被人为忽略了。事实上,对于高强度钢,由于其应力较高,变形时产生的塑性功转化的热能也越高。高速变形会使这部分热能来不及传导出去而局部加热材料,使之产生局部软化。这种局部软化行为最终会导致材料局部变软而提前颈缩。如图 3-11 所示,两种不同速率的下的 Nakazima 试验显示,对于 QP980 和 DP980,冲头速度增加(即变形的应变率增加)导致成形极限曲线的下降。

3.2.3 基于应力的成形极限图

基于应变的成形极限图的基础在于要保证变形历史的线性演化,严重的非线性演化会导致成形极限图发生变化,从而使试验中取得的成形极限图与生产实际不符。为了克服这个困难,近年来基于应力的成形极限图得到很多学者的注意,其最大的优点就在于并不受变形历史的影响。在基于应变的成形极限图的基础上通过与材料性能参数进行计算,可获得基于应力的成形极限图。

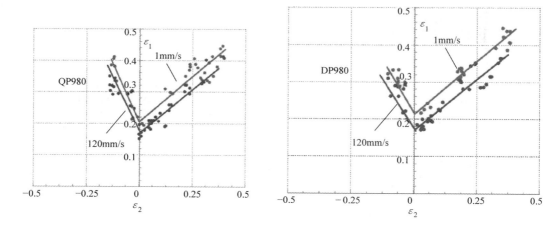

图 3-11　冲头不同速度下的成形极限曲线

3.3　切边与扩孔性能

在钢板研究，特别是高强度钢板成形性的研究中，扩孔性能越来越受到重视。一般的，扩孔率（Hole Expansion Ratio），即扩孔前后孔的比率可以作为一个重要的指标来评价钢板边沿的翻边（Flanging）性能。需要注意的是，扩孔性能是既与加工工艺相关（切边工艺）又与材料本身微观结构相关的物理量。所以当讨论材料的扩孔性能时需要同时考虑上述两个重要的因素。

3.3.1　高强度钢的切边性能

高强度钢的切边性能与材料的微损伤相关。不同的加工方法导致边界开裂风险，与最终的扩孔性能关系很大（图3-12，见彩插）。一个很常见的问题是在主机厂材料模具验证阶段使用激光落料，此时切边性能较好，在后续成形工序中可能不会遇到问题。而切换到量产模具时由于使用落料模具，切边方式的变化有时会引起后续成形阶段翻边裂纹产生。如图3-13所示，双相钢的在落料模下的扩孔性能与激光落料相差很大。

3.3.2　扩孔性能

由于可以把切边看成是材料损伤的一种，材料后续的扩孔性能与断裂韧性强相关。一般认为断裂韧性好的材料其扩孔性能也会很好。从材料开发的角度，通常认为如果高强度钢中不同相之间强度差距太大，会降低扩孔性能。

通常使用锥形扩孔试验（图3-14和图3-15）来验证材料的扩孔性能。锥形模具推动开孔翻开直至裂纹产生，记录下扩孔前后孔的比率。本试验对于裂纹开始的判断尤为重要，通常人为因素很难去除，从而导致数据的不一致性。而由于最大应变在孔边缘一圈（拉伸状态），数字散斑系统（DIC）也无法应用于这个试验而获得最大应变。

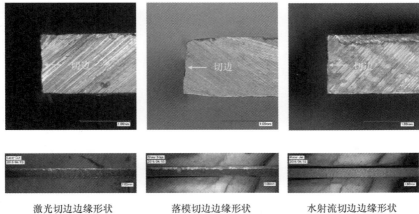

激光切边边缘形状　　　　落模切边边缘形状　　　　水射流切边边缘形状

a)

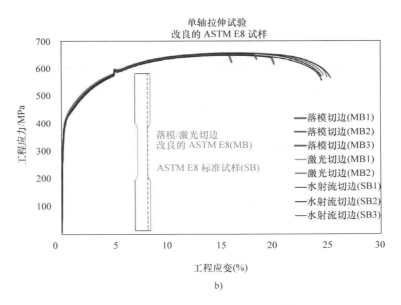

b)

图 3-12　不同加工方法的切边与扩孔性能

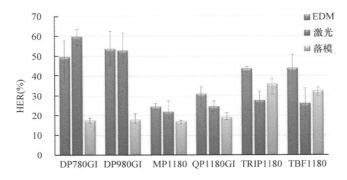

图 3-13　扩孔性能比较

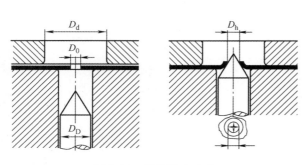
图 3-14　锥形扩孔试验

图 3-15　试验结果

有文献证实钢板扩孔性能随着强度的升高而降低（图 3-16，见彩插），超过一定强度之后扩孔性能变化不大。而热处理过程也对扩孔性能有影响。

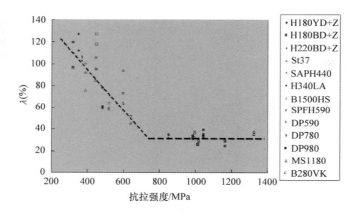
图 3-16　扩孔性能与强度的关系

3.4　回弹性能

随着汽车轻量化的不断发展，先进高强度钢（AHSS）由于其具有优异的强度与良好的延展性，越来越受到汽车工业的重视，以期满足提高碰撞安全性、提高燃油效率以及减少温室气体排放的需求。作为其大规模应用的瓶颈之一，回弹性能越来越受到汽车工程师以及科研工作者的重视。回弹（springback）一般可定义为材料成形后由于去掉模具约束而由弹性回复产生的变形。精确的回弹预测对减少开发周期、节约开发成本起到了至关重要的作用。

3.4.1　影响回弹的几个因素

一般来说，除去模具的几何特征，板材的强度与弹性模量的比值决定了回弹量的大小。材料强度越大，回弹越大；弹性模量越小，回弹越大。更为精确的回弹预测取决于两个重要的因素：板材回弹前所处的状态及回弹的过程描述。这两个因素决定了回弹预测的精确性。

板材回弹前状态的精确描述即对整个板材成形过程的精确描述，也就是对每个材料点的应力、应变的精确描述。如前文所述，合理的屈服准则（屈服面）与硬化准则是得到应力应变精确描述的关键所在。在金属板材成形过程中，大多数的材料点经历了复杂而非单一的加载模式，例如弯曲与反弯曲，因而考虑包氏效应的动态硬化准则可以提高回弹预测的精确性。同样，合适地考虑各向异性的屈服面对回弹预测的精度也有较大影响。

回弹的过程本身是弹性卸载的过程。图 3-17 为高强度双相钢 DP980 的单向加卸载试验曲线。图中可清晰看到材料在卸载过程中其遵循的并非等比例的线弹性行为。相反的，无论是卸载还是反向加载，应力与应变的关系都是非线性的。这种非线性实际已被广泛观察到在各种级别的钢板及铝合金、镁合金中出现。其对回弹预测的影响是巨大的。以 DP980 为例，使用传统的常值杨氏模量卸载得到的弹性回复应变与试验数据对比相差大于 20%。因而非线性卸载这个因素必须考虑在高强度钢的回弹预测中。

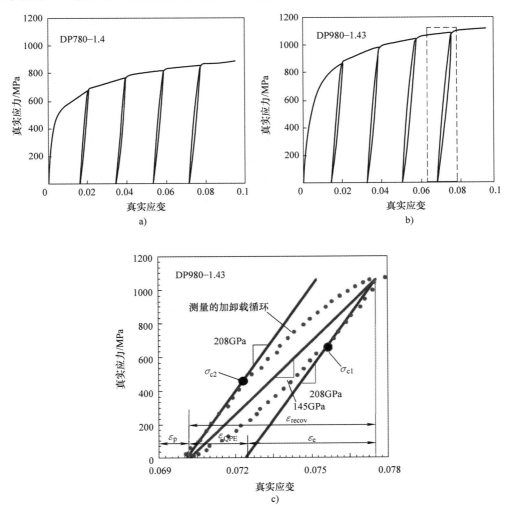

图 3-17 DP980 的单向加卸载试验曲线

通常的，使用传统的常值杨氏模量卸载得到的弹性回复会小于试验数据。目前一种简便的方法是使用割模量法（图3-17c中连接卸载应力与0应力中的直线），即在数值模拟中使用远小于实际杨氏模量的数值。这种方法的弊端在于多数复杂几何情况下回弹卸载并不会到0点，因而会产生误差。并且使用这种小数值的"表现杨氏模量"（Apparent Young's Modulus）并没有科学根据。在拉伸试验中杨氏模量本身并不会改变。

值得注意的是，有很多文献报道在某些情况下使用不考虑包氏效应的等效强化模型得出的回弹预测结果更为接近实际数值，从而质疑复杂的本构关系是否真的有助于提高回弹预测的精确性。笔者这里做一个解释，等效强化模型没有考虑包氏效应，从而在包含弯曲、反弯曲载荷历史的情况下会高估应力数值（高估了回弹效应），而同时不考虑非线性卸载效应会低估了卸载应变（低估了回弹效应）。两种效应某种程度互相抵消。但这只是巧合，并不适用于所有情况。同时也提醒各位，包氏效应与非线性卸载两者在回弹预测中需要同时考虑。

3.4.2 半弹塑性模型

为了彻底解决回弹中的非线性卸载问题，孙黎（Li Sun）与R. H. Wagoner提出了半弹塑性模型（Quasi – Plastic – Elastic），简称QPE模型（图3-18）。从力学定义、材料学微观结构及材料本构模型几方面阐述了上述问题。

一般的，在力学上我们对于弹性应变有两个角度的解释。其一是基于变形的，即不会引起永久性不可恢复的变形，称之为弹性变形。基于这个定义，由于非线性加卸载后材料回到了最初卸载点，可称这个变形行为是弹性的。其二是基于能量的，即在弹性变形过程中不会有耗散功，不会有能量损失。数学上称之为与路径无关，是有势的。从这个角度，由卸载曲线与反向加载曲线包围而成的环的面积对应了耗散能量，从而不能属于弹性变形。综上所述，传统理论在非线性卸载这个问题上是相悖的，需要进行修正。

基于上述原因，孙黎与R. H. Wagoner提出了在传统的线弹性应变与塑性应变中增加一个半弹塑性应变（QPE应变），其大小在单向试验中可简单认为是使用传统的常值杨氏模量卸载得到的弹性恢复与试验数据的差值。其材料学本质为在反向加载过程中同符号位错互相排斥导致的变形。

$$\varepsilon = \underbrace{\varepsilon_e + \varepsilon_{QPE}}_{\text{能量耗散}} + \varepsilon_p = \varepsilon_e + \underbrace{\varepsilon_{QPE} + \varepsilon_p}_{\text{可恢复的}}$$

为了在三维应力空间中考虑这种非线性效应。一个在屈服面内部的内面（Inner Surface）被引入。其定义为材料点在内面内部时遵循线弹性准则，其杨氏模量即为传统数值。当材料点位于内面上时，内面与材料点一起以特定规则运动接近屈服面并保证内面与屈服面相切。当材料点位于屈服面上时（同时也位于内面上），材料点将按照硬化准则进行演化。QPE的模型不仅解决了三维应力空间中非线性卸载效应的描述，同时也可以和任一种硬化模型相结合，从而得到精确到回弹预测结果。

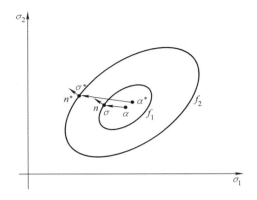

图 3-18 QPE 模型

参 考 文 献

[1] YI H L, SUN L, XIONG X C, Challenges in the formability of the next generation of automotive steel sheets [J]. Materials Science and Technology 34 (9), 1112 – 1117.

[2] 温媛媛. 基于双向拉伸试验的高强度钢屈服准则研究 [D]. 上海：同济大学，2016.

[3] HOSFORD W F, CADDELL R M. METAL FORMING – Mechanics and Metallurgy [M]. Third Edition. Cambridge：Cambridge University Press, 2007.

[4] CHABOCHE J L. Time – independent constitutive theories for cyclic plasticity [J]. International Journal of Plasticity, 1986 (2)：149 – 188.

[5] BANABIC D, et al. Formability of Metallic Materials [M]. Berlin：Springer – Verlag, 2000.

[6] SUN L, WAGONER R H. Proportional and non – proportional hardening behavior of dual – phase steels [J]. International Journal of Plasticity, 2013 (45) ：174 – 187.

[7] MROZ Z. On description of anisotropic workhardening [J]. Journal of the Mechanics and Physics of Solids 1967 (15)：163.

[8] PRAGER W. A new method of analyzing stresses and strains in work – hardening plastic solids [J]. Journal of Applied Mechanics – Transactions of the Asme 1956，(78)：493.

[9] ARMSTRONG P J, FREDERICK C O. A Machematical Representation of the Multiaxial Bauschinger Effect [R]. 1966.

[10] DAFALIAS Y F, POPOV E P. Plastic internal variables formalism of cyclic plasticity [J]. Journal of Applied Mechanics – Transactions of the Asme, 1976 (43)：645 – 651.

[11] YOSHIDA F, UEMORI T. A model of large – strain cyclic plasticity describing the Bauschinger effect and workhardening stagnation [J]. International Journal of Plasticity, 2002 (18)：661 – 686.

[12] LIU R D, SUN L, et al, Strain rate effect on forming limit diagram for Advanced High Strength Steels [J]. SAE int. J. Mater. Manf. 2014, Volume 7, Issue 3.

[13] LUO L M, GHOSH A K. Elastic and inelastic recovery after plastic deformation of DQSK steel sheet [J]. Journal of Engineering Materials and Technology – Transactions of the ASME, 2003 (125)：237 – 246.

[14] SUN L, WAGONER R H. Complex unloading behavior：Nature of the deformation and its consistent constitutive representation [J]. International Journal of Plasticity, 2011 (27)：1126 – 1144.

第4章
钢板的动态力学和断裂失效特性

汽车碰撞过程是一个瞬时的动态过程,在典型的汽车正面碰撞测试中车身材料的变形应变率可达500/s甚至更高。与准静态过程相比,动态过程中材料的力学特性有所不同,称为材料的应变率效应。钢铁材料一般均存在应变率效应,提高应变率一般会使其变形抗力提高。图4-1是一种低合金高强度冷轧钢HC340LA在不同应变率下的真实应力–真实应变曲线,随着应变率从静态增加到500/s,真实应力增大了20%以上。研究车身材料的动态力学行为,尤其是在大变形场景下,对于车身安全设计中材料的合理选择和分布设计具有重要的指导意义。

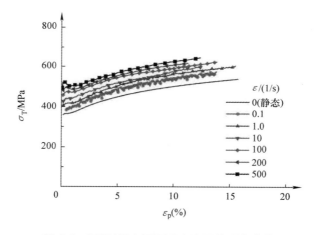

图4-1 HC340LA不同应变率下的硬化曲线

钢铁材料的应变率效应与其塑性变形机理相关,在发生塑性变形时,晶体位错的运动,滑移面由不利变形的位向向有利于变形的位向转动,晶间转动等都需要时间,如果变形速率很大,金属的塑性变形不能在变形体内充分地扩展和完成。而弹性变形仅仅是原子离开其平衡位置的运动,增大或减小其原子间距,因而其扩展速率与声速相同,因此一般情况下随着应变率的升高,钢板的屈服应力相应增大。

除了钢板的动态力学特性,其断裂失效特性对整车碰撞安全特性也有较大影响。在汽车碰撞过程中，一些零部件会出现断裂现象，进而改变结构的传力路径，对整车碰撞安全性能有较大影响。在零部件成形过程中，往往也会出现钢板的断裂现象发生。本章重点介绍了面向汽车碰撞安全设计和仿真应用的钢板动态力学和断裂失效特性。

4.1 中高速拉伸试验的设计

4.1.1 中高速拉伸试验的设备

为了研究材料的动态力学性能，通常是开展不同应变率下的单向拉伸试验。应变率在 $0.1/s \sim 10^2/s$ 范围内的中高速拉伸试验多采用液压试验机（图 4-2a，b）和落锤试验台（图 4-2c）。液压试验机试验装置如图 4-3a 所示，试验时，液压系统蓄存的能量瞬间释放，作动器连着套筒达到预定速度后撞击活动连杆，带动试件变形和断裂。套筒与活动连杆撞击前，需自由移动一段距离以达到预定速度。套筒与活动连杆的撞击面一般采用楔形结构，以降低撞击时所产生的振荡。

a) 中速液压试验机

b) 高速液压试验机

c) 落锤试验台

图 4-2 试验设备

落锤试验台进行材料中高速拉伸装置示意图如图 4-3b 所示，落锤试验台依靠质量块的自由下落的速度与能量对试件进行加载，使试件变形直至断裂。落锤试验台往往需要更多的空间资源,以提高试验中质量块可以达到所需要的速度。

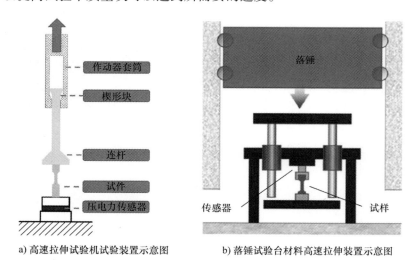

a) 高速拉伸试验机试验装置示意图　　b) 落锤试验台材料高速拉伸装置示意图

图 4-3　试验装置示意图

4.1.2　中高速拉伸试验的测量方法设计

1. 材料动态测试中的载荷振荡(ringing effect)现象和载荷测量方法

中高速测试过程中动态力响应的测量是材料动态力学行为测试中一个突出的技术难点。在高速拉伸试验中,液压试验机的力传感器测得的信号往往伴随着显著的振荡(如图4-4a所示),称为振铃效应(ringing effect)。信号的振荡会掩盖材料真实的力学响应,导致试验中无法准确地获得中高应变率范围内材料的真实力学特性,进而无法对材料进行准确的力学表征。

清华大学夏勇等通过分析试验过程中的系统动态响应过程,将动态试验中的载荷传递路径简化为二阶质量-弹簧-阻尼系统,在时域内分析系统固有频率和载荷信号振荡大小的关系,揭示了产生载荷振荡效应的主要原因,并借助有限元建模对载荷振荡现象的相关影响因素进行分析,并通过试验验证,提出了材料中应变率试验中抑制动态振铃效应的解决方案:载荷测量位置尽可能靠近有效测试区域,减小测量环节质量并提高测量环节刚度。具体的实现形式包括:

1) 在试件的夹持段粘贴应变片测量该位置的弹性变形(如图4-4b所示),根据预先标定的转换系数计算材料承受的真实动态载荷,此做法需要在每个试样测试之前粘贴应变片并进行标定,试验成本较高。

2) 采用集成了试件夹持和载荷测量功能的高刚度轻质动态拉伸力传感器(图4-4c,见彩插),可以在材料中应变率试验中重复使用,有效降低了试验成本并提高了试验效率。

2. 材料动态测试中应变测量方法

材料拉伸测试中常采用激光引伸计、应变片和数字图像相关法(DIC)来测量试件的应变。由于激光引伸计和应变片不适用于高速拉伸试验中大变形和材料断裂特性的测量,在高速测试中应变测量采用最多的是DIC方法,如图4-5所示。

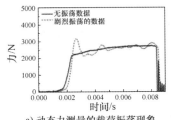 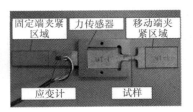

a) 动态力测量的载荷振荡现象　　b) 试件夹持段粘贴应变片的方法测量载荷　　c) 轻质力传感器方法测量载荷

图 4-4　动态拉伸力传感器

通过高速摄像机连续拍摄试验过程中喷涂散斑的试件，如图 4-6（见彩插）所示，DIC 方法利用变形前后同一质点周围斑纹形貌的相似性，匹配计算得到变形后图像中对应于变形前图像中的点，进而获取单个点的位移信息。对整幅图像中的多个点进行匹配计算，即可获取分布于整个图像的位移场，从而计算试件的变形信息。

3. 材料动态测试中试件设计

基于液压伺服高速拉伸试验机开展高速测试

图 4-5　DIC 方法非接触式测量

通常参考 ISO 26203-2-2011 测试标准。高速拉伸测试典型试件形状和尺寸如图 4-7 所示，试件的平行段的长度 L_c、标距 L_e、宽度 b_o、厚度 a_o、夹持段宽度 b_k 以及过渡圆弧 r 应满足以下要求：

$$L_o/b_o \geq 2$$
$$L_c \geq L_o + b_o/2$$
$$b_o/a_o \geq 2$$
$$b_o/b_k \leq 0.5$$
$$r \geq 10\text{mm}$$

如采用在试件上粘贴应变片的方法来进行作用力的测量时，试样尺寸的设计应注意预留

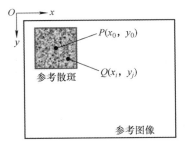 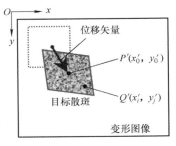

图 4-6　参考散斑集变形前后的对比示意图

应变片粘贴区域。测力区域应位于试样固定端,且必须保证在试样变形过程中仅发生弹性变形。建议不同应变速率试验,包括低应变速率,均使用同一几何形状与尺寸的试样,减小试样尺寸效应对测试结果的影响。

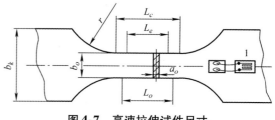

图 4-7 高速拉伸试件尺寸

4.2 高速拉伸试验数据分析

4.2.1 高速拉伸应力-应变曲线和特征参数确定

材料的工程应力-应变曲线应由试验过程中的原始测量信号计算获得,同时关键参数由应力-应变曲线确定,可参照 ISO 26203-2—2011、ISO 6892-1—2019 和 GB/T 228.1—2021 标准中相关术语及定义进行,关键参数主要包括下屈服强度 R_{el}、塑性延伸强度 R_p、抗拉强度 R_m、最大力处塑性伸长率 A_g 和断裂后的伸长率 A。值得注意的是,考虑到高速应力-应变曲线存在振荡,特征参数的确定与准静态下光滑的应力-应变曲线的处理方法有些不同,需要对曲线进行多种形式的光滑处理,或者考察更多的参数。

4.2.2 高速拉伸应变速率确定

在进行材料高应变率下的力学性能测试前,需要合理选取作动器的初始速度,以保证试样进行试验时达到所需的应变速率。初始的速度 v_0 可以通过公式(4-1)对试验要求的名义应变率 $\dot{e}_{nom}$ 进行估算得到:

$$\dot{e}_{nom} = v_0 / L_c \tag{4-1}$$

式中,L_c 为试样平行段长度。

除了按照式(4-1)计算名义应变速率外,试验时的平均应变速率可以通过断后标距段伸长率 A 和发生断裂所需时间 t_f 按照如下公式进行计算:

$$\text{平均应变速率:} \dot{e}_{mean} = A / t_f \tag{4-2}$$

不同于名义应变速率,该参数依赖于夹具的配合度或材料的变形能力。同时,该参数和材料在颈缩区的局部应变速率没有关联。

将应变信号对时间微分可获得瞬时应变速率信号 $\dot{e}(t)$,在整个试验中,该参数提供更详实的应变速率变化信息。通过瞬时(或应变相关)应变速率曲线可判断在屈服点处的应变速率是否达到预定的应变速率。

特征应变速率 $\dot{e}_{pl}$ 是用于表示在加工硬化阶段平均应变速率的一个重要的物理参数。通过计算加工硬化阶段(从达到屈服强度或 1% 应变处开始,到最大力处结束)的平均工程应变速率,可以得到特征应变速率 $\dot{e}_{pl}$,如式(4-3)所示:

$$\text{特征应变速率:} \dot{e}_{pl} = M\{\dot{e}(t_{soh}) \cdots \dot{e}(t_{F_m})\} \tag{4-3}$$

式中，M 为对函数 $\dot{e}(t)$ 求算数平均；$\dot{e}(t)$ 为工程应变速率，表示特定时刻工程应变对时间的倒数；t_{soh} 为加工硬化开始时刻；t_{F_m} 为最大力时刻。

试验报告中的应变速率是指"特征应变速率"，若名义工程应变速率与平均工程应变速率的偏差小于10%，可采用平均工程应变速率作为特征应变速率；若名义工程应变速率与平均工程应变速率的偏差大于10%，则应测定瞬时工程应变速率曲线 $\dot{e}(t)$，并讨论。对于可获得几乎恒定的应变速率的认证试验，从加工硬化开始到最大力阶段，要求瞬时应变速率与特征应变速率之间的偏差不超过30%。

4.3 霍普金森杆试验

4.3.1 霍普金森杆设备组成

高应变率范围内材料力学性能测试多采用霍普金森杆试验方法。清华大学苏州汽车研究院的霍普金森拉杆试验系统如图4-8所示，该装置由以下几部分组成：入射杆和透射杆，试件夹持在入射杆和透射杆之间；导向及校准装置，用于保持入射杆和透射杆轴线对齐；压缩气体发射装置，为撞击杆提供初始速度；应变片，分别贴在入射杆和透射杆上，用以记录在杆中传播的应力波；控制系统及数据处理系统等。

图4-8 霍普金森拉杆试验系统

4.3.2 霍普金森杆数据分析方法

霍普金森杆试验过程中，撞击杆经压缩气体发射装置发射后以恒定速度撞击入射杆，产生压缩脉冲，压缩脉冲经入射杆与试件界面后，一部分反射后回到入射杆中向相反方向传播，另一部分透射后在透射杆中传播，波形在杆中的传播历程如图4-9所示。通过分别粘贴于入射杆、透射杆表面的两应变片记录两杆中传递的应力波。

以霍普金森压杆为例，其试验结果分析基于两个假设：
1）应力波在杆中的传播满足一维应力波的传播理论。
2）试件中的应力、应变场沿试件长度方向均匀。

试件两端的力和物质的点速度可用以下方程表述：

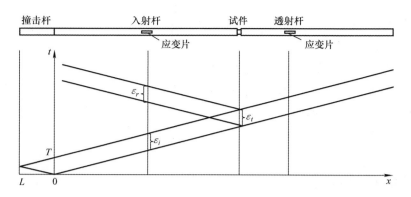

图 4-9 应力波在霍普金森杆中的传播历程

$$\begin{cases} F_{input}(t) = S_B E[\varepsilon_i(t) + \varepsilon_r(t)] \\ F_{output}(t) = S_B E \varepsilon_t(t) \\ v_{input}(t) = c_0[\varepsilon_i(t) + \varepsilon_r(t)] \\ v_{output}(t) = c_0 \varepsilon_t(t) \end{cases} \quad (4-4)$$

式中,$F_{input}(t)$、$F_{output}(t)$、$v_{input}(t)$、$v_{output}(t)$ 分别为试件左右两界面上的力和物质的点速度;$\varepsilon_i(t)$、$\varepsilon_r(t)$、$\varepsilon_t(t)$ 分别为入射波、反射波和透射波的应变脉冲;S_B、E、c_0 分别为杆的截面积、弹性模量、应力波波速。

不妨设试件长度为 L_s,试件截面积为 S_s。对于试件的压缩应变率 $\dot{\varepsilon}_s(t)$,有:

$$\dot{\varepsilon}_s(t) = [v_{output}(t) - v_{input}(t)]/L_s \quad (4-5)$$

试件两侧受力平衡:

$$\sigma_s(t) = F_{output}(t)/S_s \quad (4-6)$$

在试件中应变均匀这一前提下,有 $\varepsilon_i(t) + \varepsilon_r(t) = \varepsilon_t(t)$,将质点速度表达式代入应变率表达式,有:

$$\dot{\varepsilon}_s(t) = 2c_0 \varepsilon_r(t)/L_s \quad (4-7)$$

试件上的应变 $\varepsilon_s(t)$ 与应力 $\sigma_s(t)$ 可以表示为

$$\varepsilon_s(t) = \frac{2c_0}{L_s} \int_0^t \varepsilon_r(t) \mathrm{d}t \quad (4-8)$$

$$\sigma_s(t) = \frac{S_B E}{S_s} \varepsilon_t(t) \quad (4-9)$$

该方法是分离式霍普金森压杆的二波分析法。当应力波在试件中的反射次数不多时,均匀变形的假设不一定成立,试件两侧力不完全平衡,可以采用试件两界面上的平均力计算试件中的应力:

$$\sigma_s(t) = [F_{input}(t) + F_{output}(t)]/2S_s \quad (4-10)$$

试件中的应力、应变、应变率可表示为

$$\begin{cases} \sigma_s(t) = \dfrac{S_B E}{S_s}[\varepsilon_i(t) + \varepsilon_r(t) + \varepsilon_t(t)] \\ \varepsilon_s(t) = \dfrac{c_0}{L_s}\int_0^t [\varepsilon_r(t) + \varepsilon_t(t) - \varepsilon_i(t)] \mathrm{d}t \\ \dot{\varepsilon}_s(t) = \dfrac{c_0}{L_s}[\varepsilon_r(t) + \varepsilon_t(t) - \varepsilon_i(t)] \end{cases} \quad (4\text{-}11)$$

上述方法称为分离式霍普金森压杆的三波分析法。

在进行霍普金森拉杆试验中，低应变率试验需要更长的加载信号和更长的试验时间，需要匹配更长的透射杆。然而一旦杆系过长，会出现波弥散等不符合一维应力波理论假设的问题。同时，过长的杆系会导致加工困难等其他问题。因此，霍普金森杆测试系统不适用于600/s以下中高应变率拉伸试验。

4.3.3 霍普金森杆测试数据分析

图 4-10 是低合金高强度钢 HC340LA 在液压伺服高速拉伸试验机和霍普金森拉杆在 1000/s 应变率的测试结果。液压伺服高速拉伸试验机测试结果存在较明显的振荡，而霍普金森杆的振荡较少。霍普金森杆设备是基于一维应力波理论将试验中的应力波进行单独测量，从而可以分别获取入射波、透射波和反射波，并基于一维假定及均匀性假定计算材料的工程应力应变曲线，最终测量计算得到的应变会引入一些误差。所以液压伺服高速拉伸机和霍普金森杆测量得到的应变差异明显。同时两种试验所采用的试件尺寸和形状不同，对测试结果也有影响。液压伺服高速拉伸测试和霍普金森拉杆测试原理和方法不同，测试结果需要做更多的对比分析。

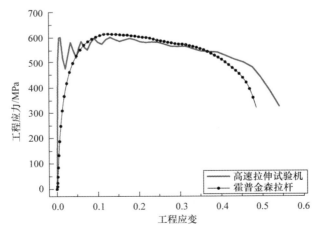

图 4-10　HC340LA 在 1000/s 应变率下两种设备的测试结果

4.4　杆型测力系统

液压伺服中高速拉伸试验机能获取非常光滑的 200/s 应变率以下的中高速拉伸应力应变

曲线，超过200/s则会出现振荡。而常规霍普金森杆则适用于600/s以上的金属材料动态测试，200~600/s应变率区间内的金属材料动态测试目前已成为亟待突破的技术瓶颈。美国俄亥俄州立大学搭建了40m长的霍普金森拉杆设备，以实现中高应变率材料动态测试，该设备对加工条件和试验场地要求较高，同时超长杆中应力波传播的弥散和衰减均不可忽略，需要在数据处理中慎重考虑。

一种基于霍普金森杆的弹性应力波分解方法为解决中高应变率动态载荷测量提供了思路。清华大学将应力波分解技术与霍普金森杆技术相结合，拆分长杆中传播的左行波与右行波，重建试件上的载荷信号。将试验室内的落锤试验台作为加载装置，以此为基础建立了杆型测力系统，如图4-11a所示。本系统分析了两点应变测量时域/频域分析方法与多点应变测量频域分析方法，通过理论模型对三种应力波分解方法进行了验证，并将适用于连续信号的公式推广到离散信号中。在杆型测力系统开展了应变率不敏感的材料LY12CZ测试，使用应力波分解理论获取了材料在高应变率下的真实应力-真实应变曲线，与准静态结果基本重合，验证了方法的有效性，从理论上和根本上解决了高速拉伸测试载荷信号的振荡问题，如图4-11b所示。该方法目前处于在研究过程中。

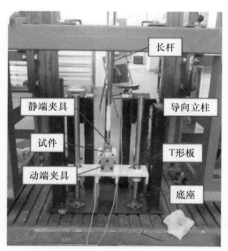
a) 基于落锤试验台的杆型测力系统装置

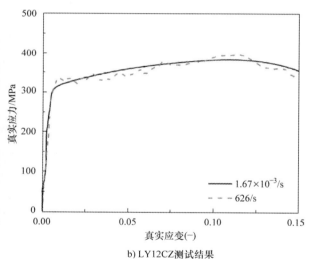
b) LY12CZ测试结果

图4-11 测试装备和结果

4.5 钢板高速拉伸性能分析与表征方法

现有适用于表征材料应变率效应的模型大致分为两种：物理学基础模型和唯象模型。前者考虑了材料的微观机制影响，例如Zerilli-Armstrong模型即考虑了材料晶格结构的影响，如位错滑动、相变等。唯象模型通常是以试验结果建立的经验性本构关系，容易标定且计算效率高，得到工业界的广泛应用。Johnson-Cook（J-C）模型是一种常用的唯象模型，主要是用应变强化、应变率效应、温度效应三个独立的方程耦合流动应力。

$$\overline{\sigma} = \left[A + B\varepsilon_p^n\right]\left[1 + C\ln\left(\frac{\dot{\varepsilon}_p}{\dot{\varepsilon}_p^0}\right)\right]\left[1 - \left(\frac{T - T_r}{T_m - T_r}\right)\right]^m \quad (4\text{-}12)$$

式中,$\dot{\varepsilon}_p$ 是塑性应变率;$\dot{\varepsilon}_p^0$ 是参考应变率;T 是温度;T_r 和 T_m 分别是室温和材料熔点;A、B、C、n、m 为 J–C 模型的 5 个待定参数。通常应用于碰撞仿真工况中的模型不考虑温度效应,所以 J–C 模型可以简化为

$$\overline{\sigma} = \left[A + B\varepsilon_p^n\right]\left[1 + C\ln\left(\frac{\dot{\varepsilon}_p}{\dot{\varepsilon}_p^0}\right)\right] \quad (4\text{-}13)$$

关于动态响应,J–C 模型认为是基于准静态响应的缩放结果。如果将流动应力 – 塑性应变在坐标系中作图,将应变率效应函数值相乘,沿流动应力轴对准静态曲线缩放,可以得到特定应变率下的动态曲线。

Cowper–Symonds (C–S) 模型也是一种常用的唯象模型,以较为简单的幂函数表征应变率的影响,如式(4-14)所示:

$$\overline{\sigma}(\dot{\overline{\varepsilon}}_p, \overline{\varepsilon}_p) = \sigma_{static}\left[1 + \left(\frac{\dot{\varepsilon}_p}{C_1}\right)^{C_2}\right] \quad (4\text{-}14)$$

通常 σ_{static} 采用准静态的硬化曲线,对应的应变率为 $10^{-4}/s$。C_1 和 C_2 为待标定参数。

针对图 4-1 所示的 HC340LA 钢在不同应变率下的流动应力曲线,采用 J–C 模型和 C–S 进行标定,其结果如图 4-12 所示。J–C 模型总体上呈对数线性穿插于试验数据中间,低应变率预测性好,高应变率预测性差(图 4-12a)。C–S 模型高应变率预测性良好,中、低应变率范围预测结果和试验差异较大,准静态下预测值明显高于试验数据点(图 4-12b)。这是因为 J–C 模型和 C–S 模型仅仅选取了某个塑性应变下的一组流动应力进行拟合标定,丢失了较多的试验有效数据,因此拟合的应变率本构方程具有一定的局限性。

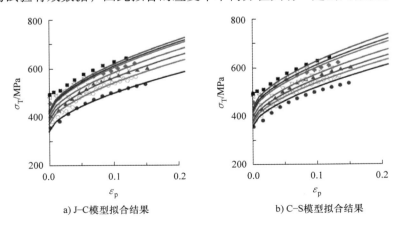

a) J–C模型拟合结果　　　　b) C–S模型拟合结果

图 4-12　试验曲线与两种模型拟合曲线对比

现有的 J–C 和 C–S 模型都是采用一维尺度来描述应变率效应,存在较大的不足,清华大学周青课题组提出了一种新的数据分析方法——二维缩放法,以单向拉伸试验的缩颈起

始点为特征点,对各应变率下的硬化曲线进行归一化处理,其结果发现归一化硬化行为与应变率无关。在此基础上,提出了一种新的应变率相关模型,该模型对大多数 DP 钢具有很好的适用性。图 4-13 展示了这种新模型表征某 DP780 钢的应变率特性结果。

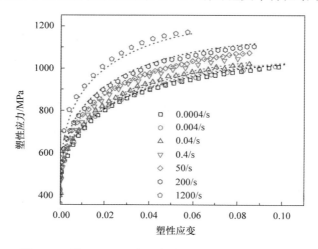

图 4-13　某 DP780 钢高速曲线二维缩放模型拟合结果
（点为试验数据,虚线为拟合结果）

4.6　钢板断裂失效特性与表征方法

车用高强度钢断裂多为韧性失效,在高应力三轴度下（如单向拉伸、双向拉伸等）,其主要断裂机理是加载过程中材料内部孔洞的产生、生长和合并,进而导致材料失效（孔洞理论）。在负应力三轴度下（如单向压缩）,主要断裂机理则是剪切滑移（滑移理论）,如图 4-14 所示,而在这两者之间的应力状态下,材料失效表现为两种机理的相互竞争。

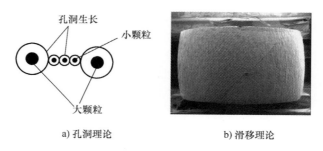

a) 孔洞理论　　　　b) 滑移理论

图 4-14　两种主要断裂机理

由于两种不同断裂机理的存在,所以很难将各应力状态下的失效用统一的公式或曲线进行描述。研究者往往将其中一种机理下的理论模型进行修改,以同时适用两种不同的断裂行为,但是这通常也会使其应用在前一组应力状态下的预测精度降低,同时模型更为复杂,模型中的参数含义也变得模糊。根据塑性行为是否受到材料损伤影响,可以将表征策略分为损伤耦合型和损伤解耦型两类。损伤耦合型模型，例如 Gurson 模型，认为材料在发生一定程度的塑性变形之后开始出现损伤，并逐渐积累（Gurson 模型中为孔洞的产生、生长和合并）。Tvergaard 和 Neeldleman 对模型进一步完善成为 GTN 模型。低应力三轴度下，这个模型会认为材料中没有孔洞生成，这也就使得其在低应力三轴度如剪切试验中无法预报失效。为了弥补这个缺陷，Nahshon 和 Hutchinson 以及 Nielsen 在此基础上对模型进一步完成，修正后的 GTN 模型能够对剪切试验进行很好的模拟。这样最后的 Gurson 模型中含有 10 个待定参数，因此其标定过程比较复杂。

而损伤解耦模型是将材料的塑性行为和断裂行为相互独立处理，因此在研究和应用两方面都相对更加简便。常用的损伤解耦的断裂准则较多，形式简单的准则有最大剪应力、恒定塑性应变、Johnson – Cook 模型等，更复杂的有 Xue – Wierzbicki 模型、Cockcroft – Latham 模型、Mohr – Coulomb 模型等。Wierzbicki 等对常用的准则进行了比较，发现对于他们所研究的金属材料最大剪应力准则具有非常好的精度，同时需要的标定试验又非常少，因而应用最为广泛；恒定塑性应变、Johnson – Cook 模型以及 Cockcroft – Latham 模型等的准则都没有考虑应力状态对断裂行为的影响，仅能被使用在特定的应力状态范围内。Xue – Wierzbicki 准则考虑了应力三轴度对金属断裂应变的影响精度更高但标定成本也更高。

Mohr – Coulomb 准则是最大剪应力模型的一种拓展，该模型认为当材料中正应力和剪应力合力达到极限值时，即发生失效，其表达式为

$$(\sqrt{1+c_1^2}+c_1)\sigma_1^P - (\sqrt{1+c_1^2}-c_1)\sigma_3^P = 2c_2 \quad (4-15)$$

式中，c_i 是 Mohr – Coulomb 准则的待定参数；σ_1^P 和 σ_3^P 分别是最大和最小正应力。当 $c_1 = 0$ 时，该准则退化为最大剪应力准则。因此该模型能对剪切为主的失效进行较好的预测。

Bai 和 Wierzbicki 等采用应力状态相关的塑性模型对该准则进行了修正，得到了以应变为断裂判据的 MMC（Modified Mohr – Coulomb）模型：

$$\overline{\varepsilon}_p^f = \left\{ \frac{A}{c_2}[1-c_n(\eta-\eta_0)] \cdot \left[c_\theta^s + \frac{\sqrt{2}}{2-\sqrt{3}}(c_\theta^{ax}-c_\theta^s)\left(\sec\left(\frac{\overline{\theta}\pi}{6}\right)-1\right)\right] \\ \cdot \left[\sqrt{\frac{1+c_1^2}{3}}\cos\left(\frac{\overline{\theta}\pi}{6}\right) + c_1\left(\eta+\frac{1}{3}\sin\left(\frac{\overline{\theta}\pi}{6}\right)\right)\right] \right\}^{-1/n} \quad (4-16)$$

式中，η 和 $\overline{\theta}$ 分别是应力三轴度和罗德角参数；A 和 n 是材料硬化参数；c_n、η_0、c_θ^s 和 c_θ^{ax} 是该修正准则参数。

$$\eta = \frac{\sigma_m}{\overline{\sigma}} \quad (4-17)$$

$$\overline{\theta} = 1 - \frac{2}{\pi}\arccos\left[\frac{27(\sigma_1^P-\sigma_m)(\sigma_2^P-\sigma_m)(\sigma_3^P-\sigma_m)}{2\overline{\sigma}^3}\right] = 1 - \frac{2}{\pi}\arccos(\xi) \quad (4-18)$$

式中，σ_1^P、σ_2^P、σ_3^P 分别为第一、第二、第三正应力；σ_m 为平均应力；$\overline{\sigma}$ 为等效应力。

$$\sigma_m = \frac{\sigma_1^P + \sigma_2^P + \sigma_3^P}{3} \tag{4-19}$$

$$\overline{\sigma} = \sqrt{\frac{1}{2}\left[(\sigma_1^P - \sigma_2^P)^2 + (\sigma_2^P - \sigma_3^P)^2 + (\sigma_3^P - \sigma_1^P)^2\right]} \tag{4-20}$$

对于板材的材料失效，可近似看成平面应力状态下的失效行为，此时应力三轴度和洛德角参数之间存在着一定相关性：

$$\xi = \cos\left[\frac{\pi}{2}(1-\overline{\theta})\right] = -\frac{27}{2}\eta\left(\eta^2 - \frac{1}{3}\right) \tag{4-21}$$

因此，平面应力状态下 MMC 模型可以简化为，

$$\overline{\varepsilon}_p^f = \left\{\frac{A}{c_2}\left[\sqrt{\frac{1+c_1^2}{3}}\cos\left(\frac{\overline{\theta}\pi}{6}\right) + c_1\left(\eta + \frac{1}{3}\sin\left(\frac{\overline{\theta}\pi}{6}\right)\right)\right]\right\}^{-1/n} \tag{4-22}$$

MMC 断裂准则已被成功地应用到了多种金属，并展现出了良好的断裂预测能力。

4.7 钢板断裂特性测试与仿真应用

为了研究钢板的断裂特性并且标定断裂准则，通常需要进行一系列试验：包括单向拉伸、简单剪切、缺口拉伸、中心孔拉伸和穿孔试验等，这些试验的应力三轴度基本落在 0 ~ 0.67 之间。本节以某 DP 钢为例，介绍钢板断裂特性测试和断裂准则的标定过程。为了确定失效应变，通常将试验曲线与有限元仿真结果曲线进行对比（图 4-15），找到试验中试件失效点对应仿真结果中对应区域单元的等效塑性应变，此应变即为失效应变。参照此方法，提取每种试验模拟中失效位置的罗德角参数、应力三轴度和等效塑性应变的变化历程，如图 4-16 所示为某种 DP 钢的测试和分析结果。

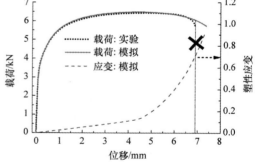

图 4-15 DP 钢单向拉伸试验失效应变确定方法

根据图 4-16 结果进一步标定 MMC 中的参数，考虑断裂位置的单元应力状态和塑性应变是变化的，需要对其结果进行处理，常用三种方法：

1）采用断裂点的信息。

2）平均法，即对整个塑性历程的罗德角参数和应力三轴度参数求平均值。

3）损伤累积法，即假设从塑性应变产生开始材料产生损伤并累积：

$$D = \int_0^{\overline{\varepsilon}_p^f} \frac{d\overline{\varepsilon}_p}{\overline{\varepsilon}_p^{f\text{-}MMC}(\eta,\overline{\theta})} \tag{4-23}$$

式中，$\overline{\varepsilon}_p^{f\text{-}MMC}$ 是 MMC 准则在一定的应力三轴度和罗德角参数下的塑性应变。损伤理论认为

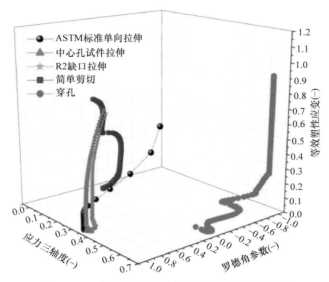

图 4-16　不同类型试验的断裂位置塑性应变历程

该值达到 1.0 时材料发生断裂，因此可以对 5 种试验分别计算该值，并通过优化残差的方法拟合 MMC 断裂准则。

采用损伤累积方法拟合得到 MMC 断裂准则在三维空间的展示如图 4-17（见彩插）所示。通常薄壁钢板在使用中是假设符合平面应力状态的，可以通过设三个主应力之一为 0 的方式来求得，在三维空间中表现为 3 个平面。与 MMC 断裂准则曲面相交，产生三条曲线，即为平面应力状态下的 MMC 模型，如图 4-17 中的 3 条红色实线所示。若将这 3 条曲线投影到等效塑性应变-应力三轴度的平面内，得到相互连接的三段曲线，即为常用于有限元软件材料断裂性质的输入参数。3 种方法标定结果在平面应力下的曲线如图 4-18 所示。可见，三种方法的结果是较为相近的。

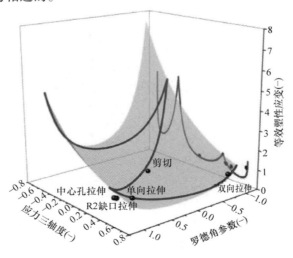

图 4-17　MMC 准则的三维表征结果（损伤累积法）

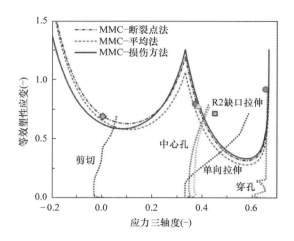

图4-18 3种方法标定结果在平面应力假设下的标准结果

完成DP钢的断裂特性MMC准则标定后,采用材料试验级别进行仿真对标,确认其断裂应变和断裂时刻与试验结果接近,图4-19中对比了剪切和缺口试验和仿真中试件断裂位置,MMC准则较好地表征了钢板的断裂情况。

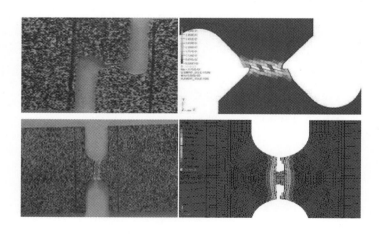

图4-19 试验和仿真中试件断裂位置对比

加载速度不仅对钢板的流动应力有影响,对其断裂特性同样影响较大,Christian和Dirk研究分析了一种DP590钢板的断裂特性,当加载速度从7.6×10^{-6} m/s提高到4.2m/s时,发现延性大幅提高,相应的断裂等效塑性应变均增大,如图4-20所示。在实际的断裂仿真应用中,通常是首先标定出钢板在准静态工况下的断裂准则,并设置缩放系数来模拟断裂特性的应变率效应。

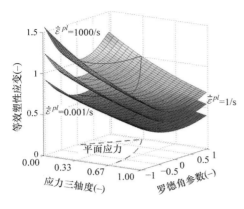 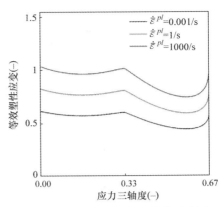

a) 应力三轴度、罗德角参数、等效塑性应变空间中不同应变率的断裂面示意图

b) 等效塑性应变–应力三轴度平面应力条件下相应的断裂面示意图

图 4-20 断裂面示意图

参 考 文 献

[1] ITABASHI M, KAWATA K. Carbon content effect on high strain – rate tensile properties for carbon steels [J]. Int'l J Impact Eng, 2000, 24 (2): 117 – 131.

[2] TARIGOPULA V, LANGSETH M, HOPPERSTAD O S, et al. Axial crushing of thin – walled high – strength steel sections [J]. Int'l J Impact Eng, 2006, 32 (5): 847 – 882.

[3] 赖兴华, 尹斌. 高应变率下高强钢的塑性力学行为及本构模型 [J]. 汽车安全与节能学报, 2017, 8 (2): 157 – 163.

[4] 郭伟国, 李玉龙. 应力波简明基础教程 [M]. 西安: 西北工业大学出版社, 2007.

[5] HUH H, AHN K, JI H L, et al. Evaluation of dynamic hardening models for BCC, FCC, and HCP metals at a wide range of strain rates [J]. Journal of Materials Processing Tech, 2014, 214 (7): 1326 – 1340.

[6] ZHU J, XIA Y, GU G, et al. Extension of non – associated Hill48 model for characterizing dynamic mechanical behavior of a typical high – strength steel Sheet. [C] //ASME 2014 International Mechanical Engineering Congress & Exposition, [S. l. : s. n.], 2014.

[7] XIAO X. Dynamic tensile testing of plastic materials [J]. Polymer Testing, 2008, 27 (2): 164 – 178.

[8] XIA Y, ZHU J, ZHOU Q. Verification of a multiple – machine program for material testing from quasi – static to high strain – rate [J]. International Journal of Impact Engineering, 2015, 86: 284 – 294.

[9] ZHU D, RAJAN S D, MOBASHER B, et al. Modal Analysis of a Servo – Hydraulic High Speed Machine and its Application to Dynamic Tensile Testing at an Intermediate Strain Rate [J]. Experimental MechaniC – S, 2011, 51 (8): 1347 – 1363.

[10] HUH H, LIM J H, PARK S H. High speed tensile test of steel sheets for the stress – strain curve at the intermediate strain rate [J]. International Journal of Automotive Technology, 2009, 10 (2): 195 – 204.

[11] THOMPSON A C, THOMPSON C. High Strain Rate Characterization of Advanced High Strength Steels [J]. Masters Abstracts International, Volume: 45 – 03, page: 1652, 2008.

[12] HAMDAN S, SWALLOWE G M. The strain-rate and temperature dependence of the mechanical properties of polyetherketone and polyetheretherketone [J]. Journal of Materials Science, 1996, 31(6): 1415-1423.

[13] ROLAND C M, TWIGG J N, VU Y, et al. High strain rate mechanical behavior of polyuria [J]. Polymer, 2007, 48(2): 574-578.

[14] PETITEAU J C, OTHMAN R, GUÉGAN P, et al. A Drop-Bar Setup for the Compressive Testing of Rubber-Like Materials in the Intermediate Strain Rate Range [J]. Strain, 2015, 50(6): 555-562.

[15] PEROGAMVROS N, MITROPOULOS T, LAMPEAS G. Drop Tower Adaptation for Medium Strain Rate Tensile Testing [J]. Experimental MechaniC-S, 2016, 56(3): 419-436.

[16] XIA Y, ZHU J, WANG K, et al. Design and verification of a strain gauge based load sensor for medium-speed dynamic tests with a hydraulic test machine [J]. International Journal of Impact Engineering, 2016, 88: 139-152.

[17] YAN B, KURIYAMA Y, UENISHI A, et al. Recommended Practice for Dynamic Testing for Sheet Steels-Development and Round Robin Tests [C] // SAE 2006 World Congress & Exhibition, s.l.: SAE, 2006.

[18] BING P, KEMAO Q. et, al. Two-dimensional digital image correlation for in-plane displacement and strain measurement: a review. [J] Measurement Science and Technology. 2009, 062001(17).

[19] 顾功尧. 面向汽车轻量化和碰撞安全的材料力学行为表征研究 [D]. 北京: 清华大学, 2011.

[20] DAVIES R M. A Critical Study of the Hopkinson Pressure Bar [J]. Philosophical Transactions of the Royal Society A Mathematical Physical & Engineering Sciences, 1948, 240(821): 375-457.

[21] HOPKINSON B. A Method of Measuring the Pressure Produced in the Detonation of High Explosives or by the Impact of Bullets [J]. Philosophical Transactions of the Royal Society of London, 1914, 213(612): 437-456.

[22] ROTH C C, MOHR D. Effect of strain rate on ductile fracture initiation in advanced high strength steel sheets: Experiments and modeling [J]. International Journal of Plasticity, 2014, 56(4): 19-44.

[23] 余同希. 冲击动力学 [M]. 北京: 清华大学出版社, 2011.

[24] 秦子豪. 冲击载荷测量方法改进及不锈钢动态力学特性研究 [D]. 北京: 清华大学, 2018.

[25] ZERILLI FJ, ARMSTRONG RW. Dislocation-mechaniC-S-based constitutive relations for material dynamiC-S calculations [J]. Appl Phys, 1987, 61(5): 1816-1825. doi: 10.1063/1.338024.

[26] COWPER G R, SYMONDS P S. Strain-hardening and strain rate effects in the impact loading of cantilever beams [R]. Brown University Appl Math Report, 1958, 28: 1-46.

[27] JUNER Z, YONG X, et. al. A Rate-Dependent Model for Metals Based on a Master Curve of Normalized Hardening Behavior of DP Steels [J]. J. dynamic behavior mater, 2016, 2: 272-282. DOI 10.1007/s40870-016-0064-4.

[28] BAO Y B. Prediction of ductile crack formation in uncracked bodies [D]. Cambridge: Massachusetts Institute of Technology, 2003.

[29] GURSON A L. Plastic flow and fracture behavior of ductile materials incorporating void nucleation, growth and interaction [D]. Providence: Brown University, 1975.

[30] TVERGAARD V, NEEDLEMAN A. Analysis of the cup-cone fracture in a round tensile bar [J]. Acta Metallurgica, 1984, 32: 157-169.

[31] NAHSHON K, HUTCHINSON J W. Modification of the Gurson Model for shear failure [J]. European Journal

of Mechanics a – Solids, 2008, 27: 1 – 17.

[32] NIELSEN K L, TVERGAARD V. Ductile shear failure or plug failure of spot welds modelled by modified Gurson model [J]. Engineering Fracture Mechanics, 2010, 77: 1031 – 1047.

[33] WIERZBICKI T, BAO Y, LEE Y, et al. Calibration and evaluation of seven fracture models [J]. International Journal of Mechanical Sciences, 2005, 47 (4 – 5): 719 – 743.

[34] BAI Y, WIERZBICKI T. A new model of metal plasticity and fracture with pressure and Lode dependence [J]. International Journal of Plasticity, 2008, 24 (6): 1071 – 1096.

[35] BAI Y, WIERZBICKI T. Application of extended Mohr – Coulomb criterion to ductile fracture [J]. International Journal of Fracture, 2010, 161 (1): 1 – 20.

[36] ZHANG X, WIERZBICKI T. Characterization of plasticity and fracture of shell casing of lithiumion cylindrical battery [J]. Journal of Power Sources, 2015, 280 (0): 47 – 56.

[37] LUO M, WIERZBICKI T. Numerical failure analysis of a stretch – bending test on dual – phase steel sheets using a phenomenological fracture model [J]. International Journal of Solids and Structures, 2010, 47 (22 – 23): 3084 – 3102.

[38] CHRISTIAN C, ROTH A, DIRK M. Effect of strain rate on ductile fracture initiation in advanced high strength steel sheets: Experiments and modeling [J]. International Journal of Plasticity 56 (2014) 19 – 44.

第 5 章
钢板的疲劳性能

很多汽车零部件是在变动载荷下工作的,例如齿轮、连杆、曲轴、弹簧、缸体、缸盖、传动轴、半轴、转向节等结构钢、合金钢、铸造材料类主要动态承载结构件,其主要失效形式为疲劳断裂。

对于上述零件及材料,国内外都做了大量的疲劳性能试验研究,但在汽车工业发展初期,汽车板材由于强度级别较低,重要承载零件应用较少,承载方面的贡献度远逊于上述材料,因而其疲劳性能方面的试验研究未能获得上述材料般重视与关注。但近年来,为了适应日益严格的环保、节能以及主动和被动安全等强制性的法规要求,汽车用材轻量化发展趋势日益明显,钢板材料种类不断增加、强度级别不断提高(图 5-1),尤其是随着微合金化低合金钢、高强度无间隙原子钢、烘烤硬化钢、双相钢、复相钢、相变诱导塑性钢、贝氏体钢、马氏体钢、孪晶诱导塑性钢、淬火配分钢、热成形钢等钢种的高强度钢板、超高强度钢

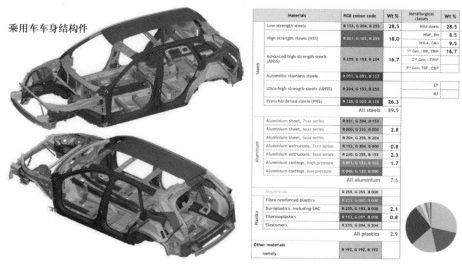

图 5-1 VOLVO XC60 车身汽车钢板应用(源自 2017 欧洲车身会议资料)

板、先进高强度钢板不断开发及批量应用，钢板的抗拉强度级别也由 340MPa→390MPa→440MPa→490MPa→540MPa→590MPa→780MPa→980MPa→1180MPa→1400MPa→1500MPa 不断提高，1800MPa 和 2000MPa 级的热成形钢板也开始逐渐批量应用，应用范围则遍布可冷成形或热成形加工制造的商用车车架与驾驶室、乘用车底盘与车身的各系统、总成的承载类、安全类关键结构件，高强度、超高强度、先进高强度钢板的疲劳性能成为汽车钢板应用性能中的重中之重。

不仅高强、超高强度钢板的疲劳性能在汽车产品开发中尤为重要，应用于车门内外板、发动机罩盖内外板、行李舱内外板、顶盖外板及地板、轮罩内外板、翼子板等大、中型零件的低碳钢及其他普通强度钢板，因零件尺寸大对汽车动态使用工况下的疲劳性能同样有重要影响，不可忽视。低碳钢和普通强度钢板的疲劳性能已逐渐成为国内车企可靠性及寿命 CAE 模拟分析不可或缺的参数输入（图 5-2）。

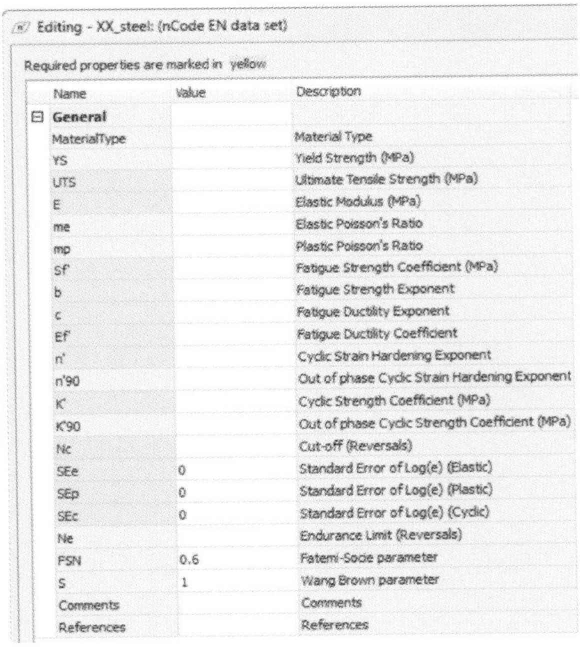

图 5-2　nCode 软件材料疲劳 $\varepsilon - N$ 曲线参数输入界面

钢板的疲劳性能在汽车产品开发中主要有如下几个用途：

1）试验测定及比较分析钢板材料的动态疲劳性能，作为材料开发、认可准入及产品应用的基本条件。

2）试验测定规定持续时间内（规定临界寿命值或疲劳循环数）钢板的中值疲劳强度，统计计算不同置信度（汽车应用通常要求置信度不低于90%）、存活率下的疲劳强度，对于弹性区常规工况条件下使用的零件，选取的材料疲劳强度不能高于许用应力（考虑并包含了安全系数），这是零件材料选取最基本且必要的条件。

3）试验测定钢板的 $S - N$ 曲线或 $\varepsilon - N$ 曲线，将测试数据作为疲劳耐久 CAE 分析（或说寿命 CAE 分析）的参数输入，计算分析零件常规载荷工况及过载工况下的使用寿命。

本章后续内容中，如无特殊说明，疲劳强度与应力都是指工程应力。

5.1 疲劳试验分类、术语及定义

5.1.1 疲劳试验分类

汽车零件及材料的疲劳性能试验按承受的载荷状态不同，通常可分为轴向拉压疲劳、弯曲疲劳、扭转疲劳、表面接触疲劳及复合载荷疲劳等；按工况环境不同可分为大气疲劳、腐蚀疲劳、高温疲劳和热疲劳等；按试验实现的控制方式和应力应变特征可分为应力疲劳和应变疲劳；按寿命和应力水平高低不同可分为高周低应力疲劳（下面简称高周疲劳）和低周高应力疲劳（下面简称低周疲劳）。高周疲劳的疲劳断裂寿命较长，通常 $N_f > 10^5$ 循环周次，断裂的应力水平较低，即疲劳强度较低，疲劳强度<屈服强度，所以也简称低应力疲劳，也是汽车应用中最为常见的疲劳类型；低周疲劳的疲劳断裂寿命较短，通常 $N_f = (10^2 \sim 10^5)$ 循环周次，试样断裂的应力水平都较高，高于材料的屈服强度，所以也简称高应力疲劳，而且由于高周疲劳过程通常伴有塑性应变发生，因此也被称为应变疲劳。

目前国内外通常采用应力控制方式进行 $S-N$ 曲线测试疲劳试验，采用应变控制方式进行 $\varepsilon-N$ 曲线测试疲劳试验，并通过数理统计计算获得不同存活率下的疲劳强度与 $S-N$ 曲线。本节将重点描述两种不同控制方式疲劳试验的相关术语及定义。

如有需要，应变控制疲劳试验结果的统计分析与计算可参考进行，详见 5.4 节。

本节重点针对汽车钢板适用的标准疲劳试验及相关内容进行描述，对适用于零件、总成疲劳试验中的诸如"规定应力/应变幅下的疲劳寿命""规定持续时间内的疲劳强度"等测试目标下的疲劳试验内容不进行详细介绍。

5.1.2 应力控制试验方式（即 $S-N$ 曲线）的疲劳试验相关术语及定义、符号与说明

1）变动载荷与循环载荷：引起疲劳破坏的外力，是指载荷大小和方向两者之一或全部随时间变化的载荷。变动载荷可分为规则周期变动载荷（常称为循环载荷或交变载荷）和无规则随机变动载荷两种。

2）变动应力与循环应力：变动载荷在单位面积上的平均值即为变动应力，单位为 N/mm^2 或 MPa。同样，变动应力相应分为规则周期变动应力（常称为循环应力或交变应力）和无规则随机变动应力（常称为随机应力）两种，应力特征可用应力-时间曲线表示，如图 5-3 所示。

零部件正常工作时，其变动应力多为循环应力（交变应力），加之试验容易模拟和实现，研究与应用较多，尤其对于标准且普适的材料动态疲劳性能研究与评价，通常使用动态交变应力这一参数。

循环应力变化的波形主要有正弦波、矩形波（方波）、三角波、斜波等，最常见的为正

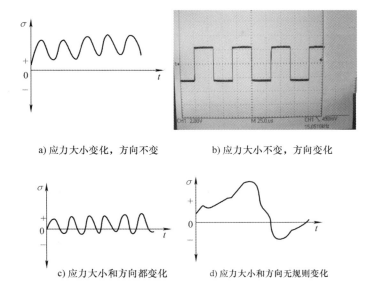

图 5-3 变动应力示意图

弦波，如图 5-4 所示。

循环应力通常用下面参量表征：

a) 最大应力：一个应力循环中具有最大代数值的应力。拉应力为正，压应力为负，常用 S_{max} 或 σ_{max} 表示，单位为 N/mm^2 或 MPa，如图 5-4 所示。

b) 最小应力：一个应力循环中具有最小代数值的应力。拉应力为正，压应力为负，常用 S_{min} 或 σ_{min} 表示，单位为 N/mm^2 或 MPa，如图 5-4 所示。

c) 平均应力：一个应力循环中最大应力和最小应力的代数平均值，常用 S_m 或 σ_m 表示，单位为 N/mm^2 或 MPa，如图 5-4 所示。

$$S_m = \frac{S_{max} + S_{min}}{2} \text{ 或 } \sigma_m = \frac{\sigma_{max} + \sigma_{min}}{2} \quad (5\text{-}1)$$

d) 应力范围：一个应力循环中最大应力和最小应力的代数差，常用 ΔS 或 $\Delta \sigma$ 表示。

$$\Delta S = S_{max} - S_{min} \text{ 或 } \Delta \sigma = \sigma_{max} - \sigma_{min} \quad (5\text{-}2)$$

e) 应力幅：一个应力循环中最大应力和最小应力的代数差的一半，常用 S_a 或 σ_a 表示，S_a 永为正值，单位为 N/mm^2 或 MPa，如图 5-4 所示。

$$S_a = \frac{S_{max} - S_{min}}{2} \text{ 或 } \sigma_a = \frac{\sigma_{max} - \sigma_{min}}{2} \quad (5\text{-}3)$$

f) 应力比：一个应力循环中最小应力与最大应力的代数比值，常用 R_S 或 R_σ 表示。

$$R_S = \frac{S_{min}}{S_{max}} \text{ 或 } R_\sigma = \frac{\sigma_{min}}{\sigma_{max}} \quad (5\text{-}4)$$

循环应力分为对称循环应力（又称对称交变应力）和非对称循环应力，非对称循环又包括脉动循环应力、波动循环应力和普通交变循环应力。

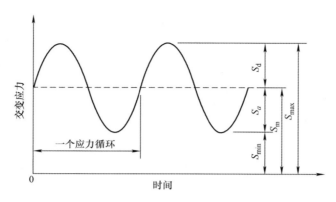

图 5-4 正弦波非对称循环

a)对称循环应力:平均应力等于零($S_m=0$)的循环应力。此时最大应力与最小应力数值相同,方向相反,即应力比等于 -1($R=-1$)。大多数旋转轴类零件或试样的疲劳试验(如半轴、曲轴、扭杆等的扭转疲劳试验)以及钢板轴向拉 - 压对称循环疲劳试验属于此种情况,如图 5-5 所示。

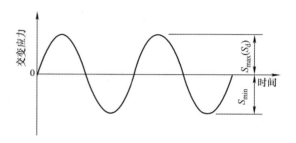

图 5-5 对称循环

b)非对称循环应力:除对称循环应力外的应力统称为非对称循环应力(又称非对称交变应力),是平均应力不等于零($S_m \neq 0$)的循环应力。此时,应力比不等于 -1($R \neq -1$)。旋转轴或轴向不对称的疲劳试验都属于此种情况。如图 5-4 和图 5-7 所示。

c)脉动循环应力:循环应力绝对值最小为零($S_{min}=0$)的循环应力,此时应力比等于零或负无穷($R=0$ 或 $R=-\infty$)。$R=0$ 时,$S_m=S_a>0$,称之为脉动拉伸循环应力,齿轮齿根弯曲疲劳试验、压力容器疲劳试验属于此种情况,如图 5-6 所示;$R=-\infty$ 时,$S_m=-S_a<0$,称之为脉动压缩循环应力,轴承疲劳试验属于此种情况。如图 5-7 所示。

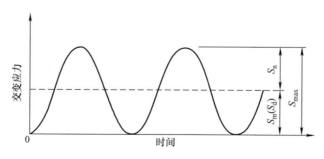

图 5-6 脉动拉伸循环 $R=0$

d)波动循环应力:应力比 $0<R<1$,$S_m>S_a$ 时的循环应力,例如发动机气缸盖疲劳试验(轴向拉 - 拉)、螺栓疲劳试验(轴向拉 - 拉),均属于此种情况。如图 5-8d 所示。

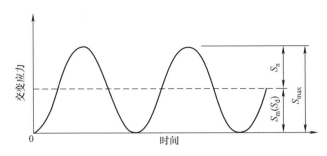

图 5-7　脉动压缩循环 $R = -\infty$

e）普通交变循环应力：非脉动循环与波动循环方式下的非对称循环应力，此时 $R < 0$ 但 $R \neq -1$ 且 $R \neq -\infty$。发动机连杆（轴向小拉 – 大压）属于此种情况。如图 5-8e 所示。

上述各种循环应力汇总示意如图 5-8 所示。

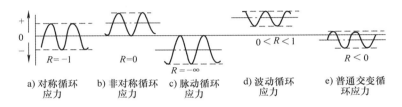

a）对称循环应力　b）非对称循环应力　c）脉动循环应力　d）波动循环应力　e）普通交变循环应力

图 5-8　循环应力类型汇总

3）疲劳寿命：在指定应力或应变水平下，试件疲劳破坏时所经历的应力循环次数，即疲劳循环次数。常用 N 表示。

4）对数疲劳寿命：疲劳寿命 N 的对数值。常用 $\lg N$ 表示。

5）存活率：所有试样中个体疲劳寿命大于疲劳寿命 N 的概率，常用 p 表示。

6）具有存活率的疲劳寿命：常用 N_p 表示，含义为所有试样中有 p 的个体疲劳寿命大于疲劳寿命 N。当 p 取 99%、99.9% 等高概率数值时，N_p 常称为安全疲劳寿命。

7）中值疲劳寿命：存活率为 50% 时的疲劳寿命，其含义为所有试样中有 50% 个体疲劳寿命大于疲劳寿命 N，常表示为 $N_{50\%}$。

8）疲劳强度：指定疲劳寿命所对应的最大交变应力值，常用 S_{max} 或 σ_{max} 表示。

9）中值疲劳强度：是指具有 50% 存活率的疲劳寿命所对应的疲劳强度。

10）疲劳极限或条件疲劳极限：常用 S_r 或 σ_r 表示，含义为试样在指定应力比的动态交变疲劳试验应力下经过足够长的指定的疲劳寿命仍不破坏时所对应的动态交变试验应力值，即动态交变试验强度值。对于一般钢材，如果在某一动态应力水平下经受 10^7 仍不破坏，则可认为可以承受无限次循环而不破坏，因此把 $N = 10^7$ 循环数对应的动态试验应力称为其"疲劳极限"，10^7 循环数则可称为疲劳极限的"临界寿命"。但对诸如铝、镁合金等材料并不具备此特性，经 10^7 甚至更高循环数仍会发生破坏，此时称某一规定的破坏循环数对应的动态试验应力值为"条件疲劳极限"，规定的破坏循环数称之为条件疲劳极限的"循环基数"。当前阶段，对铝镁合金等金属材料，通常选择 10^8 作为"条件疲劳极限"的循环基数。

11) 具有存活率的疲劳极限：是指具有存活率 p 的疲劳寿命 N_p 对应的疲劳极限，常用 $p-S_r$ 或 $p-\sigma_r$ 表示。

12) 中值疲劳极限：存活率为50%的疲劳寿命 N_{50} 对应的疲劳极限，常用 $50\%-S_r$ 或 $50\%-\sigma_r$ 表示。

13) 对数疲劳极限：疲劳极限 S_r（或 σ_r）的对数值，常用 $\lg S_r$（或 $\lg\sigma_r$）表示。

14) 置信度：疲劳试验结果的可信程度，常用 γ 表示。

15) 显著度：对于符合 t 频率函数的正态试样母体中，表征某个测试试样与正态母体有显著差异的概率的参数，常用 a 表示。如图 5-9 中，表示随机抽取的某个测试试样与正态母体有显著差异的概率为 5%，也可理解为 100 次抽样中，有 5 次抽取试样与正态母体有显著差异。但在实际试验中，只进行一次试样抽取就有显著差异是很难发生的。显著度也可定义为疲劳试验结果的不可信程度，其与置信度之和为 1，即 $\gamma+a=1$。通常情况下，假定符合正态分布的疲劳试验中，显著度 a 取 5%。

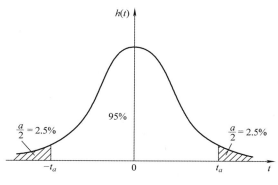

图 5-9 t 频率曲线

16) 自由度：已知 n 个有效测试值中，每个测试值与平均值之差称之为"偏差"，所有偏差的总和为零，由此可知，n 个偏差中有 $n-1$ 个确定后，另一个即可确定。也就是说，对于 n 个偏差，有 $n-1$ 个自由度。自由度常用符号 ν 表示。

5.1.3 应变控制试验方式（即 $\varepsilon-N$ 曲线）的疲劳试验常用相关术语及定义、符号与说明

循环应变（或动态交变应变）：指规则的周期性变动的相对变形程度，是模拟工况条件进行疲劳试验的另一种方式，对动态应变进行设定与控制，应力不一定保持恒定状态。通常用于金属材料等截面或漏斗形试样承受轴向等幅应变的低循环疲劳试验，对弹性区域使用的情况不适用，也不适用于全尺寸构件及结构件的试验。

循环应变通常用下面参量表征：

a) 最大应变：一个循环中应变的最大代数值。拉应变为正，压应变为负，通常用 $\varepsilon_{\max}$ 表示。

b) 最小应变：一个循环中应变的最小代数值。拉应变为正，压应变为负，通常用 $\varepsilon_{\min}$ 表示。

c) 总应变与总应变范围：弹性应变与塑性应变的和为总应变，常用 ε_t 表示。总应变范围是指一个循环中最大应变和最小应变的代数差，常用 $\Delta\varepsilon_t$ 表示，如图 5-10 所示。

$$\Delta\varepsilon_t = \varepsilon_{\max} - \varepsilon_{\min} \tag{5-5}$$

d) 弹性应变与弹性应变范围：弹性应变为循环过程中可弹性回复的应变，常用 ε_e 表示。弹性区应力范围（应力幅）除以弹性模量即为弹性应变范围，常用 $\Delta\varepsilon_e$ 表示，如图 5-10 所示。

$$\Delta\varepsilon_e = S_a/E = \frac{S_{max} - S_{min}}{2E} \text{ 或 } \Delta\varepsilon_e = \sigma_a/E = \frac{\sigma_{max} - \sigma_{min}}{2E} \quad (5\text{-}6)$$

e）塑性应变范围：塑性应变为循环过程中不可回复的应变，常用 ε_p 表示。塑性应变范围为总应变范围与弹性应变范围之差，常用 $\Delta\varepsilon_p$ 表示，如图5-10所示。

$$\Delta\varepsilon_p = \Delta\varepsilon_t - \Delta\varepsilon_e \quad (5\text{-}7)$$

f）应变幅：最大应变和最小应变的代数差的一半，即应变范围的一半，常用 ε_{ta} 表示，ε_{ta} 永为正值，如图5-11所示。

$$\varepsilon_{ta} = \Delta\varepsilon_t/2 = \frac{\varepsilon_{max} - \varepsilon_{min}}{2} \quad (5\text{-}8)$$

g）弹性应变幅：最大弹性应变和最小弹性应变的代数差的一半，即弹性应变范围的一半，常用 ε_{ea} 表示，ε_{ea} 永为正值，如图5-11所示。

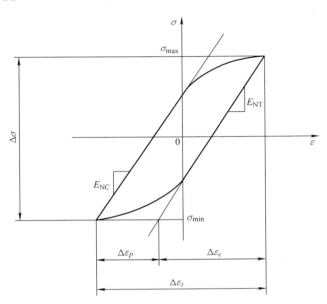

图5-10 应变控制疲劳试验中的应力-应变迟滞回线

$$\varepsilon_{ea} = \Delta\varepsilon_e/2 = \frac{S_{max} - S_{min}}{4E} \text{ 或 } \varepsilon_{ea} = \Delta\varepsilon_e/2 = \frac{\sigma_{max} - \sigma_{min}}{4E} \quad (5\text{-}9)$$

h）塑性应变幅：塑性应变幅为应变幅与弹性应变幅之差，常用 ε_{pa} 表示，ε_{pa} 永为正值，如图5-11所示。

$$\varepsilon_{pa} = \varepsilon_{ta} - \varepsilon_{ea} \quad (5\text{-}10)$$

i）应变比：最小应变与最大应变的代数比值，常用 R_ε 表示。

$$R_\varepsilon = \frac{\varepsilon_{min}}{\varepsilon_{max}} \quad (5\text{-}11)$$

j）应变失效循环数：到达失效的循环次数，常用 N_f 表示。

k）应变失效反向数：到达失效的反向次数，由于每个循环方向变化两次，即方向2次，故应变失效反向数为应变失效循环数的2倍，常用 $2N_f$ 表示。

l）疲劳强度系数：$\lg(\Delta\sigma/2)$—$\lg 2N_f$ 曲线上 $2N_f = 1$ 时处的纵坐标截距，常用 σ'_f 表示，单位为 N/mm^2 或 MPa，如图5-11所示。

m）疲劳强度指数：$\lg(\Delta\sigma/2)$—$\lg 2N_f$ 或 $\lg(\Delta\varepsilon_e/2)$—$\lg 2N_f$ 曲线的斜率，常用 b 表示，如图5-11所示。

n）疲劳延性系数：$\lg(\Delta\varepsilon_p/2)$—$\lg 2N_f$ 曲线上 $2N_f = 1$ 处的纵坐标截距，常用 ε'_f 表示，如图5-11所示。

o）疲劳延性指数：$\lg(\Delta\varepsilon_p/2)$—$\lg 2N_f$ 曲线的斜率，常用 c 表示，如图5-11所示。

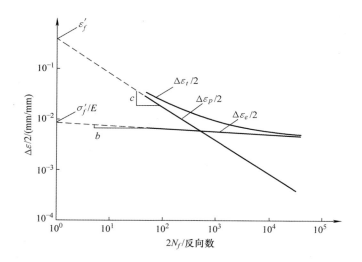

图 5-11 $\Delta\varepsilon_t/2$、$\Delta\varepsilon_e/2$、$\Delta\varepsilon_p/2$—$2N_f$ 曲线（log—log 标尺）

p）循环强度系数：lg（$\Delta\sigma/2$）—lg（$\Delta\varepsilon_p/2$）曲线上 $\Delta\varepsilon_p/2=1$ 处的纵坐标截距，常用 K' 表示，单位为 N/mm² 或 MPa。

q）循环应变硬化指数：lg（$\Delta\sigma/2$）—lg（$\Delta\varepsilon_p/2$）曲线的斜率，常用 n' 表示，如图 5-12 所示。

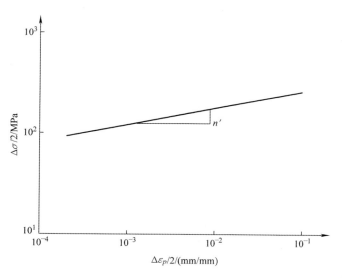

图 5-12 $\Delta\varepsilon_t/2$—$\Delta\varepsilon_p/2$ 曲线（log–log 标尺）

r）循环弹性模量：循环加载条件下，按特定要求测得的弹性范围内的应力与应变的比值，常用 E^* 表示，常用单位为 Pa 或 MPa。

s）循环硬化：循环加载过程中，当控制应变恒定时，其应力随循环次数增加而增大，然后逐渐趋于稳定的现象，如图 5-13 所示。

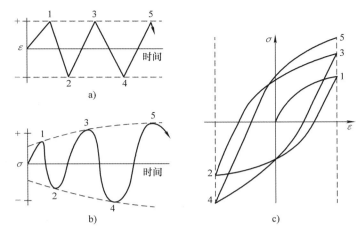

图 5-13 循环硬化

t) 循环软化：循环加载过程中，当控制应变恒定时，其应力随循环次数增加而减小，然后逐渐趋于稳定的现象，如图 5-14 所示。

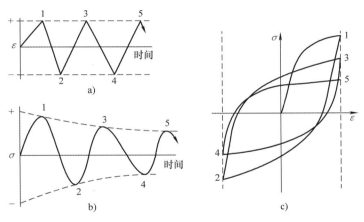

图 5-14 循环软化

5.2 钢板疲劳试验分类与选择

5.2.1 钢板疲劳试验分类

钢板因形状特点及使用形式相对较少，疲劳试验条件相对简化，试验类型也相对较少。从试样受力方式上，钢板疲劳性能试验主要可分为轴向疲劳试验和弯曲疲劳试验；从试验过程实现上，钢板疲劳性能试验主要可分为升降法疲劳试验和成组法疲劳试验；从试样类别上，钢板疲劳性能试验可分为标准疲劳试验（标准疲劳试样）和缺口疲劳试验（缺口疲劳试样）。

需要指出，为尽可能排除材料自身之外的外部因素影响，材料疲劳性能试验通常采用标准疲劳试验方式,即试验设备为标准疲劳试验机,疲劳试样为标准试样等,这也是材料疲劳试验与零件、总成疲劳试验更多考虑自身特定工况、环境与条件模拟有所不同之处。而且,采用标准试验也有利于对不同材料的疲劳性能进行横向比较与评价。因此,除非特殊情况与需求,汽车钢板疲劳性能试验不采用非标试验台(无法满足高对中精度要求)及缺口疲劳试样进行。

1. 轴向疲劳试验

轴向疲劳是国内汽车钢板最为广泛使用的疲劳试验类型,尤其对乘用车用钢板,更能反映并适合其载荷工况下的受力方式。从循环过程中试验频率获得的主被动方式上,轴向疲劳试验又可分为主动试验和从动试验两种方式。

1)主动试验方式:试验参数全部在试验前通过人为预设应力或应变计算、力值/位移转换并输入试验设备,是预设的试验参数,试验过程中实际试验力值/位移与之前设定的力值/位移相符。主动试验动态疲劳试验通常采用伺服系统(servomechanism)实现。伺服系统又称随动系统,是用来精确地跟随或复现某个过程的反馈控制系统,是指利用某一部件(如控制杆)的作用能使系统所处的状态到达或接近某一预定值,并能将所需状态(所需值)和实际状态加以比较,依照它们的差别(有时是这一差别的变化率)来调节控制部件的自动控制系统。

主动试验伺服系统试验设备最为典型的为液压伺服动态疲劳试验机(图5-15和图5-16),是目前国内主流金属板材动态疲劳试验机,对中厚板和汽车薄板应力控制及应变控制疲劳试验均可实现,也是国内早期即开始采用的金属板材试验设备类型。对于钢板材料标准疲劳试验,为保证试验过程试样对中的高要求,需采用标准液压伺服动态疲劳试验机来实现。需要说明,标准液压伺服动态疲劳试验机也可通过试验夹具或装置设计,实现金属零件及总成的疲劳试验,但通常进行零部件总成试验的非标准疲劳试验台架(即采用液压伺

图5-15 液压伺服动态疲劳标准试验机与试样装夹(一)

服动态疲劳试验作动器驱动+T型台及其他非标工装等）因对中度无法满足材料疲劳试验标准要求，不能用于钢板疲劳试验。

图5-16　液压伺服动态疲劳标准试验机与试样装夹（二）

随着试验技术及设备的不断进步，采用电动机驱动的电气伺服动态疲劳试验机（也称电动伺服动态疲劳试验机，图5-17）进行主动试验的金属板材疲劳试验在国内也逐渐增多，尤其对于主动应变控制的薄板疲劳试验，必须采用精巧的小吨位标准伺服动态疲劳试验机方可实现无抗弯曲约束装置条件下的疲劳性能测试。

图5-17　电动伺服疲劳标准试验机与试样装夹

需要指出，伺服动态疲劳试验机不同于普通高频动态疲劳试验机，前者试验频率为试验前预先设置频率（主动设置方式，此功能与液压伺服动态疲劳试验机相同），而后者的试验频率试验前不可预知且无法实现试验前预先设置,而是试验启动后试验设备、试验夹具及试验样品构成系统的共振频率(被动生成方式,与伺服动态疲劳试验机不同)。

2)从动试验方式:此试验方式无法实现试验参数的全部预先设置,主要是指试验频率无法事先设置,通常为试验启动后试验设备、试验夹具与试验样品构成的整个系统的共振频率。共振频率的实现方式通常有电磁谐振式(也称电磁激振式)、机械谐振式等。目前,金属材料从动试验方式的动态疲劳试验通常采用电磁谐振式高频疲劳试验机(图5-18),试验机采用电磁谐振共振原理,适用于正弦波加载,对材料或部件加载平均载荷或循环载荷,经济高效。

需要注意,电磁谐振式高频疲劳试验机试验频率为试验启动后试验设备、试验夹具及试验样品构成系统的共振频率,难以实现试验频率的预先设置。而且共振方式的高频疲劳试验机通常因共振频率较高,有时会因试验过程产生的热量无法快速释放导致试样发红、发黑,而这是疲劳试验不允许出现的。另外,如设备、夹具与试验样品大小设计不当,尤其对于金属薄板,拉压对称轴向循环疲劳试验更容易引起试样失稳弯曲。最大的限制是,高频疲劳试验机无法实现低频应变控制的动态低周疲劳试验。

目前国内使用高频疲劳试验机进行金属板材疲劳试验多采用拉-拉(应力比大于0)轴向非对称循环试验条件。

图5-18 Zwick150-HFP5100 电磁谐振式高频疲劳试验机与试样装夹

机械谐振式疲劳试验机因试验周期短,在零件疲劳试验中使用较多,材料疲劳试验中也有应用,但在钢板轴向疲劳试验中基本不采用。

2. 弯曲疲劳试验

一些国家汽车企业、钢铁企业早些年习惯用弯曲疲劳进行汽车钢板疲劳性能测试与评价,通常采用拉-压或压-压的加载方式进行,国内对非汽车行业应用的中厚板(如船舶所用中厚板)有此类试验方法应用,但目前国内无论是商用车还是乘用车企业基本不采用此类型试验方法，也不推荐使用。

从试验研究及技术储备角度来看，未来国内汽车企业在商用车及乘用车底盘上使用的厚度较大的热轧及热轧酸洗板上可进行一些应用研究与尝试，但是厚度较小的汽车薄钢板并不适用。

弯曲疲劳试验设备与轴向疲劳试验的可通用，只是加持及加载装置根据不同试验要求有所不同。

3. 成组法疲劳试验

成组法属于常规疲劳试验方法的一种。常规疲劳试验方法用于测定材料或构件疲劳性能，可得到反映交变应力与疲劳寿命对应关系的 $S-N$ 曲线。采用常规疲劳试验方法进行试验时，应力水平通常由高到低逐级进行，根据试验数据得到的 $S-N$ 曲线通常应包含 $10^4 \sim 10^6$ 循环的中等寿命区和 10^6 以上循环的长寿命区。常规疲劳试验方法通常分为以下两种：

1）在每个应力水平下试验一个试件，此种常规疲劳试验方法需在较多应力水平下进行试验。由于疲劳寿命本就分散性较大，因此按此种常规方法在每个应力水平下只使用一个试件测试一个数据点得到的 $S-N$ 曲线精度自然较差，通常仅作为疲劳设计上的粗略参考或者大致估计一下材料的疲劳性能，或者作为一些较为复杂疲劳试验的预备性试验。按此常规疲劳试验方法进行试验时，应力水平数量通常应≥7个，相邻出现破坏和越出相反结果的两个数据点应力之和的平均值即为疲劳极限（或条件疲劳极限）。如要进一步提高此方法试验精度，可通过增多应力水平数量［减小相邻应力水平（即应力增量 ΔS）应力值差可进一步增多应力水平数量］来实现，但由于每个应力水平下只测试一个试验数据，无法对此应力水平下的测试精度（或误差）做定量计算与分析，也就难以实现不同存活率下的疲劳极限（或条件疲劳极限）的较精确计算。基于上述，汽车钢板疲劳试验中通常不推荐使用此常规方法进行疲劳性能试验与评价。

2）在每个应力水平下试验一组试件，也称"成组的常规疲劳试验"，又称"成组法疲劳试验"。成组法疲劳试验在每个应力水平下使用一组试样进行试验，每组通常 3~5 个有效试样（奇异点数据不计入），应力水平通常不少于 4 个，可得到较为精确的试验数据和 $S-N$ 曲线。大量实践表明，某一应力水平下各试样疲劳寿命小于等于 10^8 时，其对数疲劳寿命通常具有符合正态分布的规律，因此成组法试验中当试样疲劳寿命小于等于 10^8 时，通常假定试验测试的对数疲劳寿命遵循正态分布。而对于一般钢材，如果在某一应力水平下经受 10^7 循环仍不破坏，则可承受无限次的循环也不会破坏，这也是把 10^7 循环数对应的应力值称之为"疲劳极限"的原因。由上可知，对于汽车钢板材料，测得一组试样的疲劳寿命值后，可按下面公式求此组试样疲劳寿命平均值 N_{50}（疲劳寿命平均值即为 50% 存活率时的疲劳寿命值）。

$$\lg N_{50} = \frac{1}{n} \sum_{i=1}^{n} \lg N_i$$

由上式可进一步求得：

$$N_{50} = \lg^{-1} \left(\frac{1}{n} \sum_{i=1}^{n} \lg N_i \right)$$

成组法疲劳试验中，得到各应力水平对应的中值疲劳寿命 N_{50} 或中值疲劳寿命对数值 $\lg N_{50}$，以中值疲劳寿命 N_{50} 或中值疲劳寿命对数值 $\lg N_{50}$ 为横坐标，对应应力 S 或 $\lg S$ 为纵坐标，即可得到 50% 存活率下的 $S-N$ 曲线，也就是我们常说的"中值 $S-N$ 曲线"（图 5-19）。

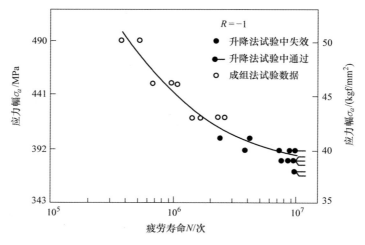

图 5-19　$S-N$ 曲线示例图（log 标尺）

在以往计算机软件技术应用不像如今这样广泛时，曲线绘制和作图通常通过坐标纸手工绘制，将疲劳寿命 N 取对数可以使每一 10^n 寿命数量级下中等寿命区数据点不会过于密集（图 5-20），长寿命区则不会过于分散，大大方便了曲线、图的绘制，因此单对数的 $S-\lg N$ 曲线（图 5-21）常常被采用。

有时，由于疲劳设计及特殊使用需要，也会把应力幅取对数，即把纵坐标 S_a（或 σ_a）、横坐标 N 绘制成双对数的 $\lg S-\lg N$ 的曲线，如图 5-22 所示为某铝合金材料的双对数 $\lg S-\lg N$ 的曲线，因 $\lg S-\lg N$ 成线性关系，各数据点用一条直线拟合。但对钢板材料而言，通常由两段直线拟合而成，两直线交接处用

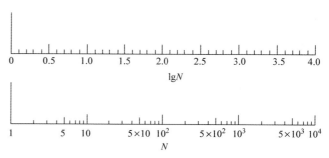

图 5-20　$\lg N$ 完全等比例与次级坐标 N 非等比标识比对图

圆弧过渡（参见图 5-21），有时两直线直接进行连接或不进行连接。

无论采用曲线逐点描迹还是采用直线拟合，都应根据材料性质及疲劳试验数据点的形式特点进行。例如，通常铝合金、镁合金不存在水平直线部分，即不存在疲劳极限，取双对数处理后可拟合为一条直线；而对于一般钢材的 $S-N$ 曲线，取对数后，在高应力/应变区和疲劳极限两个区域均接近于直线，两个区域可拟合为两条直线。通常利用最小二乘法进行直线拟合。

通常，上述三种表示方式被统称为 $S-N$ 曲线。如无特殊情况，阐述时不做 $S-\lg N$、

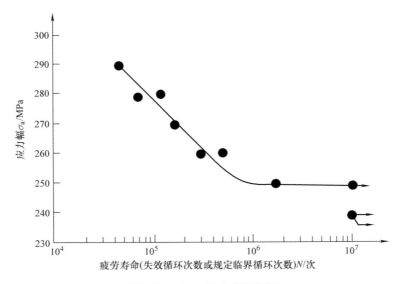

图 5-21　$S-\lg N$ 曲线示例图

$\lg S - \lg N$ 的标识性说明，只是描述定语说明单对数或双对数即可。

对于不同存活率下的 $p-S-N$ 曲线（图 5-23）的计算与获取，在后续内容中将详细介绍。

以上成组法疲劳试验测试、获取 $S-N$ 曲线的原理与过程方法，同样可适用于应变控制 $E-N$ 曲线疲劳试验测试，只是应力控制变为应变控制，应力幅变为应变幅，$S-N$ 曲线变为 $\varepsilon-N$ 曲线（图 5-24）。但需要注意以下三点：一是在高应力/应变低周疲劳区域，$S-N/\varepsilon-N$ 曲线疲劳试验分别采用应力控制/应变控制两种不同试验控制方式，而在低应力/应变高周疲劳区域，如采用应变控制疲劳试验需要获取试验数据通常采用应力控制进行等效试验；二是 $\varepsilon-N$ 曲线疲劳测试中，需获取疲劳强度系数、疲劳强度指数、疲劳延性系数、疲劳延性指数、循环强度系数、循环应变硬化指数 6 个参数值作为有限元模拟分析软件输入。

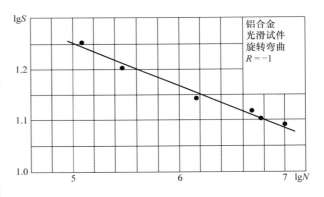

图 5-22　$\lg S - \lg N$ 曲线示例图

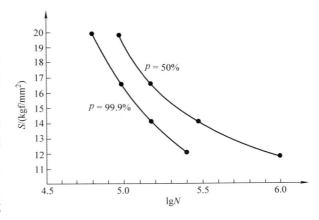

图 5-23　某先进高强度钢不同存活率下 $p-S-N$ 曲线（log 标尺）

对于汽车钢板采用成组法进行疲劳性能测试时，试验中不同应力水平的选择通常推荐如下原则：采取应力由高到低的方式，先试验确定一个材料寿命为 $10^3 \sim 10^4$ 循环寿命之间的应力水平，然后试验测试并确保 10^4、10^5、10^6 各数量级循环寿命对应试验各有至少一个，总的高载荷区域（即 $S-N$ 曲线斜线部分区域）试验应力水平（即组数）不少于 4~5 个（如之前已进行升降法中值疲劳极限测试，可根据测试应力即对应循环寿命数据情况辅助确定高载荷区域试验应力水平数）。为有效利用试验数据并节省试验周期，无论之前进行或之后需要进行升降法中值疲劳极限测试，均可采用升降法测试中值疲劳极限时的数据，尤其数量较多的 10^6 数量级循环寿命和规定试验临界寿命（或规定试验通过寿命）通过疲劳寿命试验数据。

Fatigue参数					
低，$\Delta\varepsilon/2 = \sigma'_f/E(2N_f)^b + \varepsilon'_f(2N_f)^c$					
K'/MPa	n'	σ'_f/MPa	b	ε'_f/(mm/mm)	c
832.6	0.1250	1441.7	−0.1270	4.1450	−0.7988

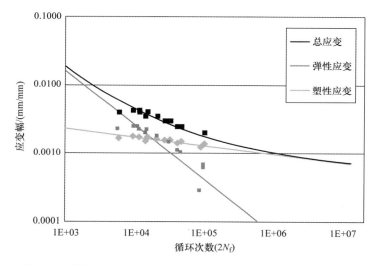

图 5-24　某钢厂 **HC340/590DP** 钢板 ε-N 曲线（**log**-**log** 标尺）

成组法疲劳试验中还涉及每个应力水平疲劳试样的数量选取问题。试样数量不足，试验结果与实际情况存在较大误差，造成结果准确度不高；试样数量过多，则会造成材料、试验时间及试验费用的浪费。通常情况下，随着应力或应变水平的降低，疲劳寿命分散性增大。因此，高应力/应变水平疲劳试样数量会比低应力/应变水平疲劳试样数量少一些，但具体也要根据试验过程的实际情况通过计算分析确定，以确保各应力/应变水平下具有相同水平的准确度，并满足试验置信度、显著度要求。

通常，在指定失效概率水平不同置信度下试验数据被期待落在总样本真值（即有效母体样本）以下的最小试样数可通过表 5-1 快速确定。对于汽车设计师常规需求的可靠性数据而言，通常置信度为 90%，存活率为 90%，此要求对应的最小试样数量为 22 个（异常数据不包含在内，异常数据判定描述见后续内容）。

表 5-1　在指定失效概率水平不同置信度下试验数据被期待落在总样本真值以下的最小试样数

失效概率 P（%）	置信度 $(1-\alpha)$（%）		
	50	90	95
	试样数 n[①]		
50	1	③	④
10	7	22	28
5	13	45	58
1	69	229	298

① n 值修约到最接近的整数。

4. 升降法疲劳试验

升降法是测定疲劳极限（或条件疲劳极限）的简便方法，即在邻近的（应力增量 ΔS 足够小的）两个应力水平试验条件下得到一个破坏一个越出两个相反的试验结果时（邻近出现破坏和越出相反结果的两个数据点称之为对子），两个应力的平均值即为疲劳极限（或条件疲劳极限）。但由于低应力水平下进行试验的测试数据离散型较大，因此仅仅根据两个测试应力得到的平均值就给出的疲劳极限（或条件疲劳极限）的精确性是不够的，一般来说，要求试验完成 6 个有效对子数并进行平均值计算得到疲劳极限（或条件疲劳极限）。有效对子数是指除上述对子外，非相邻的破坏与越出相反测试结果的试验数据，只要是相差一个应力增量 ΔS 的都可以配成对子，称为有效对子，有效对子可最大限度利用测试数据，缩短试验周期，节省试验费用。根据试验数据离散型情况及满足置信度要求确定最少有效对子数前提下，升降法可以较为快速、准确地测定疲劳极限（或条件疲劳极限）[⊖]。

升降法试验通常通过经验性参考和预估从高于疲劳极限（或条件疲劳极限）的应力水平（如无参考且预估较难，可对材料进行准静态拉伸试验并选择稍高于屈服强度的某一应力作为此起始应力水平）开始并向下逐级（每次一个应力增量 ΔS）降低进行试验，如图 5-25 所示。试验遵循破坏降低一个应力增量，越出升高一个应力增量的原则进行，直至满足试验置信度要求的所有试样全部完成。图中可见有 7 个有效对子，常规对子为 3 和 4、5 和 6、7 和 8、10 和 11、12 和 13、15 和 16，可配成的有效对子为 9 和 14，由此 7 个有效对子进行计算得到疲劳极限（或条件疲劳极限）。

$$S_r = 1/7\left[(S_2+S_3)/2 + (S_2+S_3)/2 + (S_1+S_2)/2 + (S_3+S_4)/2 + (S_3+S_4)/2 + (S_2+S_3)/2 + (S_2+S_3)/2\right] = 1/14(S_1 + 5S_2 + 6S_3 + 2S_4)$$

利用升降法进行试验时，应力增量 ΔS 的选定至关重要。通常会根据以往相同材料或近似材料的试验数据及结果进行经验的、参照的选取，并与最终试验结果进行比较判定，以作为下一次试验的优化参照。有文献指出，应力增量最好选得使试验在 4 级应力水平下进行，但实践（详见下面实例）表明，对于动态疲劳性能较好（疲劳极限相对较高且相同应

⊖ 上面应力增量 ΔS 如按升降法试验过程，最初称之为应力减量更为准确，但习惯都称之为应力增量，也有企业习惯称之为应力步长，如果从实际的绝对值角度考量，步长更为贴切。考虑其他试验方法及行业内通常称谓，下面仍按应力增量进行叙述。

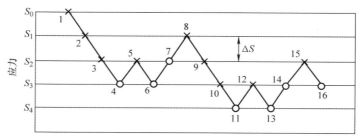

图 5-25 升降法试验过程图

×—破坏（或失效、断裂） ○—越出（或通过） 指定寿命 $N=10^7$

力水平下疲劳周次波动较小）的汽车钢板材料而言，在应力增量选择适合情况下，破坏和越出的变化通常可不超过3级应力水平。按不超过3级应力水平进行的试验结果与使试验在4级应力水平下进行的试验结果相比，中值疲劳极限绝对值通常不超过1/2个应力增量 ΔS，中值疲劳极限相对值不超过其自身的1%，同时考虑对比疲劳性能试验中诸多因素带来的试验结果分散性影响，可以判定，按不超过3级应力水平进行的试验结果是能够满足试验及使用要求的，而且可以有效节约试验周期与费用。也就是说，对于汽车钢板材料而言，应力增量推荐选择使试验在不大于3级应力水平下进行（具体应用证明实例见5.4.2小节）。本段中应力水平级数不含非有效对子数中的应力水平。

对于未曾试验过的新钢板材料而言，缺少试验参照及经验参考时，文献介绍推荐了以下两种方式下的推荐应力增量：①当已知由常规疲劳试验方法测定的疲劳极限 S_r 时，取4%~6% 的 S_r 作为应力增量；②已知同类型材料的疲劳极限试验升降图时，应力增量取材料抗拉强度的2%。

但大量汽车钢板疲劳试验表明，上述应力增量的选取并不适合，尤其对于高屈强比、低屈强比不同类型的钢板材料。实践表明，对于汽车钢板，升降法疲劳试样应力增量选择已知常规疲劳试验方法测定的疲劳极限 S_r 的2%~3%或材料屈服强度的1%~2%通常是适合的。

5. 缺口疲劳试验

上述各种疲劳试验都是采用光滑试样进行的，目的是测定普遍适用于各种条件的材料的标准疲劳性能，但众所周知，实际使用工况条件下的零部件都存在一定程度的应力集中现象，而大量的破坏事件和试验研究都指出，疲劳源总是出现在应力集中处，即应力集中对疲劳强度等疲劳性能影响极大，并且是各影响因素中起主要作用的因素，通过缺口疲劳试验，可以表征材料在有应力集中情况下的材料疲劳性能如疲劳强度等低程度如何（很大程度取决于对试验缺口的敏感性），也可为疲劳设计的寿命估算提供更多必要的试验数据和资料。

通过下面进行的薄板缺口疲劳试验对汽车低碳钢板进行了疲劳性能试验研究，试验采用缺口试样的应力集中系数 $K_t=2.5$，形状尺寸如图5-26所示，试样装夹如图5-27所示。试验发现，对于受试验条件限制（大吨位液压伺服疲劳试验机无法实现薄板试样在轴向拉压对称循环下不失稳，没有小吨位可进行应变疲劳的伺服试验机及动态引伸计，而高频疲劳试验机采用光滑疲劳试样进行轴向拉压对称循环同样弯曲失稳）无法实现的应力比为 -1 的轴向拉压对称循环疲劳试验，采用缺口试样可以实现试样不弯曲失稳，并能够稳定试验获得相关试验数据，数据分散性较小（表5-2）。

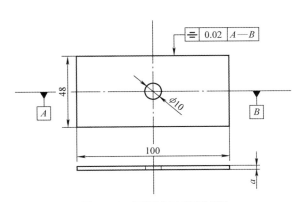

图 5-26　钢板缺口疲劳试样

a—原始厚度

图 5-27　钢板缺口试样装夹

表 5-2　预变性 10%、20% 的板厚 1.2mm St14 钢板 $R = -1$ 疲劳试验数据表

材料名称	应力	寿命	备注	材料名称	应力	寿命	备注
St14 - 1.2 - 10%	250	1759319	断裂	St14 - 1.2 - 20%	280	471925	断裂
	240	2799578	断裂		220	5000000	通过
	220	3594836	断裂		280	355274	断裂
	210	5000000	通过		240	1497452	断裂
	220	3526818	断裂		230	2171723	断裂
	210	4189921	断裂		220	4341994	断裂
	200	5000000	通过		210	5000000	通过
	210	4632231	断裂		220	4469259	断裂
	200	5000000	通过		210	5000000	通过
	300	242267	断裂		350	160509	断裂
	340	153627	断裂		380	894493	断裂
	380	83338	断裂		350	200943	断裂
	420	46494	断裂		380	93955	断裂
	300	288121	断裂		350	203825	断裂
	380	87699	断裂		310	427723	断裂
	420	45507	断裂		420	39208	断裂
	220	2988624	断裂		420	42470	断裂
					460	17370	断裂
					460	16500	断裂
					420	38193	断裂
					380	93243	断裂
					460	15926	断裂
					240	1920179	断裂

需要注意，由于汽车金属板材尤其是薄板缺口疲劳试验开展较少，数据量难以支持与其他采用光滑疲劳试样进行的疲劳试验建立具有"可比性"和稳定"再现性"的数据及曲线对应或转换关系进而表征材料的疲劳性能，而且由于不同缺口的形状、尺寸及加工截面状态对疲劳性能都有很大程度的影响，因此汽车板材疲劳性能试验并不推荐采用缺口疲劳试验，而是推荐采用常用的典型材料光滑疲劳试样及试验方法。

5.2.2 钢板疲劳试验选择

疲劳试验方法、设备、试验条件的选择应该根据试验的目的与需求。如本章开篇所述，汽车企业进行钢板疲劳性能测试用途不同，所选择的疲劳试验方法、设备、试验条件等也不同。

需要说明，无论哪种钢板疲劳试验方法，目前都推荐使用应力比或应变比为 -1 的拉压轴向对称循环。原因如下：

1）理论而言，只要通过长期积累的、大量的试验数据建立不同应力比或应变比试验条件下的数据库，能够建立并长期修正、优化 $S-N$ 或 $\varepsilon-N$ 曲线，获得能够稳定表征疲劳特性的曲线和方程，都是可以选用的。但目前国内积累的试验数据散乱、可追溯性差，试验方法、设备、条件等也不统一且由此带来的试验数据、试验结果的差别还不能清楚描述，相互之间的联系与规律性也未建立，还不足以支持采用其他应力比或应变比的疲劳试验数据用于汽车产品开发与性能评价。

2）不同试验方法、设备、条件等对试验结果都存在一定程度的影响，多年来的试验研究与实践表明，在不能通过大数据统计分析进而明确这些影响因素之间的关系情况下，采用应力比或应变比为 -1 的拉压轴向对称循环疲劳试验更为严格，对车企而言也是最安全的。

1. 试验方法选择

目前国内外不同国家、组织及企业使用的疲劳试验方法并不统一，进行有限元模拟分析的软件对不同疲劳试验方法获取数据的适用性也不同，不同类别车型不同工况要求对疲劳数据的需求也不同。目前，国内适用于汽车企业使用的方法通常有如下几种：

1）应力比为 -1 的应力控制轴向对称拉-压疲劳试验：试验范围实现高应力低周疲劳与低应力高周疲劳全区域覆盖，试验温度也可实现低温、室温及高温全覆盖。可通过升降法试验测试钢板材料的中值疲劳强度，成组法试验测试钢板材料 $S-N$ 曲线的水平部分（即高应力低周疲劳区域），并可通过数据统计与计算获得不同存活率下的疲劳极限与 $S-N$ 曲线。适用于所有汽车钢板材料疲劳试验，尤其对商用车用厚度较大的热轧及热轧酸洗钢板使用更为广泛。

2）应变比为 -1 的应变控制轴向对称拉-压疲劳试验：通常用于高应力低周疲劳区域的材料疲劳性能测试，试验温度也可实现低温、室温及高温全覆盖，但通常用于室温及高温疲劳试验。可测试提供疲劳延性系数、疲劳延性指数、疲劳强度系数、疲劳强度指数、循环强度系数、循环应变硬化指数及相关方程式，应变—寿命图、循环应力—应变曲线、循环硬化或软化曲线、应力—应变迟滞回线等试验相关数据信息。应变比为 -1 的应变控制轴向对称拉-压疲劳试验也可实现低应力高周区域的疲劳性能测试,但通常并不使用此方法进行低应力高周区域疲劳性能测试。应变比为-1的应变控制轴向对称拉-压疲劳试验在高、低应力区域的使用选择原因如下:

a) 低应力高周区域载荷水平低,处于弹性应变范围,此时应力和应变线性相关,故在这一范围内,应力控制和应变控制试验的结果等效。在等效情况下,应力控制可以实现更高频率设定,会大幅缩短试验周期、降低试验费用,因此选择应力控制进行试验更为合理。

b) 在高载荷水平,即高应力低周疲劳范围内,应力控制进行 $S-N$ 曲线试验测定与应变控制进行 $\varepsilon-N$ 曲线及参数测定都可以实现,但采用应力控制的恒载荷(即恒应力)情况下,试验结果离散度较大,这是由于已超过材料屈服强度的大应力下,应力变化很小就会引起应变较大的变化,进而导致寿命数据离散度较大。而以应变控制进行试验应变变化较小,且应变控制可以减少试验应力敏感度 P 和试验机不确定度对试验结果的影响,因而获得试验数据的离散度小,循环应力应变响应和材料动态性能模拟也表现得更好。

c) 从试验的实现与控制方面考虑,对于汽车金属薄板通过应力比为-1的应力控制进行高应力低周疲劳因变形量较大,不利于试验控制容易失稳,很难在不适用防屈曲装置条件下实现;而采用应变比为-1的应变控制则因变形量较小,有利于试验控制且更容易实现无防屈曲装置时试验进行不发生失稳,如图5-28所示。

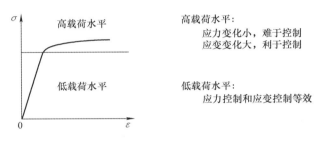

图5-28 高、低载荷(应力)区域试验方式比较

需要指出,理论与研究实践发现相同材料在两种不同控制方式下,高应力低周疲劳范围内应力控制和应变控制的试验数据与试验结果有较大不同,试验并不能等效,应根据实际数据需求进行控制方式与试验方法的选择。

2. 试验设备选择

1) 应力比为-1的应力控制轴向对称拉-压疲劳试验:通常选用液压伺服疲劳试验机,可实现试验的目标力值(可换算为应力)及力值上下限、波形、频率、位移上下限等试验参数预先设定,满足升降法试验测试中值疲劳极限(低应力高周疲劳区域,$S-N$ 曲线水平部分),成组法试验测试 $S-N$ 曲线斜线部分(高应力低周疲劳区域)。对于厚度相对较大的热轧或热轧酸洗钢板,在不发生弯曲失稳、高温发蓝发黑条件下,也可采用高频疲劳试验机进行试验,但需要注意并确认的是通过大量试验数据统计并建立了高频疲劳试验机与液压伺服疲劳试验机试验结果的对应关系,以便于对此类钢板疲劳性能进行定量评价(后面章节详细描述评价方法)及对比评价。

2) 应变比为-1的应变控制轴向对称拉-压疲劳试验:通常用伺服疲劳试验机,包括液压伺服疲劳试验机和电动伺服疲劳试验机。可实现试验的目标应变值(可换算为应力及力值)及力值监控上下限、波形、频率、位移上下限等试验参数预先设定,可实现不同应

变设定的试验测试 $\varepsilon - N$ 曲线（高应力低周疲劳区域）。高频疲劳试验机因试验共振频率范围远远超出可实现动态应变双向反馈与控制的闭口试验方式频率范围，无法进行应变控制方式的疲劳试验。

3）试验设备型号的选择：上述两条描述了针对不同试验方式的试验设备类型选择，还需要指出，在确定试验设备类型的基础上，应根据试验钢板牌号的常规拉伸强度指标与据此预估的高载荷水平试验强度对试验所需最大动态线性载荷与精度、最大动态位移与精度、应变测量精度等关键重要技术参数指标进行合理选择，进而确定适合的试验设备型号。应尽可能选择与试验载荷、位移、应变及各参数对应精度相匹配的设备进行试验，因为在常规试验精度确定条件下，设备最大动态线性载荷、位移、应变等试验参数与实际试验差别越大，对试验精度影响越大，同时也会因试验设备、夹具与试样大小不匹配造成轴向拉压循环试验过程中试样的弯曲失稳，进而导致试验无法顺利进行。

3. 试样类型选择

不同形式的疲劳试验类型适用的疲劳试样也不同，试样的形状、尺寸取决于试验目的、试验类别、试验机型号和试验材料供货态/使用态的形状等。典型的两种疲劳试验测试试样选择如下：

1）应力控制 $S - N$ 曲线及疲劳极限测试试样：应力控制钢板疲劳试样采用试验测试工作段为非平行的、具有连续圆弧的试样，如国家标准 GB/T 3075—2008 中给出的试样形状及尺寸规定推荐，如图 5-29 所示。

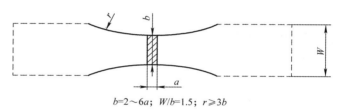

图 5-29 GB/T 3075—2008 中规定的应力控制疲劳试样图样

2）应变控制 $\varepsilon - N$ 曲线及相关参数测试试样：应变控制钢板疲劳试样采用试验测试工作段为平行的、可使用接触式机械动态引伸计或非接触式光电测量引伸计的试样，如图 5-30 所示为国家标准 GB/T 15248—2008 中给出的试样形状及尺寸规定推荐。

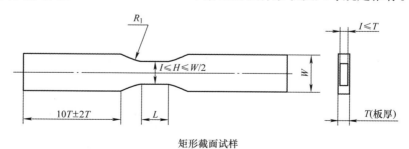

图 5-30 GB/T 15248—2008 中规定的应变控制疲劳试样图样

注：通常 W 值按图 5-29、图 5-30 规定，但当钢板厚度较小时，为满足试验装置加持需要，可大于图中规定值。

5.3 汽车钢板疲劳试验设计与操作

通常来说，汽车钢板材料的疲劳性能数据应包含高应力（或高应变）区域和低应力（或低应变）区域。由于低应力（或低应变）区域应力控制疲劳试验与应变控制疲劳试验数据可等效，而高应力（或高应变）区域应力控制疲劳试验与应变控制疲劳试验数据不能等效，所以钢板完整的疲劳性能数据应该包含高应力区域应力控制疲劳试验数据（即 $S-N$ 曲线斜线部分）、高应变区域应变控制疲劳试验数据（即 $\varepsilon-N$ 曲线）和低应力区域应力控制疲劳试验数据（$S-N$ 曲线水平部分，应变控制可等效），其中，$S-N$ 曲线数据通过应力控制疲劳试验方法获取，$\varepsilon-N$ 曲线通过应变控制疲劳试验方法获取。

一条完整的 $S-N$ 曲线可通过以下两种方式得到：①高应力区域 + 低应力区域应力控制成组法疲劳试验数据；②高应力区域应力控制成组法疲劳试验数据 + 低应力区域应力控制升降法疲劳试验数据。

上述试验通常考虑的要素包括试验控制方式、试验环境、试验设备、试验参数、试验夹具、试验样品等，不同疲劳试验方法需要确定的对应的各要素具体如下。

5.3.1 疲劳试验参数

1）试验温度：通常包括室温及按模拟特殊工况的温度或温度区间。

2）控制方式：应力控制或应变控制。

3）加载方式及设备类型：主动加载使用伺服式疲劳试验设备，被动加载使用谐振式疲劳试验设备。

4）动态应力测量：可通过轴向力传感器测得的力值除以试样最小横截面处横截面积得到加载的工程应力。

5）动态应变测量：可采用机械式动态引伸计、视频引伸计、高温陶瓷引伸计及电阻应变片等实现动态应变测量，当前发展阶段，通常推荐使用机械式动态引伸计或视频引伸计（图 5-31）。

6）交变应力或应变的循环方式：通常标准材料试验为对称循环，特殊工况模拟可按具体工况类别选择非对称循环，如无特殊要求，汽车钢板材料疲劳试验采用对称循环方式。

7）应力比或应变比（拉压、拉拉、压压等）：如无特殊工况模拟要求，汽车钢板疲劳试验应力比或应变比选择 -1。

8）试验频率：试验频率应使试验周期尽可能短，但试样不能出现因动能转化的热能未及时散出而导致温度迅速升高（试样温度不超过 35℃）并出现发蓝甚至变红，否则试验无效。通常应变控制疲劳试验频率不超过 2Hz，应力控制疲劳试验由高载荷到低载荷频率可为 1~20Hz 甚至更高，具体根据试验设备状态、夹具及试样形状尺寸进行初选并根据试验进程进行调整。

9）试验波形：应力控制疲劳试验通常采用正弦波，应变控制疲劳试验通常采用三角波。

10）疲劳寿命临界值（疲劳试验循环基数）：原则上选择 1×10^7 循环，但为了有效缩短试验周期，减少试验费用，可采用 5×10^6 循环。国外企业也有采用其他疲劳试验循环基数的，如 ArcelorMittal 有试验采用 4×10^6 循环（图 5-32），但国内汽车行业不推荐选用此疲劳试验循环基数。

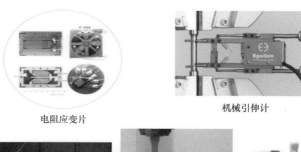
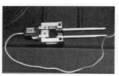

图 5-31 疲劳试验的应变测量装置

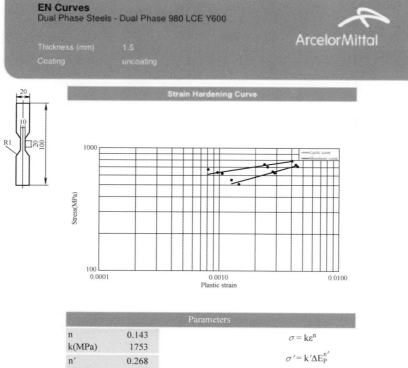

图 5-32 ArcelorMittal $\varepsilon - N$ 疲劳试验报告截图（log 标尺）

11)高载荷水平(低周疲劳)应力/应变选取:不少于4个应力/应变水平,并使对应循环寿命范围覆盖10^3、10^4、10^5、10^6级数,每个应力/应变水平不少于四个有效试验数据。

12)低载荷水平(高周疲劳)应力的应力增量选取:已知常规疲劳试验方法测定的疲劳极限S_f的2%~3%或材料屈服强度的1%~2%,最大不超过20MPa。

5.3.2 疲劳试验样品

1. 试样的通用性要求

应力控制疲劳试验采用国家标准GB/T 3075—2008中给出的非平行的、具有连续圆弧的试样,应变控制疲劳试验采用国家标准GB/T 15248—2008中给出的平行的、可使用接触式机械动态引伸计或非接触式光电测量引伸计的试样。

2. 试样尺寸设计

国家标准GB/T 3075—1982中明确规定"所选用试样试验截面尺寸应使以绝对值表示的最大负荷不低于试验机负荷档满量程的25%"。虽然国家标准GB/T 3075—2008中未再明确指出,但依然推荐并适用。

如非特殊情况及试验要求,应力控制钢板疲劳试样和应变控制钢板疲劳试样尺寸设计分别按图5-33和图5-34进行。

疲劳试样平行度、同轴度、垂直度等尺寸公差及表面要求分别按标准GB/T 3075—2008、GB/T 15248—2008执行。

图5-33为应力控制钢板疲劳试样实际图样。

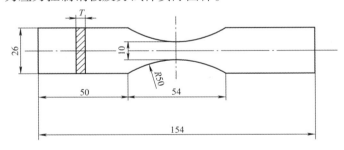

技术条件:
1. 加工面的表面粗糙度不低于Ra。
2. 工作部分的棱边应光滑且有一适当的小圆角。
3. 原厚度为10mm的SSAB700L磨削加工至厚度T=9.8mm,
   原厚度为8mm的宝钢700L磨削加工至厚度T=7.8mm。

图 5-33 热轧大梁钢板应力控制$S-N$曲线及疲劳极限测试试样图样

图5-34为应变控制钢板疲劳试样实际图例。

3. 试样加工

1)厚度≥3mm板试样:采用磨削、抛光等机械加工方法进行表面加工,加工完成的试样平均表面粗糙度应≤Ra0.2,且不能有肉眼可见的划痕。

2)厚度<3mm板试样:采用磨削、抛光等机械加工方法进行表面加工,加工完成的试样表面粗糙度应≤Ra0.2且不能有肉眼可见的划痕。对于厚度≤1.6mm或强度级别较低板试

样,可保留供货态表面,不进行机械加工,但试样其他位置加工完成后表面不应有肉眼可见的划痕。

3) 加工试样的形状公差:试样的平行度和同轴度应≤0.5T;试样加力轴的同轴度应≤0.5T。

4) 试样的其他加工要求:对于冷切削加工会导致试样产生变形并进而影响试验准确性的材料,允许使用线切割方式进行试样加工,但线切割加工速度不应过快并保证加工面尽可能光滑,不出现肉眼可见的台阶或划痕。如非上述情况,原则上必须采用冷切削加工方式并符合国家标准 GB/T 3075—2008 和 GB/T 15248—2008 中的相应要求。

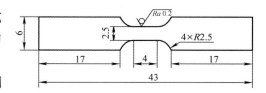

图 5-34 1.0mm 厚度钢板应变控制 $\varepsilon - N$ 曲线疲劳试样图样

4. 试样数量

1) 试样数量确认步骤 1:由表 5-2 可见,通常要求试验置信度不小于 90%、存活率不小于 90% 情况下,有效试验样品数量应不少于 22 个(不包含试验奇异点试样数量),试验置信度不小于 95%、存活率不小于 90% 情况下,有效试验样品数量应不少于 28 个,且以上试样样品数量不包含试验奇异点试样数量。

2) 试样数量确认步骤 2:实践表明,如采用升降法测定 $S-N$ 曲线水平部分(即测定中值疲劳极限),要求 3 个有效对子数、试验置信度≥90%、存活率≥90% 并考虑无效数据点情况下的有效试验样品数量应不少于 26 个,要求 3 个有效对子数、试验置信度≥95%、存活率≥90% 并考虑无效数据点情况下的有效试验样品数量应不少于 32 个;如要求 6 个对子数则试样数量再加至少 6 个。

3) 试样数量确认步骤 3:通常试样加工还要考虑并预留可能出现测试奇异点情况,因此对于要求试验置信度不小于 90%、存活率不小于 90% 的 $\varepsilon - N$ 曲线测试疲劳试验,通常准备的加工试样不少于 30 个;对于要求试验置信度不小于 90%、存活率不小于 90% 的 $S-N$ 曲线测试疲劳试验,通常采用高载荷区域成组法试验 + 水平部分升降法试验(3 个有效对子数),通常准备的加工试样不少于 40 个。

5.3.3 试验夹具

通常不允许使用接触式抗弯曲约束装置,避免试样承受轴向以外的应力,应使试验载荷产生的应力/应变均匀分布在试样横截面上。可通过试验设备、试验夹具和试样形状尺寸的优化组合实现不使用抗弯曲约束装置仍能保证试验过程中试样不发生失稳。

5.3.4 试验结束与保护控制

1. 高载荷水平(低周疲劳)疲劳试验

应变控制疲劳试验选取循环峰值拉伸应力下降到半寿命循环峰值拉伸应力的 70% 时的循环周次作为失效循环次数,应力控制疲劳试验推荐位移达到 ±1mm 时停止试验并将此时循环周次作为失效循环次数。

2. 低载荷水平（高周疲劳）应力控制疲劳试验

推荐位移达到≤±1mm时停止试验并将此时循环周次作为失效循环次数。而且，根据钢种屈强比特征及具体试验需求，可适当进一步减小保护位移上下限。

5.3.5 试验数据有效性判定

原则上，工作段为等截面平行试样出现裂纹或断裂的位置应在试样工作段标距范围内，工作段为圆弧形试样出现裂纹或断裂的位置应在最小截面或其附近。断裂位置如不在上述位置，通常有以下几方面原因：

1) 试样加工、机械式动态引伸计安装夹持等操作不当产生"刀痕"引起的应力集中。
2) 试样内部存在的夹杂物、孔洞等组织缺陷引起的非正常应力集中。
3) 同轴度达不到测试要求引起（表现为试样总断在同一位置处）。
4) 任何原因引起失稳而导致的试样变形。
5) 试验频率过高导致动能转化的热能未及时散出，试样出现发黑或发蓝。

另外，还有因断电等引起非正常设备停机导致的疲劳试验中断、试样非正常变形受损等引起试验与数据无效（如发生通常不再使用此试样继续进行试验）。

如发生上述情况，则判定疲劳试验测试数据无效。通常，上述引起数据无效的各种因素都可通过外观检查和理化检验分析等方式得以证实。

5.4 疲劳试验数据处理

对于疲劳试验测试的数据，不同试验方法，数据处理方法也不同。有效引用数理统计方法处理数据是通常采用的方式，相关书籍、不同组织、企业等都有基于理论及长期工作实践建立的疲劳试验数据处理方法，而且有些表现形式不同的方法、公式经过换算也可以归一化。本书不再赘述相关数理统计基础知识，只推荐在汽车及相关企业中应用的简单易行的方法供参考借鉴与使用。

对于应力控制$S-N$曲线测试疲劳试验，可分为不同置信度和存活率下的疲劳极限和高应力区$S-N$曲线斜线部分的数据处理，两者均可采用成组法获得，但为了节省试验周期、减少试样数量及测试费用，通常采用成组法测试$S-N$曲线斜线部分+升降法测试$S-N$曲线水平部分（即升降法测试疲劳极限）的组合方式得到一条完整的$S-N$曲线。

对于应变控制$\varepsilon-N$试验，由于试验频率低，试验周期长，因此会发现有时试验测试样品较少，也未提置信度与存活率要求，但严格来说，也应该有置信度与存活率的基本要求。

如5.2.1小节中所述，无特殊要求时，汽车钢板疲劳试验通常采用90%置信度和90%存活率。

5.4.1 应力控制疲劳试验$S-N$曲线斜线部分数据处理

对于应力控制疲劳试验$S-N$曲线斜线部分的数据测试可采用成组法进行，具体试验操作过程见 5.2.1 小节所述。数据处理过程通过下面某屈服强度 500MPa 级热轧高强度板实际试验举例进行说明与阐述。

1. 按成组法测试不同应力水平下的疲劳寿命

表 5-3 为疲劳试验测试有效数据表。

表 5-3　8mm–500MPa 级热轧钢板疲劳数据表

试样编号	试验应力 /MPa	应力比	试验频率 /Hz	循环数	备注
1	400	−1	15	155855	断裂
2	360	−1	15	1598386	断裂
3	360	−1	15	2397345	断裂
4	400	−1	15	160207	断裂
5	360	−1	10	1817619	断裂
6	440	−1	8	26001	断裂
7	440	−1	8	34426	断裂
8	440	−1	8	34181	断裂
9	400	−1	15	127709	断裂
10	480	−1	3	10931	断裂
11	480	−1	3	13392	断裂
12	480	−1	3	13424	断裂
13	440	−1	8	39066	断裂
14	360	−1	15	1688597	断裂
15	400	−1	15	122256	断裂
16	380	−1	15	1464281	断裂
17	480	−1	3	12635	断裂

2. 对不同应力水平下的疲劳寿命数据进行统计计算

由于同一载荷水平下的疲劳寿命分布服从正态分布，由正态分布规律可知，存活率为 p 时的对数安全寿命见下式：

$$x_p = \bar{x} + u_p s \tag{5-12}$$

式中，$\bar{x}$ 为各试验应力下的对数寿命平均值；u_p 为标准正态偏量，数值可通过文献 [5] 附表七获得，常用值见表 5-4；s 为各载荷水平下的子样标准差。

$$s = \sqrt{\frac{\sum x_i^2 - \frac{1}{n}\left(\sum x_i\right)^2}{n-1}} \tag{5-13}$$

式中，x_i 为各测试寿命对数值；n 为测试数据个数。

表5-4　几个常用存活率 p 对应的 u_p 值

存活率 p	50%	90%	95%	99.9%
标准正态偏量 u_p	0	-1.282	-1.645	-3.09

根据上述公式计算不同存活率下各应力水平对应的疲劳寿命数据见表5-5。

表5-5　8mm-500MPa级热轧钢板不同存活率下的疲劳寿命数据

应力/MPa	标准差	x_p (lgN)			
		$p=99.9$	$p=95.0$	$p=90$	$p=50$
480	0.0419	3.9694	4.0299	4.0451	4.0987
440	0.0725	4.2891	4.3968	4.4238	4.5194
400	0.0596	4.9637	5.0497	5.0714	5.1477
360	0.0782	6.0261	6.1390	6.1674	6.2676

对于符合正态分布的试验数据，存活率 p 与 x_p 如图5-35所示，99.9%存活率的正态分布如图5-36所示；50%存活率的正态分布如图5-37所示。

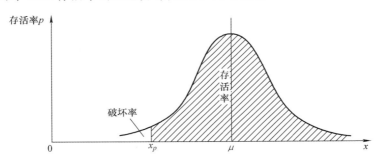

图5-35　正态分布下的存活率 p 与 x_p

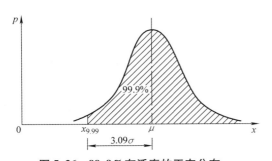

图5-36　99.9%存活率的正态分布

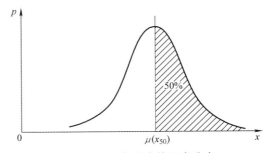

图5-37　50%存活率的正态分布

3. 绘制不同存活率下的 $S-N$ 曲线斜线部分

根据表5-5中各应力水平不同存活率下的对数寿命数据可得到材料 $p-S-N$ 曲线斜线部分，如图5-38所示。

4. 直线拟合的相关系数检验

需要注意，上述试验进行直线拟合时，两个变量之间必须线性相关才有意义。两个变量

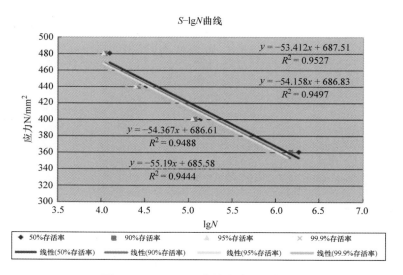

图 5-38 $p-S-N$ 曲线高应力区部分

是否线性相关及线性相关的密切程度可以用相关系数来检验。

相关系数 r 定义如下:

$$r = \frac{L_{SN}}{L_{SS}L_{NN}} \tag{5-14}$$

式中，L_{SS}、L_{NN}、L_{SN} 是与 n 个数据点的应力 S_i 和寿命 N_i 相关的量，定义如下:

1) 取双对数坐标时，

$$L_{SS} = \sum_{i=1}^{n} (\lg S_i)^2 - \frac{1}{n} \left(\sum_{i=1}^{n} \lg S_i \right)^2 \tag{5-15}$$

$$L_{NN} = \sum_{i=1}^{n} (\lg N_i)^2 - \frac{1}{n} \left(\sum_{i=1}^{n} \lg N_i \right)^2 \tag{5-16}$$

$$L_{SN} = \sum_{i=1}^{n} \lg S_i \lg N_i - \frac{1}{n} \left(\sum_{i=1}^{n} \lg S_i \right) \left(\sum_{i=1}^{n} \lg N_i \right) \tag{5-17}$$

2) 取单对数坐标时，

$$L_{SS} = \sum_{i=1}^{n} S_i^2 - \frac{1}{n} \left(\sum_{i=1}^{n} S_i \right)^2 \tag{5-18}$$

$$L_{NN} = \sum_{i=1}^{n} (\lg N_i)^2 - \frac{1}{n} \left(\sum_{i=1}^{n} \lg N_i \right)^2 \tag{5-19}$$

$$L_{SN} = \sum_{i=1}^{n} S_i \lg N_i - \frac{1}{n} \left(\sum_{i=1}^{n} S_i \right) \left(\sum_{i=1}^{n} \lg N_i \right) \tag{5-20}$$

r 的绝对值越接近 1，两个变量线性相关程度越好。为便于使用，文献 [5] 相关系数检验附表以表 5-6 引用给出。表中 n 为有效数据个数，第 2 列、第 4 列为相关系数的下限值（也称起码值），计算获得的相关系数不小于表中数值直线拟合方能成立且有意义。

表 5-6 相关系数检验下限值

$n-2$	相关系数下限值（起码值）	$n-2$	相关系数下限值（起码值）
1	0.997	21	0.413
2	0.950	22	0.404
3	0.878	23	0.396
4	0.811	24	0.388
5	0.754	25	0.381
6	0.707	26	0.374
7	0.666	27	0.367
8	0.632	28	0.361
9	0.602	29	0.355
10	0.576	30	0.349
11	0.553	35	0.325
12	0.532	40	0.304
13	0.514	45	0.288
14	0.497	50	0.273
15	0.482	60	0.250
16	0.468	70	0.232
17	0.456	80	0.217
18	0.444	90	0.205
19	0.433	100	0.195
20	0.423		

查表可知，图 5-38 中每个存活率对应拟合直线数据点数量为 4 个，4 条直线相关系数平方最小值为 0.9444，对应相关系数 r 值为 0.9718，大于 $n-2=2$ 时对应值 0.950，4 条直线的线性相关满足拟合要求，拟合是有意义的。

5.4.2 应力控制疲劳试验 $S-N$ 曲线水平部分（暨升降法疲劳极限）试验数据处理

对于应力控制疲劳试验 $S-N$ 曲线水平部分暨升降法疲劳极限的试验数据，行业内通常按 5.2.1 小节所述进行中值疲劳极限的计算。利用升降法，可以比较准确地测定出疲劳极限（或条件疲劳极限），与常规疲劳测试方法相比，样品数量较少，试验周期较短，试验结果处理简单，是疲劳试验中最常应用的方法之一。

需要指出，一般情况下，升降法疲劳极限试验测试中，有效对子中测试结果的最大值、最小值之差与二者平均值之比不大于 20%，该试验方才有效，否则试验无效。

舍弃无效数据后，在 50% 存活率下，疲劳极限可表示如下：

$$S_r = \frac{1}{n}(v_1 S_1 + v_2 S_2 + \cdots + v_m S_m) \tag{5-21}$$

或

$$S_r = \frac{1}{n}\sum_{i=1}^{m} v_i S_i \tag{5-22}$$

式中，S_r 为疲劳极限（不同的疲劳试验可能采用不同的符号，以下同）；n 为有效对子中数据个数（有效对子数的二倍）；S_i 为各级试验应力值；v_i 为第 i 级试验应力下进行的试验次数；m 为试验应力的级数。

由式可见，50%存活率下的疲劳极限（即中值疲劳极限）S_r 是以试验次数为权的加权应力平均值。

升降法测试中值疲劳极限试验数据处理应用实例：

图 5-39 为国内某钢厂屈服强度 700MPa 级、高屈强比大梁钢板升降法疲劳试验散点图，图 5-40 为国内某钢厂抗拉强度 1000MPa 级、低屈强比超高强度钢板升降法疲劳试验散点图，图 5-41 为国内某钢厂 SS400 碳素钢板升降法疲劳试验散点图。

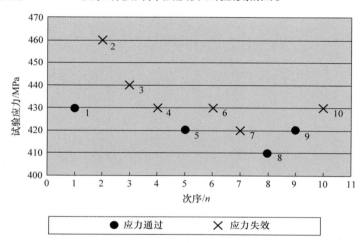

图 5-39　屈服强度 700MPa 级、高屈强比大梁钢板升降法疲劳试验散点图

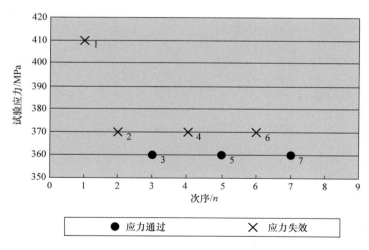

图 5-40　抗拉强度 1000MPa 级、低屈强比超高强度钢板升降法疲劳试验散点图

表 5-7、图 5-42 为国内某钢厂开发屈服强度 500MPa 级短流程汽车大梁钢板时第一轮试制钢板疲劳试验数据表及散点图，由图表数据可见，疲劳试验数据离散度很大且在应力增量选择适合（与传统流程屈服强度 500MPa 级汽车大梁钢板相同）情况下，破坏和越出的变化

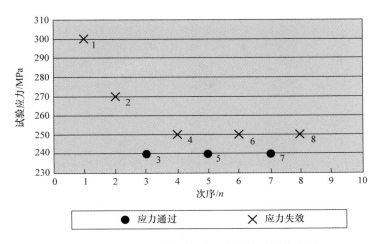

图 5-41　SS400 碳素钢板升降法疲劳试验散点图

已达到 5 级应力水平，且疲劳极限远低于屈服强度 500MPa 级传统流程汽车大梁钢板（图 5-43）。经分析及生产工艺优化、生产质量严控后，第二轮试制钢板疲劳性能数据离散型大为改善，疲劳试验散点如图 5-44 所示，破坏和越出的变化为 3 级应力水平，但疲劳极限仍低于传统流程屈服强度 500MPa 级汽车大梁钢板。经第三轮进一步生产工艺优化、生产质量严控后，第三批试制钢板疲劳性能数据离散型进一步改善，破坏和越出的变化已改善为 2 级应力水平，而且疲劳极限已实现与传统流程屈服强度 500MPa 级短流程汽车大梁钢板水平相当（图 5-45）。

表 5-7　第一轮试制 500MPa 级短流程汽车大梁钢板疲劳极限试验数据表

试验	试验应力/MPa	应力比	试验频率/Hz	循环数	备注
1	360	−1	15	179415	断裂
2	330	−1	15	5000000	通过
3	350	−1	10	167198	断裂
4	340	−1	10	930772	断裂
5	330	−1	15	5000000	通过
6	340	−1	10	338245	断裂
7	330	−1	15	652816	断裂
8	320	−1	15	500010	断裂
9	310	−1	15	2803619	断裂
10	300	−1	15	5000000	通过
11	310	−1	15	221281	断裂
12	300	−1	15	5000000	通过
13	310	−1	15	5000000	通过
14	320	−1	15	5000000	通过
15	330	−1	15	5000000	通过
16	340	−1	10	424294	断裂

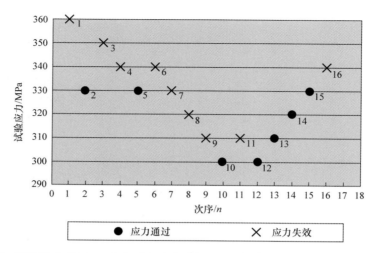

图 5-42 屈服强度 500MPa 级短流程汽车大梁钢板时第一轮试制钢板疲劳试验散点图

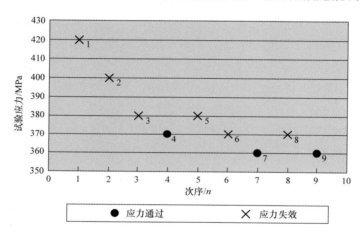

图 5-43 屈服强度 500MPa 级传统流程汽车大梁钢板疲劳试验散点图

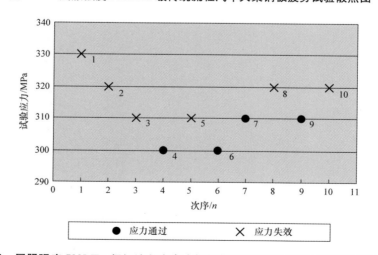

图 5-44 屈服强度 500MPa 级短流程汽车大梁钢板时第二轮试制钢板疲劳试验散点图

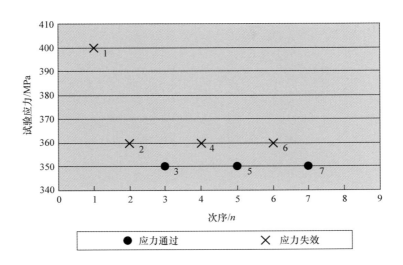

图 5-45　屈服强度 500MPa 级短流程汽车大梁钢板时第三轮试制钢板疲劳试验散点图

由上面升降法散点图实例可见,对于动态疲劳性能较好、数据离散度较小的汽车钢板材料而言,在应力增量选择适合情况下,破坏和越出的变化通常不超过 3 级应力水平。

根据试验数据离散情况、试验周期及费用情况,可酌情增加或减少有效对子数作为试验要求,上述汽车钢板试验中选择了 5000000 万次循环作为临界寿命(或称循环基数)。

但对不同存活率下的疲劳极限,上述计算方法难以解决。下面以升降法试验举例介绍一种可以求解不同存活率下疲劳极限的数据处理方法。

利用 RICARDO 公司计算方法计算如下:

表 5-8 为升降法求疲劳极限数据统计表。表中,i 为应力水平序号,最低水平为 0,每增加一个应力增量(步长)数值加 1;N 为每个应力水平下通过(越出)规定临界寿命(或极限寿命)的数据个数,×表示试样断裂,√表示试样通过,SUM 表示对相应项数值求和。

表 5-8　升降法求疲劳极限数据统计表

应力/MPa	序号						i	N	i_N	i^2N
	1	2	3	4	5	6				
360	×		×		×		1	0	0	0
350		√		√		√	0	3	0	0
							SUM	3	0	0
								A	B	C

通过升降法可得到:

中值疲劳强度(50%存活率的疲劳极限):

$$50\% - S_r = S_0 + d(B/A + 0.5) \tag{5-23}$$

标准差：

$$s = 0.53d \quad\quad 若\ (AC-B_2)/A_2 < 0.3 \quad (5-24)$$
$$s = 1.62d[(AC-B_2)/A_2 + 0.029] \quad 若\ (AC-B_2)/A_2 \geq 0.3 \quad (5-25)$$

式中，S_0 为 $i=0$ 级时对应的应力；d 为应力增量（步长）。

将表 5-8 数据代入式（5-23）和式（5-24）中可求得中值疲劳强度 $50\% - S_r = 355\text{MPa}$，标准差 $s = 5.3$。

由于存活率为 50% 疲劳极限等于中值疲劳强度，根据疲劳极限估计值分布遵循正态分布，由公式（5-26）可求出存活率分别为 90%、95%、99.9% 的疲劳极限，具体见表 5-9。

$$p - S_r = 50\% - S_r + \mu_p s \quad (5-26)$$

式中，$p - S_r$ 表示存活率为 p 的疲劳极限；μ_p 表示存活率为 p 的标准正态偏量（查表可知）；s 为标准差。

表 5-9　不同存活率下的疲劳极限

存活率 p	$p=50\%$	$p=90\%$	$p=95\%$	$p=99.9\%$
疲劳极限 $p - S_r/\text{MPa}$	355	348	346	339

5.4.3　应变控制 $\varepsilon - N$ 曲线试验数据处理

一般来说，$\varepsilon - N$ 曲线测试过程与 $S - N$ 曲线高应力区斜线部分相同，但应力控制变为应变控制。成组法试验中，应力水平变为应变水平。

不同之处在于，应变控制疲劳试验中除得到 $\varepsilon - N$ 曲线外，还可得到动态应力—应变曲线，并且需要通过试验数据得到以下试验参数并用于汽车产品开发疲劳耐久性能的 CAE 模拟分析中。

应变控制疲劳试验中还需根据试验数据计算得到的疲劳强度系数、疲劳强度指数、疲劳延性系数、疲劳延性指数、循环强度系数、循环应变硬化指数 6 个重要参数在 5.1.3 小节中已有详细描述。疲劳强度系数、疲劳强度指数、疲劳延性系数、疲劳延性指数可见应变疲劳关系式：

$$\frac{\Delta \varepsilon_t}{2} = \frac{\sigma'_f}{E}(2N_f)^b + \varepsilon'_f(2N_f)^c \quad (5-27)$$

$\varepsilon - N$ 曲线试验数据处理过程通过下面某抗拉强度 1000MPa 级冷轧超高强度钢板实际试验举例进行说明与描述。

试验采用轴向应变控制，按照 GB/T 15248—2008《金属材料轴向等幅低循环疲劳试验方法》的要求进行试验和数据处理。应变比为 -1，加载速率 0.004/s。试验测得数据见表 5-10，后面给出了相应的拟合公式及试验得到相关疲劳常数。应变—寿命曲线和循环应力—应变曲线如图 5-46 和图 5-47 所示。

表 5-10 应变疲劳试验结果

试样编号	总应变幅 $\frac{\Delta\varepsilon_t}{2}$(%)	塑性应变幅 $\frac{\Delta\varepsilon_p}{2}$(%)	弹性应变幅 $\frac{\Delta\varepsilon_e}{2}$(%)	应力幅 $\frac{\Delta\sigma}{2}$/MPa	失效循环反向数 $2N_f$
2	0.246	0.054	0.192	423	90322
3	0.498	0.255	0.243	534	5536
4	0.497	0.246	0.251	553	4654
5	0.599	0.325	0.274	603	1902
7	0.797	0.493	0.304	668	1284
8	0.399	0.176	0.223	491	15868
9	0.798	0.493	0.305	672	1870
10	0.597	0.332	0.265	584	3194
12	0.398	0.170	0.228	502	15242
15	0.250	0.053	0.197	433	77140
16	0.249	0.044	0.205	452	74528
17	0.315	0.109	0.206	453	41740
19	0.312	0.099	0.213	468	20110
20	0.310	0.100	0.210	463	29186
21	0.130	0.003	0.127	280	2E7
23	0.228	0.045	0.183	403	217884
24	0.230	0.040	0.190	418	164680
25	0.220	0.032	0.188	414	162656
塑性应变—寿命方程			$\frac{\Delta\varepsilon_p}{2} = \varepsilon'_f (2N_f)^c$		
弹性应变—寿命方程			$\frac{\Delta\varepsilon_e}{2} = \frac{\sigma'_f}{E}(2N_f)^b$ 或 $\frac{\Delta\sigma}{2} = \sigma'_f (2N_f)^b$		
总应变—寿命方程			$\frac{\Delta\varepsilon_t}{2} = \frac{\sigma'_f}{E}(2N_f)^b + \varepsilon'_f (2N_f)^c$		
循环应力—塑性应变方程			$\frac{\Delta\sigma}{2} = K'\left(\frac{\Delta\varepsilon_p}{2}\right)^{n'}$		
疲劳延性系数 ε'_f	疲劳延性指数 c	疲劳强度系数 σ'_f	疲劳强度指数 b	循环强度系数 K'	循环强度指数 n'
0.2508	−0.5389	1186	−0.0883	1471	0.1602

注:1. 公式中的应变是绝对应变,而不是表格中的%应变。
2. 根据试验中应力应变曲线的平均结果,方程中的弹性模量 E 取 220GPa。

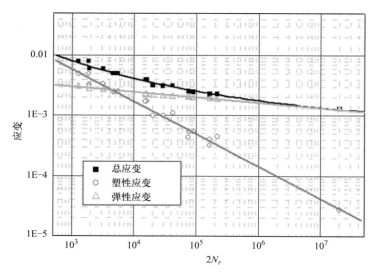

图 5-46　某抗拉强度 1000MPa 级冷轧超高强度钢板应变—寿命曲线

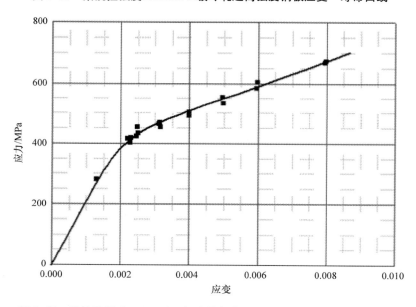

图 5-47　某抗拉强度 1000MPa 级冷轧超高强度钢板循环应力—应变曲线

相比应力控制疲劳试验，应变控制疲劳试验除了关注所控制试验参数（应变）与寿命的关系外，还关注低周、高应变、高载荷条件下应力与应变的关系，同时可清晰识别不同钢种此试验条件下与循环周次相关的疲劳硬化与疲劳软化特征，以及与应变量相关的动态应变硬化特征。

5.4.4　可疑试验数据的取舍

对于未出现 5.3.5 小节中无效试验数据时，疲劳试验数据处理也常会发现同一应力或应变水平下，个别疲劳寿命数据与其他测试数据相比分散性较大，这些试验数据都可称为

"可疑数据"。可疑数据的存在将会对试验数理统计结果产生不同程度影响，尤其对平均值和标准差的统计结果产生的影响更大。

如果能够观察、分析并确认产生异常的原因，例如发现 5.3.5 小节中试样断裂位置异常并观察分析确定产生的原因，则果断将此可疑数据舍去。但如果通过观察、分析不能确认可疑数据无效，就将可疑数据舍去也是不客观、不科学的，反而会导致试验结果偏离客观真实。因为诸多因素影响下，一些材质不够纯净、组织和性能一致性较差的材料进行动态疲劳试验时本就存在很大的数据波动。

通常，可从两方面进行可疑数据观察分析。

一是从物理现象上考虑，除 5.3.5 小节中提到的现象外，还可通过试验记录及设备过程追溯等确认是否存在操作不当导致的加工硬化或强化效应等。为了防止上述现象导致可疑值出现，进而影响试验结果并浪费试验资源，试验前应做检查并尽可能不用上述类别试样，如数量限制不得不用，需做好检查识别，便于后续追溯。

二是借助数学工具进行概率分析与取舍。目前可疑试验数据的判定与取舍方法和准则已有不少，本书推荐采用基于正态分布理论的"肖维奈（Chauvenet）"准则判定可疑测试数据（通常采用疲劳寿命的对数值）是否为小概率事件并进行取舍。

依据肖维奈准则，一组试验中，根据此组试验值和某一可疑值 x_m，可求出 $\frac{|x_m - \bar{x}|}{s}$，进而求出 x_m 上下限值，试验值小于下限值或大于上限值则舍去。表 5-11 为根据肖维奈准则计算得出的可疑试验值上下限值取舍限度表，方便试验者使用。

表 5-11 可疑试验值取舍限度表

子样大小 n	$\frac{\|x_m - \bar{x}\|}{s}$	子样大小 n	$\frac{\|x_m - \bar{x}\|}{s}$
4	1.53	18	2.20
5	1.64	19	2.22
6	1.73	20	2.24
7	1.80	21	2.26
8	1.86	22	2.28
9	1.91	23	2.30
10	1.96	24	2.31
11	2.00	25	2.33
12	2.04	26	2.34
13	2.07	27	2.36
14	2.10	28	2.37
15	2.13	29	2.38
16	2.15	30	2.39
17	2.18	40	2.50

5.5 钢板疲劳性能分析评价现状

目前,对大多数材料还没能大范围形成统一的、普遍认可的定量评价公式或方法。国外很多企业在自身长期、大量试验实践基础上,形成了自己的评价方法,但常常难以普适,而长期、大量试验实践形成数据库正是科学与工程的基础,也是目前国内需要持续努力的。

国内现阶段多数情况下会采取同级别材料试验结果比对的方式进行差别比较、定性评价。需要注意的是,由于动态疲劳试验影响因素多,很多材料的疲劳试验条件不同,此情况下的简单比较也是值得商榷的。

对于高屈服强度比的碳素钢、低合金钢及微合金化汽车钢板而言,因具有长期的应用与试验积累,目前汽车行业内通常采用材料中值疲劳极限与准静态拉伸抗拉强度比值进行判定,通常比值≥0.5材料疲劳性能较好,能够满足汽车使用要求。比值低于0.5的需重点关注并尽可能采取工程手段进行材料疲劳性能改善,例如提高钢质纯净度与成分均匀性、减少材料组织中的杂质数量并改善其组织形状就是有效改善动态疲劳性能的途径,而且事实表明,随着我国近年来冶金技术水平的不断提高,汽车钢板的质量管控水平明显提升,汽车钢板动态疲劳性能比以往有了很大程度提升。

长期以来一直不能建立共识性且普适的分析评价方法,汽车行业内产学研用各方未能实现有效交流合作导致试验条件不统一、试验数据难共享是一个重要原因,后续发展中各方应充分关注并有效解决。

5.6 钢板疲劳性能影响因素

钢板的疲劳性能影响因素较多,可列举如下:
1) 试验设备与加持装置。
2) 试验用传感器类别。
3) 钢板边部剪切方式(普通剪切、等离子、激光切割等)。
4) 钢板表面粗糙度(试样表面保留供货态不进行后续铣、磨、抛光等冷加工)。
5) 钢板金相组织。
6) 钢板表面、内部残余应力。
7) 预应变或次载锻炼。
8) 试样形状与尺寸公差等。

原则上,在试验中保证试样不发蓝、发黑情况下,钢板疲劳性能与试验频率不相关。

对于退火态供货冷轧汽车钢板而言,由于退火后材料内部晶粒为等轴晶粒,近似认为各处力学性能等同,因此退火态冷轧汽车钢板动态疲劳性能近似认为与厚度不相关。

对于材料内部组织为变形晶粒的正火态汽车热轧钢板来讲,通常由于材料组织为变形晶粒,表面和心部力学性能有一些差异,因此抛光试样表面冷加工切削量大小对汽车热轧钢板动态疲劳性能有很小程度影响。

5.7 钢板疲劳性能后续工作展望

未来的汽车钢板疲劳试验工作中，应在以下几个方面重点关注并持续努力：
1）行业内试验方法、试验条件的统一。
2）行业内试验数据的合作共享与大数据库建设。
3）行业共识的汽车钢板疲劳性能定量评价方法建立。
4）表面无加工、供货态钢板疲劳性能及与表面加工态等不同表面性状对汽车钢板疲劳性能的影响与测试结果比较。
5）边部剪切方式、预应变量、金相组织等对汽车钢板动态疲劳性能的影响与优化等。

参 考 文 献

[1] 姚贵升，景立媛. 汽车用钢应用技术 [M]. 北京：机械工业出版社，2007.
[2] 王利，杨雄飞，陆匠心. 汽车轻量化用高强度钢板的发展 [J]. 钢铁，2006，41（9）：1-8.
[3] 韩飞，杨河，满立群. 形变强化对车用超高强度钢型材力学性能的影响 [J]. 塑性工程学报，2014，12：102-107.
[4] 肖寿仁，周永胜，郑小秋. 先进高强度钢在汽车轻量化中的应用分析 [J]. 井冈山大学报（自然科学版），2010，31（6）：96-100.
[5] 高镇同. 疲劳性能测试 [M]. 北京：国防工业出版社，1980.
[6] 龙驭球，刘光栋，唐锦春，等. 中国土木建筑百科辞典 [M]. 北京：中国建筑工业出版社，2001.
[7] 陆延昌. 中国电力百科全书 [M]. 北京：中国电力出版社，2014.
[8] 王海清. 低周疲劳领域中应力控制与应变控制的关系 [J]. 航空材料，1983，04：17-21.
[9] 张水强. 基于图像相关的金属材料疲劳与断裂力学测试技术研究 [D]. 上海：上海大学，2019.
[10] 何才. 疲劳试验数据处理及 P-S-N 曲线的作用 [J]. 汽车工艺与材料，2007，4：42-44.

第 6 章
钢板热成形技术与性能评价

面对全球能源危机和巨大环境压力,汽车工业必须节能减排,车身轻量化是节能减排有效途径之一,但车身轻量化的同时又不能降低车身安全性。如何既保证车身安全性能又实现车身轻量化是问题的关键所在,高强度钢板热成形技术可以很好地解决这一问题。

研究表明:乘用车的重量每减轻10%,油耗将降低6%~8%,排放降低5%~6%;而燃油消耗每减少1L,CO_2的排放量则减少2.45kg。由此可见,整车轻量化的优势在于节能、减排、提升性能。热成形、温成形、液压成形、滚压成形等新工艺及超高强度钢、复合材料、铝合金材料、镁合金材料等新材料由于轻质高强的特性成为汽车安全组件的重要选材。其中,高强度钢板热成形技术因成本较低、抗拉强度高、减重效益明显,愈加受到汽车工业的青睐。高强度钢板热成形技术制造的汽车的前后保险杠、A柱、B柱、C柱、车顶构架、车底框架、车门防撞梁以及车门内板等保安件和结构件(图6-1),既可以减轻车体重量,又能提高安全性,是同时实现车体轻量化和提高碰撞安全性的最好途径,因此在汽车领域的应用越来越广泛。但是高强度钢板随着强度的提高,其冲压成形性能降低,强度越高,成形

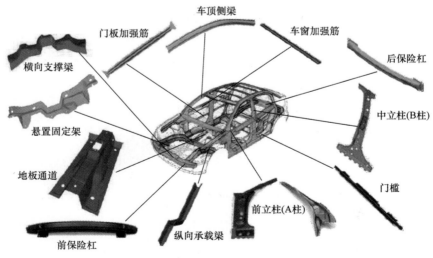

图 6-1　车身中典型热成形零件

难度越大且回弹量大,难以控制,容易破裂。热成形技术是一种用高强度钢板生产高强度冲压件的新技术,可以成形强度高达 1500MPa 的冲压件,而且高温下成形的冲压件几乎零回弹,具有成形精度高、成形性能好等优点,且热成形技术对所需压力机的吨位更低,因此引起业界的普遍关注并迅速成为汽车制造领域的热门技术。

目前,国外对于高强度钢板热成形技术的研究与应用已经十分成熟。热成形技术最早是由 Norrbottens Jernverk(现在的萨博)在 1973 年研发的。在 1984 年,萨博汽车 AB 公司成为第一家使用硬化硼钢零件的汽车制造商。1991 年,福特汽车生产出世界上第一个热成形保险杠梁,而在同年,沃尔沃汽车的第一个侧热成形防撞梁也成功下线。自此以后,越来越多的热成形件被应用于汽车车身制造。

在国内,高强度钢板热成形技术相关研究与应用刚起步。我国的热冲压成形从 2000 年开始发展,起始时多半从国外引进。目前全世界共有 600 条以上的热冲压生产线,国内已有 200 多条热冲压生产线。随着我国汽车制造业与国际汽车业的快速接轨,国内汽车厂商对热成形产品的使用量一定会逐步大幅度提高。车身结构件广泛采用热成形产品将增强汽车的安全性,大大提升民族自主品牌汽车的轻量化内涵,为了提高自身产品在国内外行业市场内的竞争优势,提高车型的轻量化及安全性能,各大国内自主品牌汽车厂商都在积极寻找性价比优越的热成形产品供应商和使用时机,因此热成形汽车零部件在车身制造中的广泛应用必将成为未来发展的趋势。

6.1 钢板热成形工艺

热成形技术与传统的冷冲压成形工艺不同,冷冲压成形大都是在常温下进行,而热成形技术中板料是在红热状态下冲压成形的。通过加热炉将高强度硼合金钢板的坯料或预成形工序件均匀奥氏体化,再送入带有冷却系统的热成形模具内进行冲压成形,成形后进行保压 + 快速冷却淬火,使热成形工序件奥氏体化充分转变马氏体,实现零件强度的强化硬化,零件冷却后通过激光切割进行切边、切孔等工序。如果热成形采用的是非镀层板,则需要在激光切割工序之后增加喷丸涂油工序,以去除热成形件表面的氧化皮。热成形冲压件经过模具内的冷却后,强度可以达到 1500MPa 左右,强度提高 300% 左右,所以热成形技术也被称为"冲压硬化"技术。热成形工艺根据成形过程又分为两种,即直接热成形工艺和间接热成形工艺。

6.1.1 直接热成形工艺

直接热成形工艺是指将坯料加热到奥氏体化温度保温一段时间后,直接送入具有冷却系统的模具内进行成形及淬火的工艺过程,如图 6-2 所示。高强度钢卷开卷落料后的坯料被传送到连续加热炉内加热并保温一段时间,充分奥氏体化后传送到具有冷却系统的热成形模具内同时成形及淬火,随后再通过激光切割工序对零件进行切边、切孔。

直接热成形工艺的优点主要体现在该工艺过程中只需要一套热成形模具,节省工装开发费用的同时加快生产速度；因坯料在加热前是平板料，既能减少加热炉的加热区面积、节约生产成本，又能选择电阻式加热炉加热、感应式加热炉加热等多种方式。但是直接热成形工艺对于形状复杂的零件成形较为困难，模具冷却系统的设计及加工更为复杂，其工装开发成本也会相应增加。例如 A 柱、B 柱、门侧防撞梁、前后保险杠、门槛等形状简单且拉延深度较小的零件可以采用直接热成形工艺制造，如图 6-3 所示。

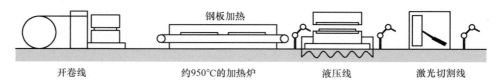

图 6-2　直接热成形工艺

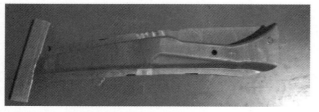

图 6-3　直接热成形零件

6.1.2　间接热成形工艺

间接热成形工艺是指将坯料先经过冷冲压预成形，然后加热到奥氏体化温度保温一段时间后，送入具有冷却系统的模具内进行最终成形及淬火的工艺工程，如图 6-4 所示。高强度钢卷开卷落料后的坯料被传送到冷成形模具中进行预成形（传统的冷冲压、翻边、冲孔、修边等工艺），然后将预成形工序件传送至加热炉中充分奥氏体化后传送到具有冷却系统的热成形模具里进行最终成形及淬火，随后再根据零件的特征进行激光切割工序或者直接产出成品。

间接热成形工艺的优点主要体现在该工艺可以成形形状复杂、成形深度较大的车身零部

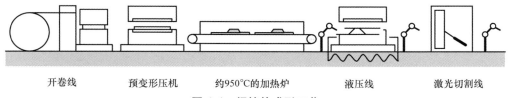

| 开卷线 | 预变形压机 | 约950℃的加热炉 | 液压线 | 激光切割线 |

图 6-4　间接热成形工艺

件，几乎所有的汽车冲压承载件都可以通过间接热成形工艺得到，为了获得更高的耐蚀性，部分车型采用镀锌涂层的热成形钢板。由于镀锌涂层热成形钢板在高温成形过程存在微裂纹向基材扩散的效应，一般镀锌板热成形要求采用间接热成形工艺；坯料在预成形工艺过程中可以进行冲孔、修边、翻边等工艺加工，避免坯料淬火硬化后加工困难等问题，从而减少激光切割设备的投入及损耗，降低生产成本。但是高强度钢板在常温下成形难度较大，对模具磨损严重，同时预成形工艺过程通常需要多套冷成形模具来实现，将大幅度增加工装开发费用。另外，冷状态下，镀铝涂层的热冲压钢材基材与铝硅涂层之间的合金层较脆，较大的预成形容易导致涂层脱落，影响后续的耐蚀性，因此一些主机厂要求铝硅涂层硼钢不得采用间接热成形工艺。

6.2　热成形钢的微观组织需求

热成形钢种主要有 18MnB5、22MnB5 和 38MnB5 等，其中最为常用的热成形钢为 22MnB5 钢。热成形钢材是一种含有硼元素的特殊高强度钢，可以分为镀层和非镀层两种热成形钢板。目前，全球规模最大的钢铁集团 Arcelor 开发并批量生产了热成形钢板 Usibor1500，并拥有 Al-Si 镀层热成形钢板的生产专利。此外，日本的新日铁、韩国的浦项钢铁等公司均能生产批量供货的热成形钢板。我国宝钢集团开发并批量供货的两种类型的热成形钢板，冷轧 B1500HS 和热轧 BR1500HS，目前是我国规模最大的热成形钢材供应商。鞍山钢铁、通化钢铁、马钢、唐钢等钢铁企业也已正在开发可批量生产的热成形钢板。本节将以 1500MPa 强度等级带 Al-Si 镀层的热成形钢板为例，简述热成形钢板的基础特性及微观组织演变过程。

6.2.1　热成形前钢板基础特性

1500MPa 强度等级的热成形钢板，其碳质量分数在 0.25% 以内含锰硼的高淬透性钢板，类似成分的热成形钢板已经在全世界范围内使用。典型的热成形 22MnB5 钢板分为冷轧及热轧两种类型，冷轧钢板的板厚精度高于热轧钢板，使得模具与坯料的间隙较小且稳定。1500MPa 强度等级的 Al-Si 镀层热成形钢板的基体化学成分见表 6-1。由表 6-1 可知，钢板中含有大量有助于提高 22MnB5 钢过冷奥氏体稳定性的合金元素，如 Mn、Cr、Ni、Si，以及非金属元素 C、B、P、N。其中硼元素是提高热成形材料强度的重要因素，因硼原子与碳原子尺寸接近，硼原子能置换内部的碳原子，在晶界的偏聚延迟铁素体、珠光体、贝氏体等形核，进而引起固溶强化。此外，硼元素还可以在冲压成形中促进微观组织的均匀化。1500MPa

强度等级的 Al-Si 镀层热成形钢板的镀层化学成分见表 6-2。1500MPa 强度等级的热成形钢板在热成形前材料的屈服强度为 370~520MPa，抗拉强度为 560~690MPa，见表 6-3。

表 6-1 基体化学成分 （质量分数，%）

Ceq	C	Mn	Si	P	S	Al	Cr	B	Ti	N
≤0.55	0.20~0.25	1.10~1.70	0.15~0.40	<0.03	<0.01	0.02~0.06	0.10~0.50	0.001~0.005	0.02~0.05	<0.009

注：表中碳当量 $Ceq = C + (Mn + Si)/6$，当碳当量≤0.4%时焊接性好；当 0.4%<碳当量≤0.6%时焊接性稍差，焊前需适当预热；当碳当量≥0.6%时焊接性较差，属难焊材料，需采用较高的预热温度和严格的工艺方法。

表 6-2 镀层化学成分

元素	Si	Al
含量（质量分数,%）	8~11	补充到 100

表 6-3 淬火前材料力学性能

屈服强度 $R_{p0.2}$/MPa	抗拉强度 R_m/MPa	断后伸长率 A80（%）
370~520	560~690	≥17

6.2.2 热成形前后钢板的微观组织

22MnB5 钢在淬火前的材料基体主要为铁素体与珠光体混合组织，如图 6-5a 所示。经高温加热保温后铁素体和珠光体转变为奥氏体，在热成形模具中快速淬火后基体的微观组织为均匀的板条状马氏体，如图 6-5b 所示，板条状马氏体具有良好的强韧性，板条状马氏体相对数量越多，分布越均匀，零件的力学性能越好。

a) 淬火前材料基体金相组织　　　　　　b) 淬火后材料基体金相组织

图 6-5 淬火前后材料基体金相组织

高强度钢板热成形工艺过程中加热、成形和冷却是三个非常重要的环节，直接影响奥氏体向马氏体的转变以及产品的力学性能。①在加热阶段，应该保证在晶粒不长大的情况下实现板料均匀奥氏体化，因此必须选取合理的加热温度及保温时间，过高的加热温度会导致板料表面过烧和晶粒长大，而保温时间的长短影响奥氏体化的均匀性，过长的保温时间会导致晶粒长大，进而影响成形件的力学性能；②在成形阶段，板料须在奥氏体化状态下快速冲压成形，以避免因成形速度过慢而造成过多的热量损失使得板料温度下降过快，从而影响奥氏体转变成马氏体的程度；③在冷却阶段，成形件被模具表面冷却淬火，发生相变，使得奥氏体转变成马氏体，实现强化作用。但是这种相变与冷却速度有关，只有在冷却速度超过某一临界值后，才能实现奥氏体向马氏体转变。冷却速度过慢，部分或全部奥氏体会转变成珠光体等其他组织，影响成形件的强度性能；冷却速度过快，成形件越容易淬硬。研究表明，热成形工艺中实现奥氏体向马氏体转变的最小冷却速度（临界冷却速度）为27℃/s。因此，热成形工艺中为了确保奥氏体向马氏体的转变，模具对成形件的冷却速度必须大于临界冷却速度。

6.3 热成形钢零件性能评价

通常，1500MPa强度等级热成形钢板在加热炉中加热3~5min后温度达到930℃以上，奥氏体迅速形核长大并均匀化后，在模具中成形并快速冷却后得到均匀的板条状马氏体组织，其屈服强度可达到950~1250MPa，抗拉强度可达到1300~1650MPa，断后伸长率（A50）大于5%，心部硬度（HV50）为400~510。本节将以1500MPa强度等级的Al-Si镀层热成形钢板为例，讨论实际生产过程中加热温度及保温时间、冷却速率对热成形钢零件性能的影响。

6.3.1 加热温度及加热时间对热成形钢零件力学性能的影响

高强度热成形钢为亚共析钢，加热前的原始组织为铁素体和珠光体，加热温度高于A_3温度便能得到单相奥氏体。加热温度的选择应确保坯料在加热过程中获得理想的奥氏体组织。加热温度主要影响奥氏体晶粒尺寸大小，在一定的时间内，保温时间主要影响晶粒的均匀性，超过一定时间，奥氏体晶粒随着保温时间的增加而长大。奥氏体化开始温度理论值为800℃左右，实际生产一般选择850℃以上。研究表明：加热温度超过900℃后，22MnB5钢的奥氏体晶粒尺寸随着加热温度升高而增大，淬火后得到的板条状马氏体尺寸也相应增大，由于马氏体板条宽度是影响成形件强度的关键因素，超过950℃后，板条状马氏体宽度越大，成形件强度越低。实际生产中验证是否完全奥氏体化，主要看模具调试冲压淬火后成形件的金相组织是否为马氏体，通过最终成形件的金相组织可反推出实际生产需要的奥氏体化温度。除此之外，应考虑坯料在转移过程中的热量损失，保证坯料在成形前其金相组织仍为奥氏体，在经过快速冷却淬火后完全转变为板条状马氏体。转移坯料所需的时间越长，空冷时间越长，坯料损失的热量越多，成形前坯料的平均温度越低，不利于快速冷却淬火得到马氏体组织。在连续生产过程中，这一阶段耗时约8s，在成形前温度、空冷时间及压机下行时间的基础上反推加热温度。研究表明：室温对高温坯料的冷却速率影响不大，如图6-6所示，随时间的延长，坯料的冷却速率逐渐减小；成形前坯料的理想温度为700~800℃，参考高温板料在室温下的降温曲线，反推得到的加热温度为900~930℃。

保温时间影响奥氏体化的均匀性，坯料加热到一定温度后在炉内继续恒温加热一段时间，以促进奥氏体化及其晶粒均匀化，从而保证坯料成形前组织均匀化。但是保温时间过长会导致奥氏体晶粒长大，降低坯料的成形性进而影响成形件的力学性能。随着保温时间的增加，奥氏体晶粒大小更为均匀，但是保温时间超过5min后，奥氏体晶粒尺寸增大导致强度

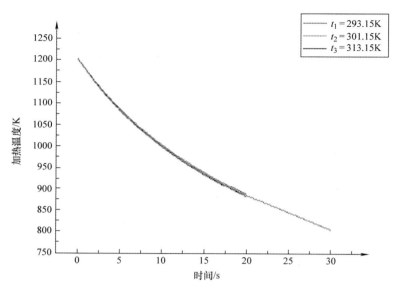

图 6-6　高温坯料空冷时温度变化曲线

降低。

当坯料料厚为 1.3mm、加热温度为 930℃、保压压力为 500t、保压时间为 8s 时，加热时间分别为 263s、450s、650s、850s、1000s、1150s、1300s，得到加热时间对成形件屈服强度、抗拉强度、平均硬度、断后伸长率的影响规律如图 6-7 所示。由图 6-7a、b 和 c 可知，随着加热时间的增加，成形件的屈服强度、抗拉强度和平均硬度均先增大后逐渐减小。由图 6-7d 可知，成形件的断后伸长率随着加热时间的增加而减小。由此可知，随着加热时间的增加，成形件的综合力学性能逐渐变差，同时结合材料厂家给出的工艺参数，加热时间控制在 5~10min 较为合理，如果加热时间超过 10min，将影响坯料表面的合金化层厚度，进而影响零件的焊接性能。

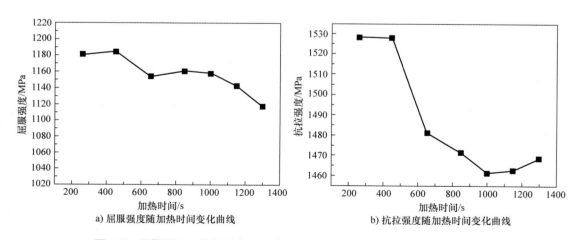

a) 屈服强度随加热时间变化曲线　　b) 抗拉强度随加热时间变化曲线

图 6-7　屈服强度、抗拉强度、平均硬度、断后伸长率随加热时间变化曲线

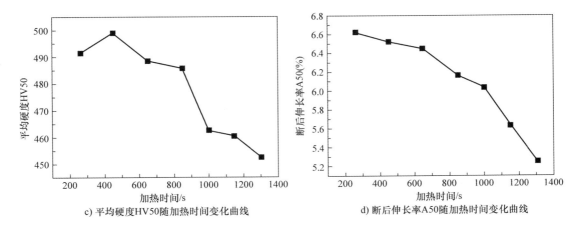

图 6-7 屈服强度、抗拉强度、平均硬度、断后伸长率随加热时间变化曲线（续）

6.3.2 冷却速率对热成形钢零件力学性能的影响

冷却速率是热成形生产工艺重要参数之一，既要保证坯料高温下在模具中成形，又要保证足够的冷却速率以便形成板条状马氏体组织。研究表明，针对 22MnB5 热成形钢，确保实现奥氏体向马氏体转变的最小临界冷却速度为 $v_k = 27℃/s$；当 $v ≥ v_k$ 时才能实现奥氏体向马氏体转变，使得过冷奥氏体不发生分解直接获得马氏体组织；当 $v < v_k$ 时板料会发生部分或全部贝氏体转变及珠光体转变。在满足临界冷却速率后，随着冷却速率的增加，马氏体含量增加，体积膨胀，促进成形件的抗拉强度和硬度逐渐增大，同时由于组织应力和热应力的增加也会产生很大的淬火应力，造成断后伸长率下降。

6.4 钢板温成形技术

热成形零件常使用 22MnB5 钢制造，加热温度一般为 900~950℃，热成形零件生产过程中，存在生产成本高、氧化脱碳（主要针对无涂层原料）以及零件塑性较低等问题。

钢铁研究总院在中锰钢基础上，提出了超高强度零件的温成形技术，具有降低加工成本、改善表面质量、提高零件塑性、适合超大零件等优点。

6.4.1 温成形定义及原理

温成形是基于中锰钢材料的一种降低加热温度的热成形工艺，钢板坯料加热至完全奥氏体化后，在模具中成形的同时完成淬火，零件获得完全马氏体组织及超高强度的力学性能，为区别于传统热成形，定义为温成形。

Mn 是奥氏体形成元素，随着 Mn 元素含量的升高，钢的奥氏体区扩大，完全奥氏体化温度（A_3）逐渐降低（图 6-8），对于成分为 0.1C-5Mn（质量分数）钢，800℃可以实现完全奥氏体化。

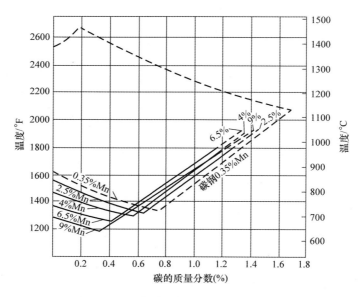

图 6-8　Mn 含量对钢 A_3 温度的影响规律

同时，Mn 是强烈提高淬透性的元素，成分为 0.1%-5Mn 的中锰钢连续转变（Continue Cooling Transformation，CCT）曲线如图 6-9 所示，由于 Mn 元素的加入，铁素体、珠光体等扩散型转变被强烈抑制，即使冷速为 0.8℃/s 也可得到完全马氏体组织，可见热成形工艺的移送过程中温度降低对温成形获得全马氏体组织的影响较小。

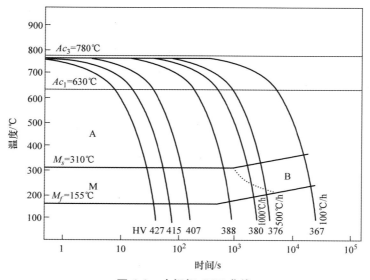

图 6-9　中锰钢 CCT 曲线

结合相图计算和生产试验数据，低临界温度特点使 0.1C-5Mn 钢在 800℃ 可实现完全奥氏体化，高淬透性特点极大地减小了移送过程中的温降对成形性、微观组织与力学性能的影响。而对于热成形工艺（以 22MnB5 钢为例），完全奥氏体化的临界温度虽然与中锰钢相差不大,但由于考虑移送过程中温降对成形性、组织性能的影响,生产中加热温度通常选择 900~950℃。相比之下,中锰钢温成形相对于22MnB5钢热成形可降低加热温度150℃。

6.4.2 温成形工艺窗口

在中试线上评估了中锰钢温成形加热窗口,图6-10为加热温度对力学性能影响结果,在保温时间为360s的情况下,随着加热温度从700℃升高到800℃,钢的抗拉强度和屈服强度都逐渐升高,温度在800~950℃之间时,钢的抗拉强度和屈服强度分别保持在1500MPa和1050MPa左右,当加热温度继续升高,大于950℃时,由于晶粒粗化使钢的强度水平下降。图6-11给出了获得全马氏体组织时对材料加热和冷却窗口的要求。中锰钢温成形可以在热成形产线上进行,但对加热温度和冷却速度的要求明显降低。

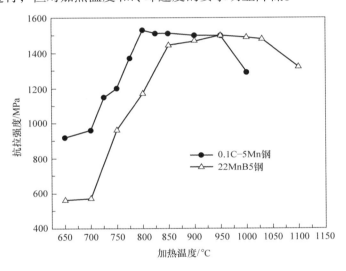

图6-10 加热温度对力学性能的影响

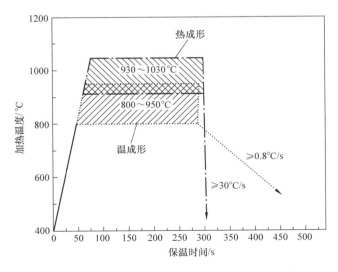

图6-11 温成形与热成形工艺对比

6.4.3 温成形零件的工业生产

用厚度 1.4mm 的商业中锰钢、22MnB5 钢以及 Al-Si 镀层 22MnB5 钢分别进行温成形与热成形零件生产,进行了微观组织和力学性能比较,原材料的化学成分见表 6-4。

表 6-4 试验钢化学成分 （质量分数,%）

钢种	C	Si	Mn	P	S	Cr	Mo	Ti	Al
22MnB5	0.22	0.28	1.35	0.012	0.004	0.21	0.04	0.03	0.04
中锰钢	0.10	0.23	5.00	0.008	0.002	—	—	—	0.03

在热成形产线上进行热成形和温成形试验,热成形加热采用 950℃,温成形采用 800℃,按照产线生产节拍进行移送、冲压、保压过程,获得的温成形零件照片如图 6-12 所示。

对温、热成形后的零件进行解剖,金相组织照片如图 6-13 所示。比较表面微观组织发现,在有 N_2 保护情况下,22MnB5 裸板热成形后表面发生了 40~50μm 的脱碳;在没有气体保护条件下加热,Al-Si 镀层 22MnB5 钢和温成形中锰钢裸板都没有发生表面脱碳;比较钢板心部组织发现,温、热成形都获得了全马氏体组织,但是加热温度低导致中锰钢微观组织明显较热成形钢细小。

图 6-12 温成形零件照片

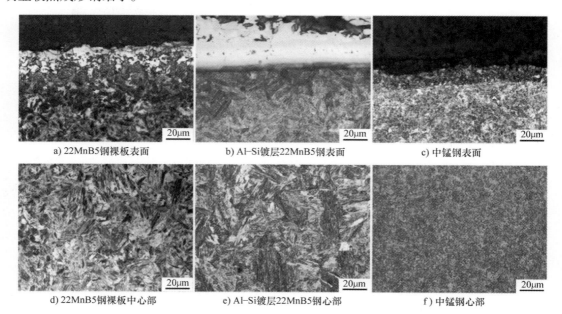

a) 22MnB5 钢裸板表面 b) Al-Si 镀层 22MnB5 钢表面 c) 中锰钢表面
d) 22MnB5 裸板中心部 e) Al-Si 镀层 22MnB5 钢心部 f) 中锰钢心部

图 6-13 温、热成形后的金相组织照片

22MnB5钢热成形和中锰钢温成形后的力学性能见表6-5。三种钢的力学性能都满足热成形零件的要求,即抗拉强度(R_m)≥1350MPa,屈服强度($R_{p0.2}$)≥950MPa,断后伸长率(A_{50})≥5%。22MnB5钢和Al-Si涂层22MnB5钢的力学性能差异不大,与热成形相比,中锰钢温成形具有相同的抗拉强度、较低的屈服强度比和较高的塑性。

表6-5 温、热成形后的力学性能

材料	$R_{p0.2}$/MPa	R_m/MPa	A_{50}(%)
热成形22MnB5钢	1133	1530	7.0
热成形Al-Si镀层22MnB5钢	1120	1550	6.5
温成形中锰钢	1050	1520	10.0

用中锰钢温成形技术生产了整体侧围零件(图6-14),尺寸为3385mm×1475mm×1.8mm,采用单件生产的方式,考虑到超大尺寸坯料采用人工移送导致温降较大的因素,采用850℃加热,模具压合时坯料温度为450℃左右,成形后对不同位置的微观组织和力学性能进行了表征,结果表明图6-14中所示6个区域都获得了马氏体组织;不同位置力学性能差异较小,屈服强度波动范围为890~940MPa,抗拉强度波动范围1229~1310MPa,断后伸长率都大于11.0%,满足设计要求。高淬透性的特点使中锰钢温成形在制造超大超薄的超高强度零件方面具有独特的优势。

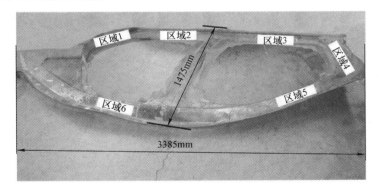

图6-14 超大超薄温成形零件

6.4.4 性能评价

由于碳含量较低,虽然碳当量值达到0.9,化学成分为0.1C-5Mn的中锰钢仍具有较好的焊接性。根据主机厂实际装配情况,评价了温成形中锰钢与双相钢、低合金高强度钢等材料的电阻点焊,按照主机厂标准评价了熔核尺寸、剪切力、微观组织和硬度等,得到了适用于焊装车间的焊接参数。此外,评价了温成形中锰钢的涂镀性能、冷弯性能、撕裂性能、冲击韧度、B柱零件的动态力学性能等,满足使用要求。

6.4.5 结论与展望

温成形提升产品质量。与22MnB5钢热成形相比,中锰钢温成形加热温度可降低150℃,

表面未发生脱碳,心部组织细小;强度水平相同,塑性明显提高;高淬透性特点使温成形在生产超大超薄零件方面具有独特优势,电阻点焊的焊接接头及工艺参数满足使用要求。

温成形节能减本。低加热温度不仅降低能耗,还降低温成形产线投入,例如对耐温材料与器件的要求降低,耐热元件的寿命将明显提高,节省气体保护装备投入;另外对模具的冷却能力要求降低,可进一步降低成本。

参 考 文 献

[1] 中国汽车工程学会,中国汽车轻量化技术创新战略联盟,中国第一汽车股份有限公司技术中心. 中国汽车轻量化发展战略与途径 [M]. 北京:北京理工大学出版社,2015.

[2] 中国汽车工程学会,丰田汽车公司. 中国汽车技术发展报告 2014—2015 [M]. 北京:北京理工大学出版社,2015.

[3] 董瀚,干勇,翁宇庆,等. 高效率低能耗高质量的钢板温成形零件及其生产方法:ZL201110041545.3 [P]. 2012 – 11 – 14.

第 7 章
钢板辊压成形性能与评价

7.1 辊压成形工艺

在高强度钢应用技术中，成形技术是非常重要的一个方面，辊压成形特别适合高强钢成形，是高强钢先进成形技术之一。辊压成形也称辊弯成形、冷弯成形，在一排串联成形轧机上，通过多道次不同形状的成形辊轮旋转运动弯曲带材，获得所需截面形状的一种成形技术。辊压成形是一种连续变形工艺，通过修改辊轮形面，可以获得不同截面形状的产品。辊压成形过程如图 7-1 所示。

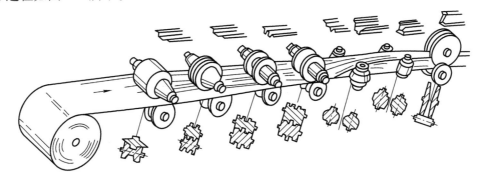

图 7-1　辊压成形过程示意图

辊压成形技术特点如下：
1) 成形速度可以达到 10～100m/min，比冲压效率提高 10 倍以上，适合大批量生产。
2) 材料利用率可达到 90% 以上，比冲压高 50%～60%，材料成本低。
3) 辊压产品长度基本不受限制，可连续生产，并且采用不同弯曲工艺，可适合不同长度、不同曲率的相同截面的平台产品。
4) 辊压成形为渐进成形，尺寸精度高，产品表面质量好。
5) 辊压成形可以与冲压、焊接、拉弯等工艺集成应用。
6) 辊压成形截面可依据受力特点灵活设计，可使成形截面达到最好的力学性能，特别适合汽车轻量化的要求。

7）在试制新车时，应用该技术制造试制件投资少。

7.1.1 基本原理

辊压成形是一个复杂的形变过程，在实际的生产成形过程中，板带通过开卷机及相关辅助机构的作用下送入第一道轧辊，首先与下辊最大直径处接触，在摩擦力的作用下，板料进入辊缝并被带动前进，随着板料的前进，在轧辊间力的作用下，板料发生横向弯曲，并随着成形机架数增加弯曲量也逐渐增加。在这个过程中，板料在横向上发生了传统的弯曲变形，纵向上截面轮廓也发生了形状的伸缩变化，在弯角处发生了类似的扭曲变形，板料的边缘也会发生拉伸变形，辊压过程是一个包含了多种形变的综合过程。

轧辊的合理设计是辊压过程最重要的一步，轧辊的设计目标就是以最少的成形道次数，在允许的公差范围内成形需要的产品，但是成形道次数太少或者轧辊设计不合理，板料可能会产生不可承受的应力而发生断裂或产生纵向扭曲；成形道次太多，会使工艺过程成本过高，削弱辊压成形的竞争优势。

与其他钢板成形技术相比，辊压成形工艺特点如下：

1）辊压成形过程中板料是连续变形的。

2）因拉压作用，成形过程中钢板与成形辊接触前已经开始变形，并且钢板变形区较长。

3）成形过程中，钢板与成形辊只是局部接触。

4）与冲压成形相比，钢板在辊压成形过程中应力、应变有很大差异。

5）辊压成形过程中，钢板断面形状发生明显变化，而断面面积保持不变，具体表现为高度增大，宽度减小，钢带长度不变。

7.1.2 辊压生产工艺流程

实际辊压生产过程中，辊压成形通常与开卷、焊接、校平、辊压成形、弯曲、切断等工序结合，实现自动化生产。图 7-2 为乘用车用闭口截面形状的保险杠横梁，采用辊压成形生产，闭口截面连续辊压成形典型工艺流程如图 7-3 所示，包括上料开卷、校平、焊接接卷头、冲孔、辊压、截面封口焊接、整形、拉弯、切断、检查等工序。连续辊压生产线主要由开卷机构、校平机构、对焊机构、冲孔机构、辊压成形机组、整形机构、弯曲机组、切断机构等组成。

7.1.3 辊压成形在汽车上的应用

1. 汽车辊压成形件应用

与冲压成形相比，辊压成形辊轮可水平放置，也可垂直放置，并可灵活地调节辊轮的高度与旋转方向，所以辊压工艺可以成形一些冲压工艺无法实现的断面形状；另一方面，辊压成形多道次渐进成形，尺寸精度和表面质量较好。因此，辊压成形在汽车上获得了广泛应用，辊压

图 7-2 闭口截面保险杠横梁

图 7-3 闭口保险杠横梁辊压生产工艺流程

成形件可以应用在车身、内外饰、底盘等系统中，典型应用有前后保险杠横梁、门槛、横梁、纵梁（大梁）、防撞梁、座椅滑轨、车门窗框、车门导轨、车门装饰条、玻璃导轨等。图 7-4 为辊压成形技术在乘用车上的典型应用。表 7-1 为乘用车典型辊压成形件材料牌号示例。

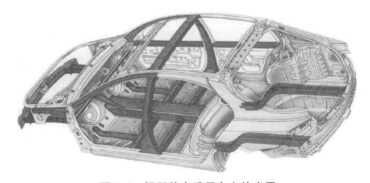

图 7-4 辊压件在乘用车上的应用

表 7-1 乘用车典型辊压成形件材料牌号示例

系统	零件名称	材料类型	材料牌号示例
白车身	车门窗框	低碳钢	DC03
	车门玻璃导轨	低碳钢	DC03
	门槛	高强钢	HC550/980DP
	车门防撞梁	高强钢	HC950/1180MS
	顶盖横梁	高强钢	P250
内饰	座椅导轨	高强钢	HC500/780DP

2. 辊压成形技术在汽车应用特点

1) 国外汽车应用的辊压件数量远高于国内汽车应用数量,如 2012 款奔驰全新 B 级车地板总成中的门槛、前纵梁、地板横梁、后边梁等 16 个零件应用超高强钢辊压成形零件,并且材料利用率为 90% 以上,如图 7-5 所示。2013 款凯迪拉克 ATS 下部车身总成中在门槛、地板横梁、中通道等 8 件产品应用超高强钢辊压成形技术,如图 7-6 所示。而国内汽车应用辊压件数量、材料强度远低于国外。但国内汽车辊压零件应用比例也在日益增加。如乘用车车身辊压件由 2001 年的 5% 增加到 2013 年的 20%,而商用车由 10% 增加到 70%,如图 7-7 所示。

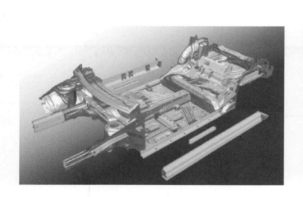

图 7-5 奔驰 B 级车地板辊压件

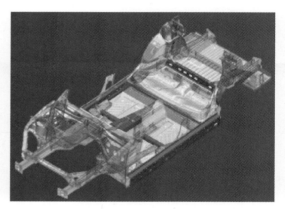

图 7-6 凯迪拉克 ATS 地板总成辊压件

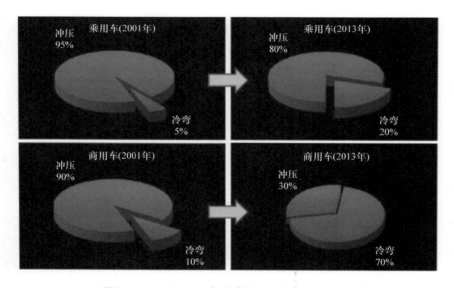

图 7-7 2001—2013 年汽车辊压件比例变化情况

2) 随着国内能源、环保、汽车成本压力增大,超高强钢板辊压成形能够更好地发挥辊压成本低、零件尺寸精度高的优点,超高强钢辊压成形能够更好地满足汽车轻量化需求,超高强钢辊压成形应用日益广泛，国内辊压零件在汽车的应用比例也在逐年增加。国内各大汽车主机厂在辊压成形工艺、装备、应用等技术方面均有长足的进步。

3. 汽车辊压成形产品断面特征

汽车辊压成形件断面（表7-2）一般分为开口和闭口两种。门槛和座椅导轨多为开口截面。保险杠横梁和车门防撞杆采用闭口封闭截面日益增多。

表7-2 汽车用辊压成形产品断面特征

零件名称	截面形状	截面图
车门防撞梁	圆形	○
车门防撞梁	W形	
门槛	几字形	
座椅导轨	几字形	
防撞梁	B形	
座椅导轨	C形	
防撞梁	D形	

为避免高强钢开裂风险，根据实际经验，低碳钢辊压件内圆角可以为0°，而先进高强钢辊压件内圆角 $R_i = (6 \sim 9)t$（t 为料厚）。但采用合适的工艺，先进高强钢辊压件内圆角 $R_i \geqslant 1t$；而对于抗拉强度1500MPa的马氏体钢，辊压件内圆角 $R_i \geqslant 2t$。图7-8表明了低碳钢和先进高强钢辊压件内圆角区别。图7-9为抗拉强度为1100MPa，延伸率为2%的两种厚度钢板在弯曲角度 $R_i = 6t$ 弯曲开裂情况，$t = 1.9$mm，60°开裂，$t = 2.2$mm，30°开裂。

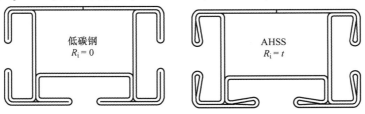

图7-8 低碳钢和先进高强钢辊压件内圆角区别

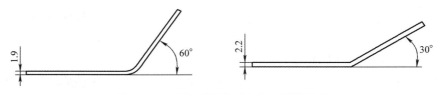

图 7-9 不同钢板厚度对弯曲开裂的影响

4. 乘用车门槛辊压成形案例分析

辊压门槛件在国内外乘用车型上应用较为普遍，表 7-3 为国内主机厂辊压门槛的典型应用。

表 7-3 国内主机厂辊压门槛应用

主机厂	车型	零件	牌号	料厚/mm
上海通用	迈锐宝	门槛外板	HC700/980MP	0.9
上海通用	SGM318	门槛内板	HC420/780DP	1.2
上汽乘用车	AS21	门槛	HC820/1180DP	1.0
上汽乘用车	IP3X	门槛	HC600/980QP	1.2
神龙汽车	T9	门槛内板	DP780	1.2

宝钢总结了国内外 29 个车型辊压门槛用材情况，统计结果如图 7-10 所示，主流钢种为 DP 钢和马氏体钢，抗拉强度级别以 980MPa 为主。

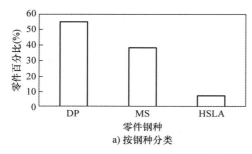
a) 按钢种分类

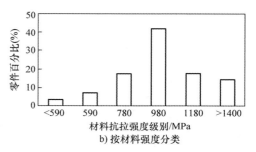
b) 按材料强度分类

图 7-10 辊压门槛零件用材统计

与冲压相比，辊压门槛的轻量化潜力更大，表 7-4 为某车型采用冲压门槛和辊压门槛用材、重量、成本、性能对比情况，可以看出，与冲压成形相比，采用辊压成形门槛减重 14%，成本降低约 2 元，而车身侧碰性能得到一定程度的提升。

表 7-4 冲压及辊压成形门槛用材、重量、成本、性能对比情况

成形工艺	冲压	辊压
材料	HC420/780DP/1.2mm	HC550/980DP/1.2
零件图		
单件重量/kg	8.90	7.63
单件价格/元	99.39（含材料、模检具、冲次费）	97.37（含材料、辊压线、检具）
B 柱侵入量（肩部位置）/mm	50.2	43.85
前门内板侵入量（后中位置）/mm	73.67	55.07

7.1.4 辊压工艺新技术

1. 变截面辊压技术

传统的辊压成形设备只能生产沿着轴向横截面轮廓固定不变的零件（等截面零件），在设备运行过程中，轧辊固定不动，因此有很多局限性。随着汽车向节能、环保、轻量化、安全的方向发展，要求汽车产品截面具有灵活可变的柔性。因此生产截面变化的零件是辊压成形工艺发展的趋势之一，也就是变截面辊压成形技术。变截面辊压是将数控技术融合到辊压成形中，通过伺服电动机驱动，可以实现轧辊上下移动、水平移动及转动，生产宽度可变、深度可变的零件。通过轧辊上下移动，能控制零件基面不平度。最终实现同一零件上不同截面处的几何形状发生改变。图7-11为变截面辊压成形的原理示意图。图7-12为采用变截面辊压成形技术生产的变截面零件。

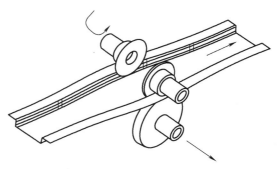

图 7-11 变截面辊压成形的原理示意图

图 7-12 变截面辊压成形零件截面变化示意图

变截面辊压成形根据不同的载荷分布，在长度及高度方向上形成连续变化的与载荷分布相匹配的截面形状，能有效地减轻零件重量。该技术是国际上正在探索、实践的先进成形技术，瑞典、德国、美国、日本和中国都在进行研究，走在前列的是瑞典 ORTIC 公司、德国 DATA M 公司。实现变截面辊压成形需要融合数控技术和辊压成形技术的柔性辊压成形装备，形成柔性辊压生产线。在柔性辊压成形生产线中，每个道次的机架都是一个独立的辊压单元，由计算机分别控制所有电动机驱动轧辊进行各向运动。通过调整每道次轧辊的旋转角度及位置来改变所通过的辊压型材横截面形状，生产宽度可变、深度可变的零件。

图 7-13 为瑞典 ORTIC 公司 2011 年研制的变截面辊压成形样机，该样机线共 7 对机架，为液压驱动。

样机每个轴上有 4 个伺服单元，样机可以实现图 7-14 中 A、B 方向的前后移动，并可以实现以 B 方向为轴顺、逆时针方向旋转，并且，这三个动作均是通过液压实现的。零件的尺寸精度能达到 ±0.5mm。

图 7-13　变截面辊压成形样机

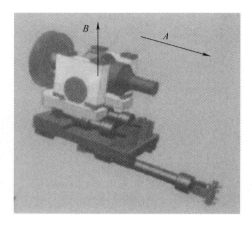

图 7-14　变截面辊压成形样机轧辊运动机构示意图

该样机生产出的截面宽度变化的零件如图 7-15 所示，零件均在同一条辊压生产线上生产，零件尺寸精度可达到 ±1mm。

2. 热辊压成形

热辊压成形是指对钢板剧烈变形区加热到某一温度，提高剧烈变形区塑性为目的的一种新型辊压成形技术。图 7-16 所示为热辊压局部加热原理图。该技术适用于强度高、伸长率低的超高强钢辊压成形。通过对变形区局部加热并进行辊压成形，可获得弯曲半径更小、产品局部特征更复杂、设计要求更严格的高强钢零件生产。

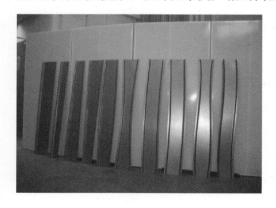

图 7-15　变截面辊压成形样机生产截面宽度变化的零件

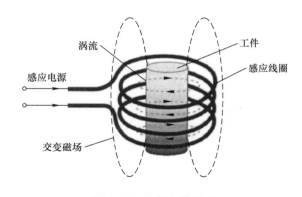

图 7-16　局部加热原理

热成形钢板热辊压成形技术是集辊压技术、热成形技术于同一工序中的新型成形技术，可以集成辊压成形、热成形的优点，获得组织均匀马氏体组织，轻量化潜力更大。

高强钢热辊压成形加热方式有：电磁感应加热、炉式加热、电阻加热或激光加热，实现对高强钢板材或预成形件整个截面加热或仅加热弯角成形区。图 7-17 为热辊压产品与普通辊压成形产品对比图,局部加热无开裂,而无加热出现开裂现象,这是由于局部加热促使钢板成形性提高。高强钢热辊压成形特点如下:
> 辊压成形力降低。
> 钢板成形能力提高,所需的成形道次数减少。
> 辊压件残余应力小,辊压成形后回弹小,尺寸精度高。
> 成形后零件的抗拉强度可达到1500MPa级别。

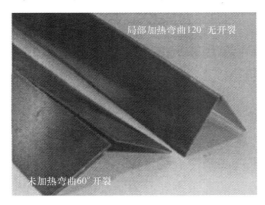

图 7-17　不同成形条件的辊压产品对比图

7.2　辊压成形工序对成形质量的影响

辊压成形过程十分复杂,其过程是钢板弹塑性结合变形过程,并且变形过程中存在着横向扭转和位移变形。辊压成形结果与工艺因素密切相关,对成形过程的板料变化处理不当,或对轧辊设计不合理,都会对辊压产品质量造成影响。

辊压件经常会出现回弹、边波、开裂、褶皱、袋形波等缺陷,并且,辊压件的纵向扭曲也会影响最终件的尺寸精度。高强钢具有高的屈服强度,加工硬化明显,塑性低,在成形过程中容易出现开裂缺陷,高强钢辊压成形难度高于低碳钢。另一方面,回弹控制和尺寸精度问题是高强钢辊压成形产品和工艺设计、调试过程中的难点问题之一,回弹制约着高强钢在辊压成形中的应用。辊压成形过程的回弹主要与钢板力学性能、摩擦系数、板料厚度、相对弯曲半径和成形速度等工艺因素有关。

7.2.1　钢板的力学性能

钢板屈服强度对辊压成形回弹的影响很大。图 7-18 为不同道次对 DP600 和 DP1180 回弹量的影响。可以看出,在不同道次辊压条件下,DP1180 的回弹角度均大于 DP600,并且,DP1180 的回弹角度是 DP600 的 2~5 倍。如在 5 道次下,DP600 辊压回弹量在 1.0°左右,而 DP1180 板料的回弹在 3.7°左右。DP600、DP1180 两者的弹性模量和泊松比相近,但是 DP1180 钢的屈服强度高于 DP600 钢,使板料发生相同应变时所要求的应力也大,卸载后的应力变化线程更长，回弹量更大。辊压用钢板强度不同，对辊压件扭曲影响也很大。图 7-19 表明在相同条件下 DC04 辊压件比 DP1000 扭曲严重。

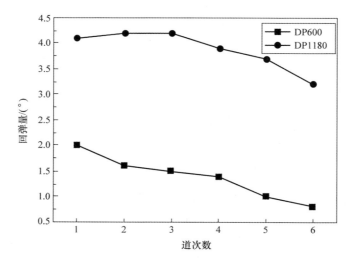

图 7-18　DP600 和 DP1180 回弹量对比

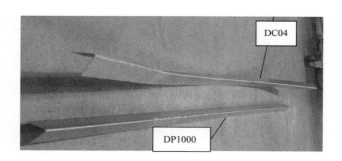

图 7-19　DC04 和 DP1000 辊压件状态

7.2.2　摩擦系数

图 7-20 为不同摩擦系数对辊压件回弹的影响，可以看出，随着摩擦系数增加，辊压件回弹量减少。

仅考虑摩擦对回弹的影响，大的摩擦系数有利于辊压成形回弹控制。但随着摩擦系数增大，钢板在弯曲处应力也增大，该处应力峰值增大，造成该处应变也相应增大，过大的应变量会造成弯角处产生开裂。另外，摩擦力过大，辊压制件表面温度容易升高，表层金属可能产生损伤，严重时可能导致板料与轧辊的黏着，使辊压无法继续进行。

摩擦造成的上述负面作用远远大于摩擦减小回弹的有利影响，因此，在辊压成形过程中，应尽可能减小摩擦力对板料的影响，如增加润滑、改善工艺条件，减小摩擦系数，使辊压成形过程顺利进行。

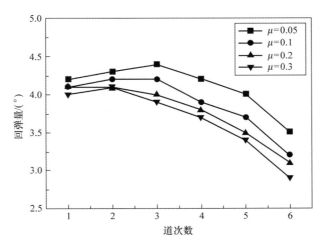

图 7-20　不同摩擦系数对辊压件回弹的影响

7.2.3　钢板厚度/轧辊间隙

在辊压成形过程中，钢板厚度对辊压成形影响很大。适当增大钢板厚度，能有效地减小回弹。钢板弯曲半径相同时，板料厚度越大，弯角变形处内外表面的变形量越大，在受力区域附近发生塑性变形的部分增加，卸载后弹性回复量相对减少，回弹程度随之减弱（图 7-21）。在辊压成形设计时，选择板厚较大的材料能改善成形过程中的回弹问题。当然，板料越厚，成形越困难，成形过程所需要的变形能越大，辊压生产效率也会有所降低，并且，过大的应力对成形过程不利，容易产生开裂。因此，在合理的范围内选择适当厚度的钢板，能够减少回弹，改善辊压成形制件的质量。

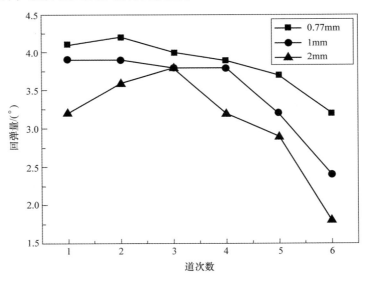

图 7-21　不同钢板厚度对辊压成形回弹量的影响

7.2.4 相对弯曲半径

图 7-22 为不同相对弯曲半径对回弹量的影响规律。可以看出，随着相对弯曲半径的减小，辊压回弹角度也在减小。这是因为相对弯曲半径越小，板料弯角处变形越大，变形中塑性变形的部分在总变形中所占的比例也就越大，卸载后回弹量就越小。与此相反，相对弯曲半径过大，应力会很小，从而导致弹性变形比塑性变形大很多，回弹现象更明显。

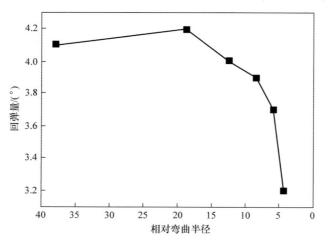

图 7-22 相对弯曲半径与回弹量的关系

7.2.5 成形速度

图 7-23 为不同成形速度下回弹量的对比情况。在低辊速情况下，成形速度对回弹量影响不大，如在 100mm/s 和 150mm/s 的回弹量基本相当；但在高辊速情况下，成形速度越快，回弹量越大。一般而言，辊压线的速度应与电动机的功率相匹配，成形速度太慢，生产效率低，不利于辊压线的批量生产。因此，应该根据实际情况选择合理的辊速。

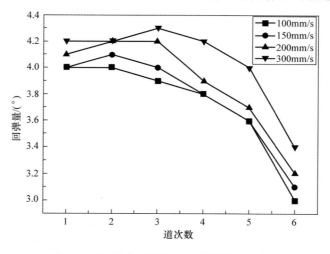

图 7-23 不同成形速度下回弹量的对比情况

7.3 辊压成形对钢板的要求

在辊压成形过程中，钢板在轧辊摩擦力带动下向前运动，钢板在轧辊作用发生弹性、塑性变形，当钢板离开轧辊时，弹性变形恢复，塑性变形被保留下来，当进入下一道次时，又重复加载、卸载的过程。因此，辊弯成形过程是通过多次小变形累积而达到最终变形量，是一种典型的增量成形工艺。辊压用钢板性能、组织均匀性、厚度公差、表面、宽度、板型等对辊压工艺设计、辊压件质量影响也是至关重要的。

7.3.1 辊压成形性

弯曲通常用来评价辊压成形过程中的弯曲行为，但由于辊压成形为典型的增量成形工艺，两者之间还存在一定的差异。图 7-24 表明了 4 种双相钢（DP300/500、DP350/600、DP500/800、DP700/1000）和两种马氏体钢（MS950/1200、MS1150/1400）在弯曲和辊压两种成形下最小相对弯曲半径的差别。可以看出，总体趋势是随着钢板最小相对弯曲半径减小，辊压成形的最小相对弯曲半径也在减小，在抗拉强度小于 600MPa 的情况下，两者最小相对弯曲半径均为 0，而当抗拉强度为 800~1400MPa 时，辊压成形的最小相对弯曲半径相对较小，并且辊压成形最小相对弯曲半径比弯曲成形的小 50% 以上。钢板的回弹角度与钢板厚度、弹性模量、流变应力、弯曲半径及弯曲角度有关，式（7-1）为回弹角度与前面五者之间关系，回弹角度随着流变应力、弯曲半径、弯曲角度的增大而增大，随着钢板厚度的增加而减小。图 7-25 是 3 种钢板（低碳钢、高强度低合金钢 HSLA300、双相钢 DP780）在 V 形弯曲和 5 机架辊压成形条件下回弹情况及与回弹公式的对比情况，可以看出，辊压成形回弹量要小于 V 形弯曲回弹量，并且辊压成形回弹与式（7-1）预测值相当，而 V 形弯曲实际回弹角度要大于式（7-1）预测值。

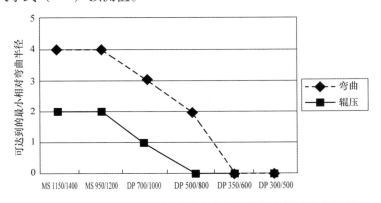

图 7-24 不同强度、不同钢种弯曲和辊压的最小相对弯曲半径

$$\Delta\varphi = -\frac{3YR\varphi}{Et} \tag{7-1}$$

式中，$\Delta\varphi$ 为回弹角度；t 为钢板厚度；E 为弹性模量；Y 为流变应力；R 为中性层弯曲半

径；φ 为弯曲角度。

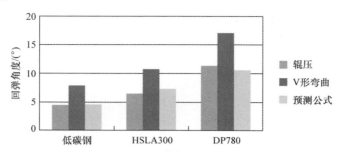

图 7-25 V 形弯曲与辊压实测回弹角度及预测公式对比情况

7.3.2 辊压成形对钢板的技术要求

对于截面高度较大的辊压零件，法兰边易出现边波等缺陷，主要表现为辊压件翼缘边部产生波纹状缺陷。辊压件出现边波会直接影响零件外观质量、尺寸精度，甚至影响后续的装配总成精度。一般认为，边波与板料在连续经过各道成形辊时翼缘边部的纵向应变反复变化相关，当板料边部产生的纵向应变超过一定数值时，宏观上就体现出波浪。边波产生除与辊压工艺设计有关外，也与钢板性能有关。图 7-26 表明钢板屈服强度、应变硬化指数、塑性应变比变化对辊压产生边波的影响规律。可以看出，随着屈服强度增加，产生边波趋势不断减小，并且减小幅度较大；而随着钢板应变硬化指数（n 值）的增加，产生边波趋势在增加，但增加很缓慢，增加变化幅度不大；随着塑性应变比（r 值）增加，初期产生边波趋势明显下降，后期随着塑性应变比增加，产生边波趋势变化不大。当钢板的屈服强度增加时，辊压成形参与变形长度增加，变形区域的变形程度降低，从而抑制了边波的产生。应变硬化

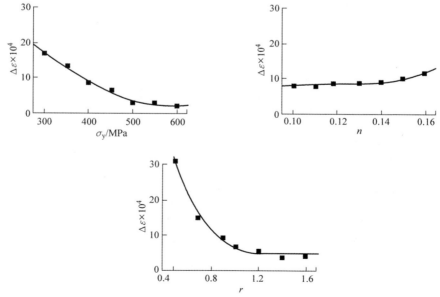

图 7-26 钢板屈服强度、应变硬化指数、塑性应变比对边波的影响

指数的影响与屈服强度正好相反，边波的产生随着应变硬化指数增加出现了缓慢增加的现象；而塑性应变比增加，意味着宽度方面应变比板料厚度方向塑性应变变化趋势大，厚度方向不易失稳，因此，产生边波的趋势也相应减小。

为了更好地达到轻量化效果，目前汽车应用的辊压成形件多采用先进高强钢钢板，如辊压成形乘用车门槛主流材料为 DP 钢和 MS 钢。而先进高强钢生产难度大，相组成复杂，且不同相间硬度差别大，晶粒形状复杂，各相在弯曲伸长时协调性难于控制。图 7-27 为采用 DP780 辊压成形某车型门槛时发生开裂的照片，可以看出，开裂位置位于辊压件折弯角的圆角半径外，而且开裂尺寸较小。扫描电镜对开裂件开裂位置分析表明，开裂位置表面锌层发生断裂，同时露出锌层下面的 DP780 基体。此外，DP780 基体也可以观察到明显的裂纹，如图 7-28 所示。该钢板的化学成分和力学性能分析均满足客户标准要求，而且试样断裂区域呈现韧性断裂，未发现非金属夹杂，因此可以排除化学成分、力学性能不合格以及非金属夹杂造成的开裂。但进一步用扫描电镜分析开裂部位的马氏体岛的尺寸及分布并不均匀，如图 7-29a 所示。除了马氏体岛，还可以看到明显的带状组织，如图 7-29b 所示。结合进一步分析表明，开裂的直接原因是辊压件弯角半径处存在带状组织，在辊压过程中，带状组织的存在使辊压变形不均匀，成为裂纹萌生的位置，造成辊压件发生开裂。因此，辊压成形用钢要求钢液洁净度高，应控制钢板夹杂物尺寸和含量，组织均匀，各相硬度差小。

图 7-27　热镀锌 DP780 辊压件开裂形貌

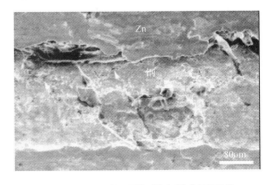

图 7-28　开裂位置扫描电镜表面形貌

a) Lepera 试剂腐蚀

b) 硝酸酒精腐蚀

图 7-29　热镀锌 DP780 失效部位金相组织

辊压成形轧辊间隙设计为钢板厚度加上钢板厚度最大正公差。钢板的厚度公差会对辊压件产品外形轮廓尺寸产生影响，当辊压钢板实际厚度为最大正公差时，辊压件的部分外观尺寸会减小，而当钢板实际厚度为最小负公差时，辊压件一些尺寸会变大。图7-30为辊压用钢板厚度公差对产品尺寸的影响，钢板名义厚度为2.54mm，该产品共有8个90°弯，$r:t=1$。弯曲从中心波开始，钢板厚度公差为±0.15mm，实际厚度变化范围为2.39~2.69mm，当轧辊间隙

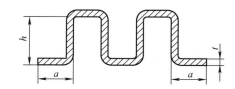

$t=(2.54±0.15)$mm，且轧辊间隙未调整
若$t=2.69$mm，则$a=26.67$mm
若$t=2.39$mm，则$a=24.13$mm

图7-30　钢板厚度公差对产品尺寸的影响

未进行调整情况下，尺寸a变化范围为26.67~24.13mm，可以看出，厚度公差对辊压件部分外观尺寸影响很大。钢板的厚度公差还影响辊压件的产品形状，如钢板的厚度公差带较大，辊压件的部分角度会与产品图纸有差别，造成辊压件尺寸超差。因此，为满足汽车行业辊压成形件尺寸要求，会对钢板厚度公差进行加严要求，如1/2厚度公差等。

如上分析可以看出，为保证辊压件成形质量，辊压成形用钢板需要满足如下要求：
➢ 高的屈服强度，以减小辊压件的未变形区域出现波浪的趋势。
➢ 高的屈强比，减少辊压件内部残余应力。
➢ 高的弯曲性能和辊压成形性，要求钢板洁净度高、组织均匀和各相的硬度差别小。
➢ 小范围的厚度公差和宽度公差。
➢ 良好的板形。

参 考 文 献

[1] 崔高健，吕相艳，迟正洪. 冷弯型钢成型技术的发展现状 [J]. 机械制造，2005，43（10）：41-44.
[2] 龚元明，李欣，周京，等. 辊压成型工艺现状及发展趋势 [J]. 汽车工艺与材料，2019，02：6-11.
[3] 韩非，石磊，肖华，等. 应用先进高强钢的典型汽车零件辊压成形关键技术及开发 [J]. 塑性工程学报，2013，20（3）：65-69.
[4] 王双枝，杨谊丽，朱梅云. 辊压成形工艺研究及在汽车行业中的应用 [J]. 金属加工，2016，17（5）：10-13.
[5] 刘继英，李强. 辊压成形在汽车轻量化中应用的关键技术及发展 [J]，汽车工艺与材料，2010，2：18-21.
[6] 杨雪，王海玲，刘程，等. 汽车窗框辊压工艺及设备浅析 [J]. 金属加工，2017，1（30）：72-74.
[7] OZTURK F, TOROS S, KILIC S. Tensile and spring-back behavior of DP600 advanced high strength steel at warm temperature [J]. Journal of Iron and Steel Research, International, 2009, 16 (6): 41-46.
[8] 高金凤. 热辊弯成型的热力耦合有限元分析 [D]. 北京：北方工业大学，2013.
[9] 韩飞，王世鹏. 道次间电磁感应加热辊弯成形方法及其装置CN102527786 A [P]. 2014-12-10.
[10] LINDGREN M, BEXELL U, WIKSTR M L. Roll forming of partially heated cold rolled stainless steel [J]. Journal of Materials Processing Technology, 2009, 209 (7): 3117-3124.

[11] 丁永胜. F18B 柱冷辊压成型工艺的研究 [D]. 秦皇岛：燕山大学. 2011.

[12] 陈庆敏，胡维学，李明哲，等. 连续辊压成形中的起皱缺陷分析 [J]. 锻压技术，2016，9（41）：52 – 57.

[13] MARCINIAK Z，DUNCAN J L，HU S J. Mechanics of Sheet Metal Forming [M]. 2nd ed. Oxford：Butterworth – Heinemann，2002.

[14] WEISS M，MARNETTE J. Comparison of Bending of Automotive Steels in Roll Forming and in a V – Die [J]. Key Engineering Materials，Vols 504 – 506（2012），pp 797 – 802.

[15] 罗晓亮，曾国，李淑慧，等. 材料参数对高强钢辊弯成形边波影响的有限元分析 [J]，上海交通大学学报，2008，42（5）：744 – 747.

[16] 鲍思语. 顶盖横梁辊压成形在汽车中的应用 [J]. 模具技术，2019，(1)：48 – 51.

[17] 黄伟男，向志凌，吕进. 浅析辊压成形工艺在汽车门槛中的应用 [J]. 模具技术，2018，(2),37 – 40.

[18] 谢文才. 汽车板材先进成形技术与应用 [M]. 北京：人民邮电出版社，2019.

第 8 章
板材和管材液压成形性能与评价

近年来全球变暖以及能源消耗问题成为人们日益关注的焦点，汽车轻量化成为汽车行业的重要发展方向。轻量化的主要途径包括：轻量化材料、轻量化结构以及轻量化工艺技术等。液压成形技术作为轻量化工艺技术和轻量化结构，特别适合于制造复杂形状的零件，特别是管状零件。管状零件含有封闭截面，具有较高的刚性，有利于零部件的轻量化、整体化发展。因此，要实现传统结构类零部件的轻量化设计，液压成形技术特别合适。

8.1 液压成形工艺与技术

液压成形（Hydroforming）是指利用液体作为传力介质或模具使工件成形的一种塑性加工技术。根据不同的坯料，液压成形一般可分为三种：管材液压成形、板材液压成形和壳体液压成形。液压成形常用的液体传力介质一般为纯水、乳化液（由水和乳化油组成）、传动油或机油等。管材液压成形一般需要的压力较高，最高达 400MPa，使用的传力介质多为乳化液。板材液压成形和壳体液压成形一般所需压力较低，一般不超过 100MPa，使用的传力介质为水或机油等。这三种液压成形方式各有特点，下面将分别进行介绍。

8.1.1 管材液压成形技术

管材液压成形（Tube Hydroforming，THF）是一种通过管材内部充液加压并与不同形状的模具相互配合，用来生产二维或三维轴线、复杂截面形状的中空薄壁管件的柔性成形技术，可以用来生产二维或三维轴线的变径管、复杂截面管件以及薄壁多通管等管件，如图 8-1 所示。

以变径管为例，管材液压成形工艺过程可以分为以下几个过程，其工艺原理如图 8-2 所示：

1）填充和密封过程。管材放入模具后闭合，管材内部充液（水、乳化液或机油等）、排除气体，并将管材两端密封。

2）保压和成形过程。对管内液体施加一定合理的压力，在管材胀形的同时通过对管材

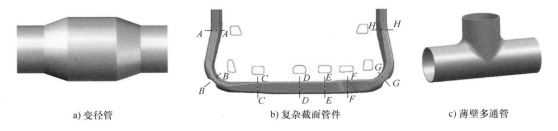

a) 变径管　　　　　b) 复杂截面管件　　　　c) 薄壁多通管

图 8-1　管材液压成形不同类别零件示意图

两端的冲头施加合理的位移加载进行补料（如果不补料，则属于纯胀形），直到管材外壁与上下模面基本贴合为止（部分圆角位置尚未完全贴合）。

3）加压和整形过程。提高管内液体压力，使部分未贴合圆角位置完全贴合模具，完成最终成形，这一过程属于纯胀形。

4）卸压和取件过程。成形结束后，卸载管内液体压力，排除管内液体，开模取件。

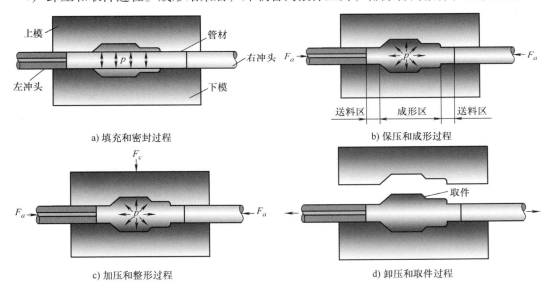

a) 填充和密封过程　　　　　　　　　b) 保压和成形过程

c) 加压和整形过程　　　　　　　　　d) 卸压和取件过程

图 8-2　管材液压成形工艺原理图

根据管材液压成形的工艺成形特点，与传统的冲压焊接工艺相比，其主要优点如下：

1）零件设计灵活。管材液压成形通过液压胀形的原理，可以一次成形出结构特征更加灵活多变的零件，如薄壁多通管类零件等。

2）零件轻量化和节省原材料成本。管材液压成形通过一次成形出二维或三维曲线的异形截面空心零件，减少了传统成形工艺产生的搭接、焊接等结构特征，避免了多次成形造成的材料损失。总体来说，对于框、梁类结构件，管材液压成形类零件可实现减重 20% ~ 40% 的轻量化效果；对于空心轴类件，管材液压成形类零件可以实现减重 40% ~ 50% 的轻量化效果。管材液压成形件的材料利用率为 90% 以上，而冲压件材料利用率仅为 50% ~ 60%，管材液压成形可以提高材料利用率，节省原材料成本。

3）减少模具数量，降低模具费用。对于同一形状零件，与传统的冲压焊接工艺所需多套模具的特点相比，管材液压成形通常只需要一套模具，大大减少了模具数量和费用。中间工序的增加会导致传统的冲压焊接工艺需要多套检具检测中间工序零件尺寸精度，而管材液压成形只有一道整工序，检具数量也可以减少，减少了检具数量和费用。

4）提高零件的整体性能。与传统工艺多个零件焊接在一起的工艺相比，管材液压成形类零件是一个整体零件，无焊缝或焊点，零件整体的强度和刚性得以提升，尤其可以提高零件的疲劳强度。

5）提高零件的尺寸精度。由于管材液压成形是一定的内部液体压力下经塑性成形的整体类零件，成形零件的尺寸精度可以有较大的提高。

与传统的冲压焊接工艺相比，管材液压成形的主要缺点如下：

1）设备一次性投入大。由于冲压压力较高，管材液压成形通常需要大吨位的液压机，设备一次性投入较大。例如，对于内径100mm和长度2.5m的管材，当成形压力100MPa时，合模力25000kN；当成形压力200MPa时，合模力50000kN。

2）模具复杂，成本高。管材液压成形零件由于结构设计更加灵活，截面更加多变，同时由于成形过程管材内部施加较高的压力，导致模具设计更加复杂，开发成本高。

3）液压伺服控制系统复杂，一次性设备投入大。管材液压成形过程中管材内部压力需要在设定压力或压力曲线下进行，由于成形过程复杂，保持管材内部液体在设定的压力或压力曲线难度更高，需要高精度的液压伺服控制系统进行控制，满足要求的液压伺服控制系统相对复杂，一次性设备投入较大。

4）管材两端密封难度高。传统的冲压焊接工艺不需要密封，而管材液压成形过程因管内液体需保持较大的压力，因此对管材两端需实行密封处理并且密封难度较大，通常采用金属高精密冲头进行密封，低压状态下也可配合使用密封垫进行密封。

5）零件研发过程周期长、费用高。管材液压成形因其特殊的成形工艺和相对复杂的零件结构，需要借助高精度的仿真分析软件（ABAQUS、Autoform等）进行仿真分析，需要探索合适的压力曲线和冲头位移加载补料曲线，为后续模具开发和液压伺服控制提供依据，研发过程周期长、费用高。

6）生产效率低。与传统工艺相比，液压成形过程需要经过液体填充、密封、保压、成形、加压、整形等过程，成形过程周期长，生产效率低。

8.1.2　板材液压成形技术

板材液压成形是采用液体介质作为凹模或凸模，在液体介质的压力下板材成形为所需形状的一种液压成形方式。根据不同的液体作用形式，可分为充液拉深和液体凸模拉深两大类，如图8-3所示。

以板材充液拉深为例，其成形工艺过程分为以下几个过程，其工艺原理如图8-4所示：

1）充液过程。将板料放在凹模表面，在凹模充液槽中注满液体介质，如图8-4a所示。

2）施加压边力。给压边圈施加一定的压边力，刚性凸模贴近板料，如图8-4b所示。

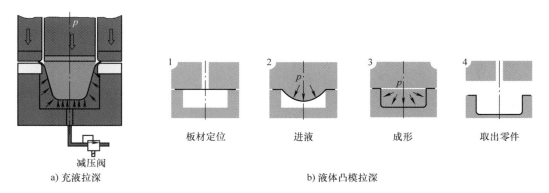

图 8-3 板材液压成形

3）液体加压及拉深过程。通过液压伺服控制系统给液体介质加压，使板料紧紧贴压在刚性凸模上，同时凸模下移开始拉深成形，液体沿法兰下表面向外流出，形成流体润滑，直至成形结束，如图 8-4c 和图 8-4d 所示。

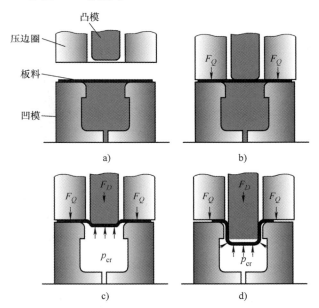

图 8-4 板材充液拉深成形工艺过程

与传统的成形工艺相比，板材液压成形工艺主要有以下特点：

1）成形性提高。板材液压成形的成形性提高主要体现在两方面，一是液体压力使板料与凸模紧贴并产生一定压力，成形过程中产生有益摩擦，板料不易过度减薄而开裂；二是由于压力迫使液体沿板料和凹模或压边圈接触面位置流出，形成流体润滑，降低不利摩擦，使得成形过程中板料更易于流入。因此板材液压成形可以一次成形更为复杂、成形难度更高的零件。

2）产品质量好。板材液压成形的零件在成形过程中受力更加均匀，成形后残余应力低，零件回弹小，零件尺寸精度高。同时由于板料有一侧表面与液体接触，不是与模具直接接触,成形后该侧表面质量更好。

3)减少模具费用。板材液压成形的模具可以使用液体介质代替凹模或凸模,同时复杂、成形难度高的零件可以在一道工序内完成,减少多工序成形所需的模具,这样可以大大减少了模具费用,降低了零件的生产成本。

与管材液压成形类似,板材充液拉深成形也存在液压伺服控制系统复杂、生产效率低以及所需设备吨位大等缺点。

8.1.3 壳体液压成形技术

壳体液压成形是在采用一定形状板料焊接而成的封闭多面壳体内充满液体胀形成形为最终的壳体形状的一种液压成形技术。壳体液压成形通常不需要模具和压力机设备,最终成形的壳体可以是球形、椭球形、环壳和其他形状的封闭壳体。

以球形壳体液压成形为例,其成形工艺主要分为以下几个过程,如图8-5所示:

1)焊接过程。将平板或者一定曲率的壳板通过焊接方式焊接成封闭多面壳体。
2)充液过程。在封闭多面壳体内充满液体介质(一般为水)。
3)加压冲压胀形。通过液压伺服系统对充液介质施加一定的内压,封闭多面壳体经过充液胀形成形为所需尺寸的球体。
4)卸压过程。对内部充液介质卸压,充液介质排出,完成壳体液压成形过程。

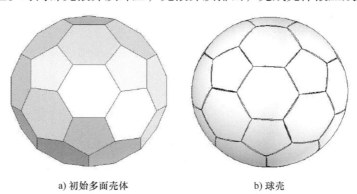

a) 初始多面壳体   b) 球壳

图8-5 球形容器壳体液压成形过程

与传统的成形工艺相比,壳体液压成形工艺主要有以下特点:

1)不需要模具和压力机,缩短生产周期,降低成本。因壳体液压成形的成形原理是在封闭壳体内直接充液、加压、胀形实现最终零件的成形,成形过程不需要模具和压力机,节省了模具准备周期,降低了成本。

2)容易变更壳体壁厚和直径。由于不需要模具和压力机,对于所需要的直径和厚度的壳体,只要设计了合理的预成形坯封闭多面壳体,就可以直接加压成形。

3)产品精度高。由于把壳体制造工艺由传统的"先成形后焊接"变为"先焊接后成形",成形过程是对前期焊接变形的校形,最终产品的尺寸精度高。

壳体液压成形也有缺点或难点,其主要难点是对焊缝质量要求高,胀形过程壳体易因焊缝处开裂而报废，另外对于大型壳体，内部充液介质自重大，成形过程的支撑基础难度大、费用高。

8.1.4 液压成形技术在汽车轻量化方面的应用

1. 管材液压成形在汽车轻量化方面的应用

随着汽车节能减排和轻量化的要求日趋严格，管材液压成形以成本可控、轻量化效果明显的优势在全球汽车领域得到了广泛的应用。20 世纪 90 年代开始，欧洲、北美、日本、韩国等国外的汽车公司及相关的设备生产供应商先后设计开发管材液压成形零件和试验生产装备，并建立了管件液压成形生产车间。自 1993 年开始，欧洲和北美主要汽车公司如奔驰汽车、宝马汽车、奥迪、大众、沃尔沃、克莱斯勒、通用、福特等逐渐使用管件液压成形零件，自 1997 年开始，日本丰田、本田、日产、马自达、斯巴鲁等汽车公司陆续导入管件液压成形设备并开发使用管件液压成形零件，韩国现代、起亚等汽车公司也开始应用管件液压成形技术和相关零部件。管材液压成形汽车常用零件如图 8-6 所示。

根据美国钢铁研究院汽车应用委员会的调查报告，2020 年北美生产的典型车型中有50% 结构体零件采用管件液压成形技术制造。戴姆勒克莱斯勒预估，2020 年管件液压成形零组件数量比 2012 年增长 3 倍。Dana 汽车零部件公司预估，2020 年管件液压成形零组件将占汽车底盘零组件的 50%。Global Trade Consulting 最新的报告指出，美国汽车用液压成形零组件在 2008 年产值为 7.3 亿美元，2012 年约达 16 亿美元，2016 年约达 19 亿美元。

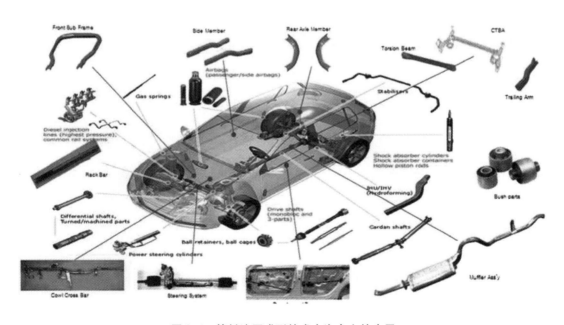

图 8-6 管材液压成形技术在汽车上的应用

据不完全统计，目前我国已有五十多个自主汽车品牌，汽车配件厂已超过 8000 家。但是液压成形技术仅在一汽、上汽、长城和长安等部分车企的部分车型中获得一定应用，而国内大部分汽车管类零件仍然沿用传统的冲压加拼焊的组合工艺，制造工序复杂、效率低、成本高且产品的综合质量和性能不佳。

随着现代工业的飞速发展，以节省能源、减少污染、减轻零部件重量、节约材料为目的汽车轻量化是现代汽车制造领域所追求的目标和发展趋势；提高零部件使用性能、提高推重比、增大航程是航空、航天领域未来发展的必然趋势；以吸引消费者眼球、提高人民生活水平、改善人民家居生活用品的性能是家电领域所追求的目标，因此液压成形（THF）技术被广泛应用到现代汽车、航空、航天、家电等领域。尤其是汽车制造领域，由于对生产技术、制造成本、配件质量和整车性能要求的不断提高，以及对汽车车身轻量化的需求，THF技术常常与焊接、弯曲、拉伸等加工工序相结合，用于生产截面形状复杂的汽车车身结构件等。具体在汽车领域的应用如图8-7和图8-8所示。

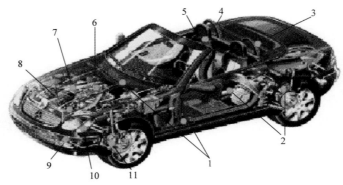

图 8-7　液压成形技术在汽车制造领域的应用

1—结构件　2—悬架　3—安全杆　4—座椅架　5—驱动轴　6—凸轮轴
7—排气管　8、9—冷却管　10—保险杆　11—发动机托架

2. 板材液压成形在汽车轻量化方面的应用

受制于装备技术和成本压力，整体而言板材液压成形零件没有管材液压成形零件在汽车轻量化中的应用广泛。目前板材液压成形已经在美国、欧盟和日本等国家的一些高档轿车的车身覆盖件和内板件中得到应用，2011年，Amino北美公司成功开发了发罩外板、发罩内板、门外板、侧围内外板等铝合金车身覆盖件的液压成形零件，如图8-9a所示；德国Schuler公司采用厚度1mm的6016-T4铝合金板通过预胀-充液拉深成形出大吉普车顶外板，德国蒂森克虏伯公司成形出0.60mm的DP500双相钢车顶外板，如图8-9b所示，欧洲沃尔沃S80车型采用板材液压成形生产出了0.8mm厚度低碳钢行李舱盖，如图8-9c所示。

国内哈尔滨工业大学是最早系统开展液压成形技术研究的单位之一，研制的铝合金深筒件、复杂曲面整流罩、头罩、五通管等零件已经在航天领域获得应用。目前国内几乎没有汽车车身零件使用板材液压成形类零件，随着高档轿车、新能源汽车的开发以及铝合金车身的逐步应用，板材液压成形零件将在车身轻量化中逐渐得到更广泛的应用。

壳体液压成形零件主要应用于航空航天和民用领域，在汽车领域基本没有应用。

鉴于管材液压成形在汽车轻量化中应用最为广泛，尤其是国内汽车公司目前主要应用的

第8章 板材和管材液压成形性能与评价

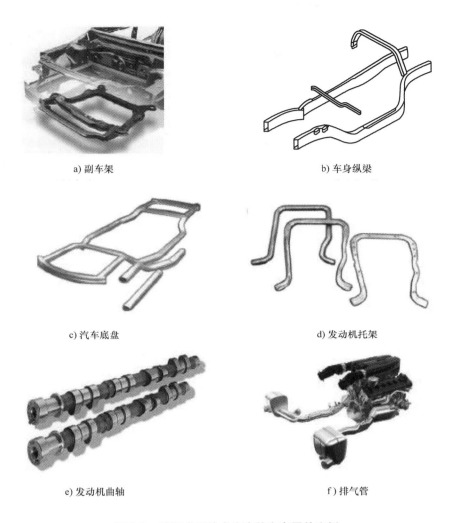

a) 副车架　　　　　　　　　b) 车身纵梁

c) 汽车底盘　　　　　　　　d) 发动机托架

e) 发动机曲轴　　　　　　　f) 排气管

图 8-8　液压成形技术生产的汽车零件实例

是管材液压成形零件，以下将重点针对管材液压成形工艺质量和要求进行重点描述。

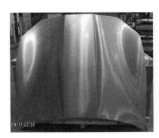  

a) Amino北美公司发罩外板　　　b) 吉普车顶外板　　　c) 沃尔沃行李舱盖

图 8-9　汽车用板材液压成形典型零件

8.2 管材液压成形质量的影响因素

8.2.1 管材成形性能

通常，人们对管材的成形性的评价是基于板材的成形性的，一般的工业应用对于材料的成形性要求不高的情况下，直接使用板材的成形参数进行评估，一般也能行，但是容易产生偏差。主要原因是板材经过卷管成形后产生了加工硬化，管材的塑性和韧性有所降低。另外焊缝及其热影响区对成形性也有着至关重要的影响。

在冲压成形中，Keeler 和 Goodwin 等人提出板料的成形极限图（FLD），能够反映板料在不同应变路径下的局部失稳极限应变，对板料成形研究和生产起着重要的指导作用。由于管材成形极限的评价没有统一的标准，国内外对管材的性能，尤其是在液压成形中性能的研究主要集中在管材的 n 值、r 值、几何参数等，以及测其变形过程中的应力应变代入判定准则。对管材成形性能进行判定，多是以某一参数作为衡量管材性能的指标，不能反映在实际生产中不同应力应变条件下的复杂应变情况。

蒋浩民较早在国内汽车行业开展了液压成形产业化应用研究，以 SAPH440 作为典型材料，研究了板材和相对应的管材的基本力学性能的差异，性能如表 8-1 所示。

表 8-1 不同规格 SAPH440 板材与管材力学性能对比

类型	规格/mm	屈服强度/MPa	抗拉强度/MPa	A_{50}（%）
板材	2.5	365	475	32
管材	$\phi 59 \times 2.5$	390	500	23.1
板材	2.7	395	480	30
管材	$\phi 79 \times 2.7$	430	518	21

通过研究发现，板材制成管材以后，材料的基本力学性能发生了明显的变化，屈服强度和抗拉强度都有了一定程度的提高，这主要是管材首先经过弯曲变形，再经历焊接、热处理，最终成形出管材，在管材的制备过程中，材料经历不同程度的弯曲变形，产生一定的加工硬化，提高了材料的屈服强度和抗拉强度，相当于管材存在一定的预变形，由于变形，管材的伸长率也存在一定的下降。

为了获得准确的金属管材成形性，可以采用《金属管材成形极限图（FLD）试验方法》GB/T 29536—2013 标准进行评估。如图 8-10 所示，对管材内部充压加载，管材外表面预先印制好网格刻度线，通过测试试样表面网格产生的变形，计算主、次应变，绘制成形极限图。

以次应变 e_2 为横坐标、主应变 e_1 为纵坐标，将试验测定的应变（e_1，e_2）标绘在此应变坐标系中，即为试验所获得的成形极限图（FLD），如图 8-11 所示。然后根据工程主应变 e_1 和次应变 e_2 的分布特征，将这些点连成适当的曲线（或使用数学回归方法绘制曲线），即

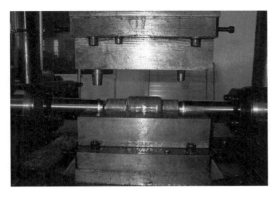
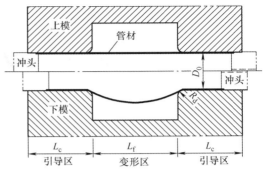

图 8-10 管材成形极限试验模具及原理示意图

为成形极限曲线（FLC）。

8.2.2 材料性能的影响

厚度分布是评价液压成形零件成形质量的主要指标之一，在液压成形过程中，管材的局部区域由于受到拉应力作用而出现变薄拉伸，还有一些区域受到压应力作用而产生厚度增加甚至起皱。厚度的过度增加或者过度减薄都会严重影响零件的质量。

影响液压成形零件厚度分布的因素有很多，如工艺参数、零件形状尺寸、管材材料参数等。B Carleer 等学者针对 n 值、r 值等材料参数对管材厚度变化的影响趋势进行研究。

徐祥合针对液压胀形管件的可制造性评价方法进行了研究，采用简易圆管胀形零件针对材料的力学性能对可制造性的影响进行了评估。模具型腔横截面尺寸为 66mm × 66mm，总长度 300mm，其中胀形区域长度 100mm，过渡圆角半径为 3mm，零件及尺寸如图 8-12 所示。

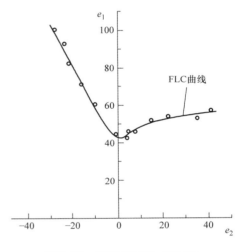

图 8-11 成形极限图（FLD）

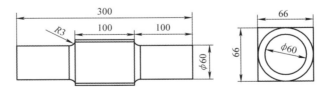

图 8-12 液压胀形试验零件及其尺寸

液压胀形的管件采用 ERW 高频焊管，通过了压边、扩口试验，具有较好的焊接性和密封性。液压胀形后的零件如图 8-13 所示，随着压力的逐渐增大，端部轴向进给使得材料向型腔补充，中间部位的管材逐渐趋近于型腔内壁。

a) 原始管材　　　　　　　　　　b) 胀形末期

图 8-13　简易管件零件液压胀形过程

1. 屈服强度

屈服强度是金属材料发生屈服时刻的屈服数值，也就是抵抗初始塑性变形的应力。大于屈服强度的外力作用，将会使材料永久变形，无法恢复。结合大量试验表明，材料屈服强度越低，抵抗内压力的能力越弱，越容易产生变形，越有利于零件的贴模性，同时，一般情况下材料的屈服强度越低，塑性越好，伸长率越高，相对来讲管材的液压成形性能越好。

2. 加工硬化指数

加工硬化指数（n 值）反映了金属材料抵抗均匀塑型变形的能力，是表征金属材料应变硬化行为的性能指标。一般该值越大越好，说明材料的加工硬化能力较强。采用不同 n 值进行液压成形对比分析，仿真结果如图 8-14 所示。

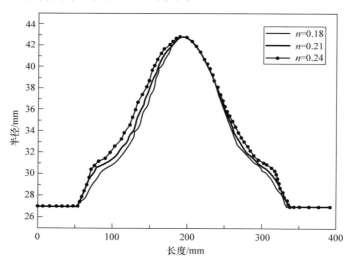

图 8-14　n 值对胀形截面的影响

可以看到随 n 值的增加，零件的胀形尺寸有明显的增大，在胀形区域的相同位置处，零件的截面尺寸相对更大。这是因为随着 n 值的增加，相同应变条件下所引起的变形抗力较小，材料易于流动，从而在相同条件下零件的胀形量增大、贴模量增大。因此，较高的 n 值有利于获得良好的液压胀形零件。

3. 厚向异性系数

厚向异性系数 r，也叫塑性应变比，是评价材料成形性的一个重要参数。在板材单向拉伸试验中，是宽度应变 ε_b 与厚度应变 ε_t 的比值，即

$$r = \frac{\varepsilon_b}{\varepsilon_t}$$

材料 r 值的大小，反映出板平面方向与厚度方向应变能力的差异。r = 1 时，为各向同性；r > 1 时，说明板平板方向的比厚度方向更容易变形，即板料不容易变薄。

图 8-15 为 r 值对胀形截面尺寸的影响规律，r 值越大，板材抵抗变薄的能力越强，成形性越好。随着 r 值的增大，材料沿周向的变形抗力减小，不容易发生局部缩颈，材料更容易流动变形，因此管材的胀形尺寸更大、贴模量增大；同时材料沿管壁厚度方向的变形抗力增大，使厚度方向的变形难度增大，因此厚度减薄量减小，零件的厚度分布均匀性得到提高。所以，较大的厚向异性系数 r 使零件的厚度分布更加均匀，从而提高了零件的成形质量。

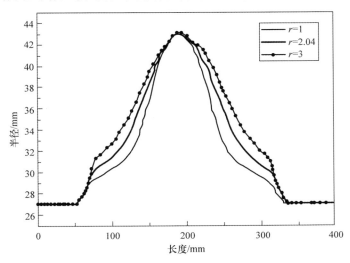

图 8-15　r 值对胀形截面的影响

8.2.3　成形工艺对管件液压成形质量的影响

1. 减少弯管工艺对液压胀形的影响

与板材弯曲相比，管材弯曲由于空心截面的存在，使得弯曲加工更加复杂，处理不好会出现弯曲开裂、折皱等缺陷。在弯管时，外侧材料受到拉伸，壁厚减薄，内侧材料受到压缩应力，壁厚增大。当变形程度超过一定数值时，在最外侧管壁会产生裂纹，最内侧管壁会产生折皱，弯曲后的截面也容易发生畸变。

管壁厚度减薄会降低管材承受内压胀形的能力，因此，生产中常用壁厚减薄作为衡量指标，壁厚减薄率计算公式如下：

$$\Delta t = \frac{t - t_{\min}}{t} \times 100\%$$

式中，t 为原始壁厚；$t_{\min}$ 为管材弯曲后最小壁厚。

管壁厚度的变薄量，主要取决于管材的相对弯曲半径 R/D 和相对厚度 t/D（R 为管材弯曲半径，D 为管材直径，t 为管壁厚度）。当变形程度过大（即 R/D 和 t/D 过小）时，弯曲中性层的最外侧管壁会产生过度变薄,严重时导致破裂;最内侧管壁将明显增厚,严重时失稳起皱;同时,随着变形程度的增加,断面形状的畸变也越来越严重。因此,为保证管件的成形质量,必须控制其变形程度在许可的范围内。

通常用管材的允许的最小弯曲半径 R_{min} 作为管材弯曲的成形极限,即管材弯曲时的允许变形程度,示意图如图 8-16 所示。最小弯曲半径简易估算公式如下:

$$R_{min} = \frac{D}{2[\delta_s]}$$

式中,$[\delta_s]$ 为管材允许的延伸率。

对于液压成形来讲,弯管的缺陷越少越好,应减少材料的加工硬化,控制外侧管材壁厚减薄量 10% 以内,无肉眼可见的起皱缺陷。

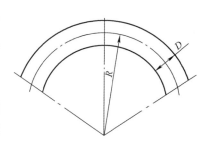

2. 减少液压胀形工艺过程失稳

管件液压成形系统一般分为建立密封、高压胀形两个阶段。建立密封阶段采用大流量的低压乳化液快速充满管坯内腔,排出空气,然后推力缸密封端头前进,对管材端部进行密封,建立稳定的低压。高压胀形阶段是

图 8-16 管材最小弯曲半径示意图

在推力缸和增压器的共同作用下,随着高压的逐步建立,推力缸适时推进端头补料,最终加工成合格的零件。

建立密封阶段的失稳主要是密封端头与管材端部之间有一定的塑性变形,这个变形量不大,但也足够使端部边缘产生塑性变形以保障管材内部乳化液的密封,示意图如图 8-17 所示。如果密封端头的推力过小,则不足以产生足够的变形量,乳化液泄漏,或者未达到平衡状态,造成密封失败。如果密封端头的推力过大,进给过多,则会造成屈曲缺陷。因此,需要在初期不断调试,寻找合适的工艺参数,以避免密封失效。

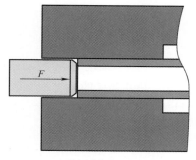
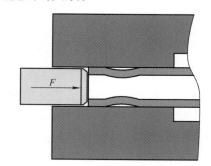

a) 端部进给合理密封成功　　　　　　b) 端部进给过多端部屈曲

图 8-17 密封阶段管材端部产生的失稳

高压胀形阶段的失稳主要包括高压密封失效和液压胀形失稳:高压密封失效是指随着管材胀形区域的扩展变形,端部材料不断向内补充,这时如果密封端头不持续进给,则在液压胀形过程中可能造成密封失败,导致压力减小,液压成形失败。液压胀形失稳有很多种情

况，比如胀形时轴向进给不足，管材径向材料不足以补充壁厚的减薄导致开裂；比如胀形过程尚未充分，而轴向进给过多，则导致管材在胀形区域发生屈曲。高压胀形阶段的失稳如图 8-18 所示。

a) 进给过多

b) 进给不足

图 8-18　端部进给与液体压力匹配不良导致的失稳

因此，确定合理加载路径，包括合理的压力 - 时间和进给 - 时间曲线，合并在一起组成压力 - 进给曲线，如图 8-19 所示，轴向进给和内压力是保证液压成形质量的关键参数。合理的加载路径设计是在控制各类液压成形缺陷的基础上，尽可能采用较大的端部轴向进给和较小的液体压力，以实现较多的轴向材料补充参与胀形，达到提高液压成形质量的目的。

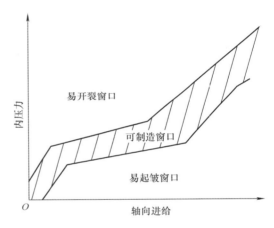

图 8-19　确定合理的加载曲线

8.3　管材液压成形质量的技术要求

影响管材液压成形质量的因素有很多，如板材因素、焊管质量、弯管技术、预成形、液压胀形工艺等，管材液压成形工序示意图如图 8-20 所示，这些因素在零件加工的各个环节对质量产生影响。为了理清液压成形加工质量的影响，先以常见的典型缺陷和失效模式为例，分析、研究这些缺陷的关联因素，从而得出管材液压成形质量对各工序、各环节的质量要求。

8.3.1　弯管工序的主要缺陷

为了确保液压成形质量，管材第一步需要先弯曲成零件轴线的形状。除了要满足轴线弯曲形状外，还必须避免管材的过度减薄，以防止胀形过程中的开裂。

管材的弯管方式多种多样，如压弯、拉弯、滚弯、绕弯等。数控弯管是一种采用伺服电动机驱动弯曲臂，集合压模、夹模、弯曲模、辅推模、防皱块、心棒等组成的能够进行快速复杂高精度弯管的技术。数控弯管具有的高质量、高效率、高重复读与高精度的特点，目前

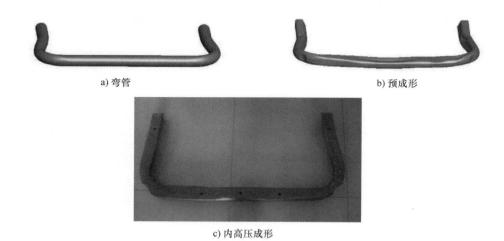

a) 弯管　　　　　　　　　　　　b) 预成形

c) 内高压成形

图 8-20　管材液压成形工序

数控弯管已广泛运用于汽车、空调等行业的各种管件和线材的弯曲，弯管工艺原理和示意如图 8-21 所示。

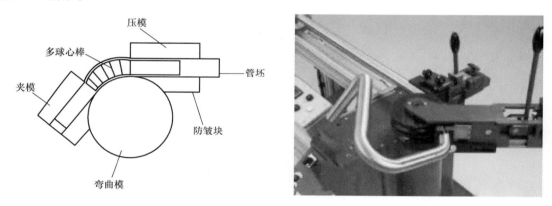

图 8-21　弯管工艺示意图

作为液压成形的前道工序，无论是预成形工艺还是最终的液压成形工艺，都要受弯管质量的影响。为保证弯管过程中不产生塌陷、凹陷，采用心棒作为内支撑；为保证弯管过程中不产生过度减薄，通常在弯曲时增加辅推装置。

在现代汽车工业中，绝大多数液压成形零件都需要先弯管，弯管成形技术具有十分重要的地位，因此作为前置的重要工艺，对其工艺和影响进行分析。

弯管过程中如果弯模、压模、夹模、心棒、辅推等工艺设置不匹配，弯管过程中依然会产生许多缺陷。常见的一些缺陷形式及预防措施如下：

1）过度减薄。这种缺陷形式易发生于弯曲部位的外侧，弯曲角度越大，减薄趋势越显著。弯曲时管子在外力作用下，外侧受到拉力作用而减薄，当拉应力超过材料的强度极限时，将会出现开裂，管件弯曲时的受力和应力应变状态如图 8-22 所示。管件出现过度减薄会导致后续胀形过程中破裂，严重的导致零件的报废。为了预防弯管过程中壁厚的过度减薄或开裂,就必须调整弯管工艺参数,优化弯模转动和辅推进给的匹配关系,如增大辅推速度、降低弯模旋转速度、选择合适的心棒,使管件弯曲时有足够的材料补充,降低壁厚减薄率。

2) 起皱现象。该现象常见于弯管的内侧,管径越大越明显。当管件弯曲时,内侧管壁材料受到压应力作用,材料发生堆积导致壁厚增加,严重时会产生失稳而出现起皱现象。起皱现象不利于后面工序的胀形和贴膜精度的控制,使得后续液压胀形无法完全贴膜,影响成形质量。实际生产过程中,通常采用防皱工艺去减轻或消除起皱现象,如使用防皱块、心棒、控制辅推的进给速度等工艺。

3) 弯管尺寸精度。金属管件受力弯曲以后,同时会产生弹性变形和塑性变形,当弯曲卸载以后,管件会发生弹性回复,也就是我们常说的回弹,管件弯曲回弹示意图如图8-23所示。管件弯曲后产生回弹,会导致尺寸精度的降低,影响后续的预成形时无法正常放入,严重时管件在合模时出现"夹肉"(指管件的一部分被上下模具咬合),严重的"夹肉"会导致零件报废。在实际生产中,通常要结合材料的强度、厚度、管径等参数进行回弹量的估算,然后进行过弯,以补偿卸载后的回弹量,再根据实际调试情况进行多次调整优化,得到最佳的过弯量,最终获得满足尺寸精度要求的弯管件。

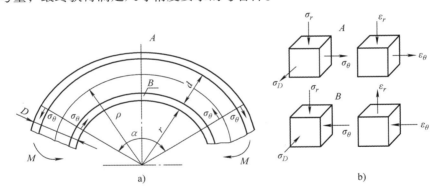

图 8-22 管件弯曲时的受力和应力应变状态

8.3.2 预成形工序的主要缺陷

通常,对于简单的液压成形零件,采用弯管以后,不需要预成形就可以直接进行液压成形了,这样就效率更高、成本更低了。然而我们常见的汽车零件如副车架、后桥、扭力梁、A柱等,由于轴线形状过于复杂,通过简单的弯管工序,难以达到预期的形状尺寸,如果直接进行液压胀形,很有可能在合模过程中出现"夹肉"。因此,需要预成形工序对弯管零件进行"整形",以满足后续工序的顺利进行。

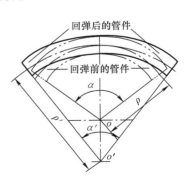

图 8-23 管件弯曲回弹示意图

预成形工序是内高压成形中较为关键的工序,由于各种零件形状不同,预成形采用"整形"方法各不相同,难度较大,需要对预成形模具进行反复的修改来调试到理想状态，预成形工序示意如图 8-24 所示。

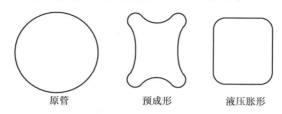

图 8-24 管截面预成形工序起到承上启下的作用

常见的一些预成形缺陷形式及预防措施如下：

1）"夹肉"。根据上下模、侧推模运动方式的不同，如果工艺优化不合理，型面过渡不合理，会导致弯管件放置困难，或者即使放置进模具型腔，但是在后续的合模运动过程中，一部分管件在分模处受到挤压而产生咬边。

2）过度减薄。由于弯管工序已经将管件弯曲成大体形状，预成形过程中对于局部区域会产生减薄变形。因此，需要对预成形过程中零件产生的变形进行分析评估，通过优化的合模工序，尽量减少局部过度减薄的产生。

3）起皱、压瘪。管件在合模过程中，由于管内部是空心的，极其容易产生失稳，严重时产生凹陷。合理的凹陷可以作为后续液压成形预留足够小的形状特征，提高整个零件的贴膜度，即"有益皱"。然而，当控制不好时，容易产生无法恢复和控制的起皱和塌陷，形成"死皱"，即使提高内压力，也无法胀开。

8.3.3 液压工序的主要缺陷

管材液压成形通过对管腔内施加液体压力及在轴向施加载荷作用，使其在给定模具型腔内发生塑性变形，管壁与模具内表面贴合，从而得到所需形状零件。常见的一些液压成形缺陷形式及预防措施如下：

1）起皱。起皱主要原因由成形压力不足、轴向进给过大/过快、管材尺寸过大等因素造成。起皱影响零件的尺寸精度和外观形貌，在实际生产中应尽量避免。在实际生产过程中，零件局部会产生皱纹，然而，在后续的成形过程中，皱纹会逐渐消失。这种皱纹在初期形成过程中，实际上储存了一些材料，这些材料在后续参与变形，能够防止减薄开裂问题，起到了有益效果，因此也叫"有益起皱"。与此相反，在成形过程初期形成了皱纹，成形后期又无法消除而形成死皱，影响尺寸精度和外观质量，起到了有害效果，也叫"有害起皱"，如图 8-25a 所示。

2）屈曲。屈曲是一种失稳现象，屈曲的形成原因也是成形压力不足、轴向进给过大/过快等因素造成的。屈曲形成以后，后续液压成形将难以控制，缺陷无法消除，屈曲状态会保留至最终零件，如图 8-25b 所示。

3）开裂。开裂产生的原因是由于成形压力过高、轴向进给不足、材料流动不充分等因素造成的。通常在开裂之前，会产生缩颈现象，缩颈后如果继续成形，材料将会迅速减薄，从而产生开裂现象，如图 8-25c 所示。

4）过度减薄。过度减薄实质上是缩颈现象的早期阶段，材料过度减薄但尚未产生缩颈现象，通常较难发现和识别。如果零件局部材料过度减薄，与其他部位壁厚相差过大，就会影响液压成形零件的使用性能和寿命。因此，汽车行业一般将壁厚减薄率控制在 10% ~ 20%，以防止产生潜在的局部缩颈风险。

5）贴模性不良。贴模性是指零件液压成形以后，与模具型腔的贴合程度。一般来讲，零件上的特征越小，零件越复杂，要达到较高的贴模性难度越大。此外，成形压力不足、材料强度偏高等也是贴模性不良的主要原因。贴模性不良会导致液压成形状态不稳定，部分区域有失效风险。贴模性不良还会导致零件的尺寸精度下降。

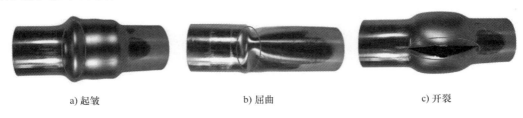

a) 起皱　　　　　　　b) 屈曲　　　　　　　c) 开裂

图 8-25　关键液压成形过程主要缺陷

8.3.4　液压成形工艺对板材的质量要求

汽车行业中应用液压成形工艺的零部件主要分布在车身和底盘。车身上可用于液压成形的零件包括散热器支架、仪表板支架、车身框架（如 A 柱、B 柱、D 柱）等零件，这些零件根据强度需要的不同，使用低碳钢、低合金高强钢、双相钢等冷轧材料。底盘上可用于液压成形的零件包括副车架、后桥、扭力梁、摆臂等零件，这些零件由于承载工况比较复杂，需要较高的强度、刚度和疲劳性能，使用热轧板材如 SAPH400、QSTE420、FB780、22MnB5 等材料。这些材料由于都需要进行焊管、弯曲、胀形等，因此对板材通常提出的质量要求包括：

1）基于可焊性的要求。焊管主要采用的工艺为高频焊和激光焊，其中绝大多数采用高频焊接工艺。从理论上讲，凡是在熔化状态下能相互形成固熔体或共晶的金属或合金，原则上都可以实现焊接，然而其使用性能要求通常还包括力学性能、抗低温韧性、抗脆性断裂、疲劳性能、耐蚀性等。

为了获得较好的焊接性能，化学成分构成方面，众多元素中影响最大的是碳元素，也就是人们常说的含碳量多少决定了可焊性。钢材中其他的合金元素大部分也不利于焊接，但其影响程度一般都比碳小。钢材中随着含碳量增加，淬硬倾向就增大，塑性降低，容易产生焊接裂纹。通常把金属材料焊接时产生裂纹敏感性及焊接接头力学性能的变化作为评价材料可焊性的主要指标，所以含碳量越高，可焊性越差。含碳量小于 0.25% 的低碳钢和低合金钢，塑性和冲击韧性优良，焊接工艺相对简单。而对于含碳量较高的高强钢材料，则需要对其进行预热、后热和焊后热处理等特殊工艺，以提高可焊性能。

硫、磷、氢等元素在焊接中是有害元素，需要进行控制。硫元素能够促进非金属夹杂物的形成，使得焊缝的塑性和韧性降低；磷元素能够提高钢的强度，但是会增加钢的脆性，特别是低温脆性。因此，需要将硫和磷等有害元素含量控制在较低的水平，提高钢材的纯净度，以提高钢材的韧性、抗时效性等。化学成分对热处理也有较关键的影响，如果成分控制不严格，就难以达到预期的热处理效果。

2）基于拉压变形的要求。液压成形技术在整个加工过程中会产生弯曲变形，在局部会受到较大的局部应力应变状态，特别是在失稳部位，相当于平板的弯曲断裂。

三点弯试验是常用的评价材料弯曲性能的试验方法，通过不同圆角半径的冲头将钢板弯曲成规定的形状，观察变形区内、外侧表面、边部是否产生裂纹。通常采用相对弯曲半径来描述材料的弯曲性能，凸模圆角半径 R 与材料实际厚度 t 的比值，即 R/t。试验过程中，通过不断更换凸模圆角半径，寻找出现裂纹的零件弯曲半径。通过调整 α 角度，考察三点弯裂纹对弯曲角度的敏感性，典型的弯曲角度如 90°、180° 等，具体根据实际需要进行评估。三点弯示意图如图 8-26 所示。

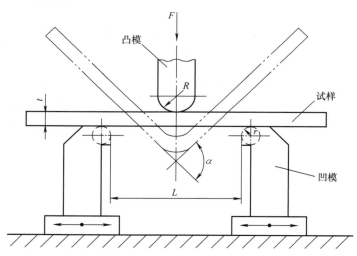

图 8-26 三点弯示意图

最小弯曲半径被用来评估钢板的弯曲性能，以外侧表面出现微裂纹作为弯曲极限的标志。图 8-27 为观察到的典型微裂纹图像。通常，液压成形工艺对材料的最小弯曲半径需求取决于实际零件的现状尺寸，根据实际工程应用需求一般要求热轧材料最小弯曲半径为 $1\sim2t$ 左右（热轧材料相对比较厚，要求更严苛），而对于冷轧材料的最小弯曲半径为 $2\sim3t$ 左右。

金属材料基体中主要包括 5 种基本组

图 8-27 不同放大倍数下的典型微裂纹

织：铁素体、奥氏体、渗碳体、珠光体、莱氏体。不同组织具有不同的性能，含碳量越低，其硬度和强度越低，塑性和韧性越高。带状组织是钢材的内部缺陷之一，沿轧制方向平行排列、成层状分布，如图8-28所示。产生带状组织的原因主要由成分偏析、加热温度不当等引起。从层状物质的化学元素分布着手，分析元素分布和含量，以判断形成原因。层状组织会造成钢材的组织不均匀性，影响材料的拉伸力学性能，如形成各向异性、降低塑性、延伸率和冲击韧性等。因此，需要通过工艺优化，尽量减少偏析、减小因热处理温度形成的带状组织。

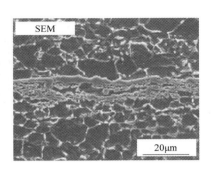

图8-28 金属材料带状组织

8.3.5 液压成形工艺对焊管的质量要求

焊管是用钢板或带钢经过卷曲成形后焊接制成的钢管。液压成形焊管通常采用直缝电阻焊管工艺（ERW），截面形状通常为圆形。直缝焊管生产工艺简单，生产效率高，成本低。除ERW焊管以外，也有采用激光焊管制管的，但由于成本较高，相对来说比较少。因此，重点针对ERW焊管进行分析讨论。

ERW焊管工艺流程和原理如图8-29和图8-30所示，ERW焊管在焊接时产生的焊缝通过刮刀清除ERW钢管的内外毛刺，毛刺可控制在-0.2~0.5mm左右。ERW钢管的高频焊接热过程，造成了管坯边缘附近温度分布梯度，并形成了熔化区、半熔化区、过热组织、正火区、不完全正火区、回火区等特征区域。其中过热区组织由于焊接温度在1000℃以上，奥氏体晶粒急剧长大，在冷却条件下会形成硬而脆的粗晶相，此外温度梯度的存在会产生焊接应力。这样，就形成了焊缝区域力学性能比母材低的情况。因此，需要对焊缝区域的材料性能进行检测评估，以保障液压成形质量和效率。

图8-29 ERW焊管工艺流程

钢管表面质量应光滑，不允许有折叠、裂缝、分层、搭焊等缺陷存在。钢管表面允许有不超过壁厚负偏差的划道、刮伤、焊缝错位、烧伤和结疤等轻微缺陷存在。

钢管应能承受一定的内压力，必要时进行2.5MPa压力试验，保持1min无渗漏。允许用涡流探伤的方法代替水压试验，涡流探伤按GB/T 7735—2004《钢管涡流探伤检验方法》标准执行。涡流探伤方法是将探头固定在机架上，探头与焊缝

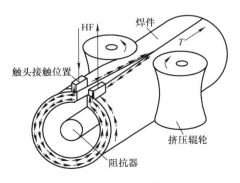

图8-30 ERW焊管原理

保持3~5mm距离，靠钢管的快速运动对焊缝进行全面的扫查，探伤信号经涡流探伤仪的自动处理和自动分选，达到探伤的目的。

压扁试验是检验金属管在给定条件下压扁变形而不出现肉眼可见裂纹的变形能力，其原理是垂直于金属管轴线方向，对规定长度（通常为10~100mm）的焊管端部施加压力进行压扁，压扁速度20~50mm/min，直至在力的作用下压板之间的距离达到相关标准的规定值。通常分为三步压扁：第一步下压高度为外径的2/3时停止，检查；第二步下压高度为外径的1/3时停止，检查；第三步是完全压到底，检查，具体过程如图8-31所示。针对液压成形焊管，需要观察压扁过程中管材是否出现分层、裂纹或焊缝不完整的情况，压扁过程示意如图8-32所示。对于抗拉强度大于等于600MPa的高强钢焊管，通常要求至少下压到外径的2/3。

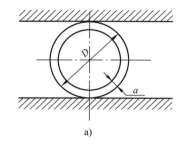
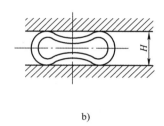
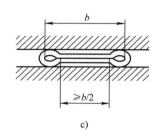

a)　　　　　　　　　　b)　　　　　　　　　　c)

图8-31　钢管压扁过程

扩口试验是检验金属管在给定条件下扩口变形而不出现肉眼可见裂纹的变形能力，其原理是将具有一定锥度的顶心压入焊管试样的一端（下压速度20~50mm/min），使其均匀地扩张，过程中可以增加润滑以使钢管能够均匀地扩口变形，直至达到预先规定的扩口率，然后检查扩口处是否有裂纹等缺陷，以判定合格与否，示意图和试验模具如图8-33所示。β为顶心锥度（通常是30°、45°和60°），D为管材直径，D_u为扩口后管材的直径，a为管壁厚度，L为管材长度（当$\beta \leq 30°$时，试样长度应近似为$2D$；当$\beta > 30°$时，试样长度应近似为$1.5D$）。扩口率计算公式如下：

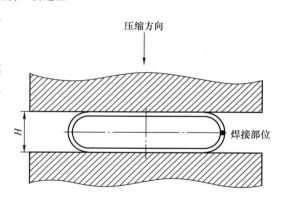

图8-32　焊管压扁过程中焊缝在最外侧

$$X_d = \frac{D_u - D}{D} \times 100\%$$

通常在不使用放大镜的情况下，观察无裂纹即为合格。如果在试样棱角处开裂，不能判断不合格。一般要求的扩口率X_d范围为6%~15%，针对液压成形零件，通常要求扩口率X_d达到15%以上。

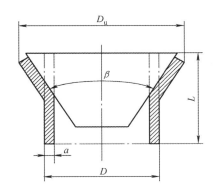

图 8-33 扩孔试验示意图和试验模具

参 考 文 献

[1] 苑世剑. 现代液压成形技术 [M]. 北京：国防工业出版社，2016.

[2] 何鹏申，陈玉杰，郜昊强，等. 管材液压成形在汽车节能减排中的开发应用 [J]. 锻压装备与制造技术. 2019，2（54）卷：114-121.

[3] 苑世剑，刘伟，徐永超. 板材液压成形技术与装备新进展 [J]. 机械工程学报，2015，8（51）：20-28.

[4] MAKI T, CHENG J. Sheet Hydroforming and Other New Potential Forming Technologies [J]. IOP Conference Series: Materials Science and Engineering. 2018：1-9.

[5] WANG Z R, LIU G, YUAN S J, et al. Progress in shell hydro-forming [J], Journal of Materials Processing Technology. 2005，167（2-3）：230-236.

[6] JOHANNISSON T G. Low volume production of sheet metal parts [C] //International Conference "Hydroforming of Tubes, Extrusions and Sheet Metals", Stuttgart, Germany, 2001：158-179.

[7] MAKI T. Sheet hydroforming of aluminum body panels [C] //International Conference on "Hydroforming of Sheets, Tubes and Profiles", Stuttgart, Germany, May 22, 2012. 2012：41-55.

[8] HOFFMANN H, SEMMLER S, GOLLE M, et al. Technological characteristics of hydro-formed parts [C] //International Conference "Hydroforming of Tubes, Extrusions and Sheet Metals", Germany：Metal Forming Technology (IFU) of the University of Stuttgart. 2001：235-246.

[9] TRENT M. Forming of Automotive Aluminum Body Panels by Sheet Hydroforming [J]. Key Engineering Materials, Vols 554-557 （2013） pp 1273-1281.

[10] 范敏郁，黄芳，郭训忠，等. 碳钢/不锈钢双金属复合三通液压胀形数值模拟及试验 [J]. 塑性工程学报. 2014.5（21）：6-10.

[11] KEELER S P. Determination of forming limits in automotive stampings [J]. Sheet Metal Industry. 1965，9：683-691.

[12] GOODWIN G M. Application of strain analysis to sheet metal forming problems in the press shop [J]. IDDRG, 1968, 8：767-774.

[13] 吴磊，蒋浩民，陈新平，等. 管材液压成形极限试验研究 [C] //第十三届中国机械工程学会塑性工

程分会年会，[S. l. : s. n.]，447－451.

[14] CARLEER B. Analysis of the effect of material properties on the hydroforming process of tubes [J]. Journal of Materials Processing Technology, 20001104, 158－166.

[15] 徐祥合. 液压胀形管件的可制造性评价方法研究 [D]. 上海：上海交通大学, 2009.

[16] 王同海. 管材塑性加工技术 [M]. 北京：机械工业出版社, 1998.

[17] 谢光华. 弯管生产中管件最小弯曲半径的确定 [J]. 锻压机械, 1992 (2): 26－27.

[18] 杨兵, 张卫刚, 林忠钦, 等. 管件液压成形中加载路径的优化设计方法研究 [J]. 塑性工程学报, 2006, 14 (5): 171－179.

[19] 雷丽萍, 方刚, 曾攀, 等. 汽车副车架液压胀形预成形工艺设计的数值模拟 [J]. 塑性工程学报, 2002, 9 (2): 76－78.

[20] 王光祥, 杨合, 李恒, 等. 工艺参数对薄壁数控弯管成形质量影响的试验研究 [J]. 机械科学与技术, 2005.8, 24 (8): 995－998.

[21] 汤泽军, 何祝斌, 苑世剑. 内高压成形过程塑性失稳起皱分析 [J]. 机械工程学报. 2008.5 (44): 34－38.

[22] 韩非, 肖华, 石磊, 等. 基于三点弯曲的马氏体超高强钢弯曲性能试验 [J]. 锻压技术. 2014.5 (39): 116－120.

[23] 苑世剑, 王仲仁. 内高压成形的应用进展 [J]. 中国机械工程, 2002, 13 (9): 783－786.

[24] 苑世剑. 内高压成形技术现状与发展趋势 [J]. 金属成形工艺, 2003, (4): 32－34.

[25] 何祝斌, 滕步刚, 苑士剑, 等. 管材轴压液力成形中的摩擦与密封 [J]. 锻压技术, 2001, (3): 38－40.

[26] 苑世剑, 王仲仁. 轻量化结构内高压成形技术 [J]. 材料科学与工艺, 1999, 7 (增刊): 139－142.

[27] 杨兵, 张卫刚, 林忠钦, 等. 管件液压成形技术在汽车制造中的应用研究 [J]. 机械设计与研究, 2004, 10: 65－67.

[28] 杨兵. 管件液压成形的加载路径理论与试验研究 [D]. 上海：上海交通大学, 2006.

[29] 王小松. 内高压成形过程起皱行为研究 [D]. 哈尔滨：哈尔滨工业大学, 2005.

[30] CHO Y J, CHO H S. A study on the electric conductance of resistance spot welds – the contact conductance between two thin plates [J]. Mechanics Research Communications, 1985, 6 (12): 327－332.

第 9 章
汽车用钢板的不同焊接方法及其性能

为进一步达到节能、环保、安全的目标，汽车车身材料发展的一个主流趋势是汽车用钢从传统的低强度（屈服强度低于 210MPa）向高强度（屈服强度在 210～550MPa 之间）、超高强度（屈服强度高于 550MPa）级别发展。如何进一步开发更先进级别的超高强度钢并扩大其在汽车上的应用比例已经成为当前世界钢铁行业和汽车领域的研究热点。相关研究结果与生产实践表明：制约超高强度钢在汽车上应用的主要影响因素之一是缺乏满足汽车生产需求的焊接和连接技术。本章介绍了电阻点焊、激光焊、冷弧焊等技术在焊接汽车用高强度钢及超高强度钢板材的一些最新研究成果以及应用过程中亟须解决的技术问题。

9.1 高强度钢的电阻点焊

电阻点焊是汽车上最为常用的焊接方法之一。不同于低强度级别钢板的电阻点焊，运用电阻点焊连接汽车高强度钢板尤其是超高强度钢板需充分考虑电阻点焊焊接工艺、焊接材料的不同强化机制、不同涂层及冷却条件的影响。当前应用于评价电阻点焊焊点可靠性的主要方法如下：①拉剪测试（lap – shear test）；②正拉测试（cross – tension test）；③剥离测试（coach – peel test）；④疲劳测试（fatigue test）。通过宏观、微观、不同的力学性能测试来反映汽车钢板的可焊性能。下面对高强度钢、超高强度钢电阻点焊过程中的挑战及关键影响因素进行具体讨论。

9.1.1 电阻点焊高强度钢的挑战

不同于传统低强度汽车钢，高强度钢或超高强度钢中通常含有较高的碳成分或复杂的合金成分。电阻点焊高强度钢板尤其是超高强度钢板，在快速升温和冷却过程中，极易在焊核处生成大量淬硬的片状马氏体、孔洞以及夹渣，导致焊点韧性和疲劳强度低，通常以接头界面断裂失效为主。电阻点焊高强度钢或超高强度钢时普遍出现飞溅多、焊接窗口狭小、力学性能弱化的现象。

图 9-1 是电阻点焊第三代超高强度钢中锰钢在拉剪力作用下界面断裂处的微观特征。如

图 9-1a 所示，大量飞溅在焊核周边生成。在拉剪力作用下，焊点失效模式复杂，包含晶间脆性断裂、穿晶脆性断裂和韧窝韧性断裂。

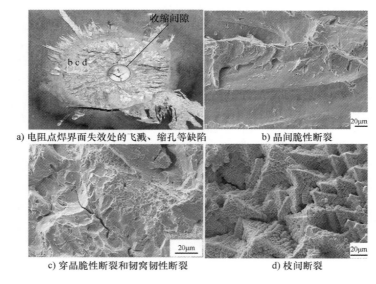

a) 电阻点焊界面失效处的飞溅、缩孔等缺陷　　b) 晶间脆性断裂

c) 穿晶脆性断裂和韧窝韧性断裂　　d) 枝间断裂

图 9-1　电阻点焊第三代超高强度中锰钢

9.1.2 不同电极压力对电阻点焊高强度钢的影响

电阻点焊是利用电流通过焊件及接触界面产生的电阻热将焊接材料熔化、冷却、凝固而获得焊点。焊接过程中所产生的电阻热为 $Q = I^2Rt$，其中 I 为焊接过程中所使用的电流；R 为电极头与板材、板材与板材之间的界面以及板材自身的电阻总和；t 为焊接电流通过的时间。对于电阻点焊，焊接材料界面处电阻和焊接材料体电阻率对于所产生的电阻热起着主要作用。相对于低强度钢，高强度钢和超高强度钢合金元素含量更高。因此，高强度钢和超高强度钢体电阻率高，产热量大，同时焊接过程中电阻热可以快速在板材界面处产生。如果产生的热控制不当，极易在板间界面处产生大量飞溅。

控制电阻点焊高强度钢以及超高强度钢焊核过热方法之一是使用比低强度钢更大的电极力，通过使用更大的电极力来扩大焊接电流范围。Tumuluru 研究结果表明：把电极力从 2.9kN 增加到 5.3kN，焊接电流范围可以从 0.6kA 扩大 1.4kA，如图 9-2 所示。使用大的电极力时，板材之间接触面积变大，通过的电流降低，同时接触电阻变小，从而抑制界面处的焊核过热。使用大的电极力进行电阻点焊弊端之一是容易造成焊核表面下凹过深。

9.1.3 不同涂层对电阻点焊高强度钢的影响

为提高车体的防腐性能，汽车钢板通常带有涂层。研究结果表明不同镀层（HDGA/HD-GI/EG/Al-Si 涂层等）对电阻点焊高强度钢和超高强度钢有重大的影响。不同涂层引起的电阻点焊焊接效果的差异主要是由于涂层组成成分不同造成的：不同的组成成分具有不同的电导率和导热性，在焊接过程中与铜电极合金化过程也不同，此外在板之间的界面处生成的

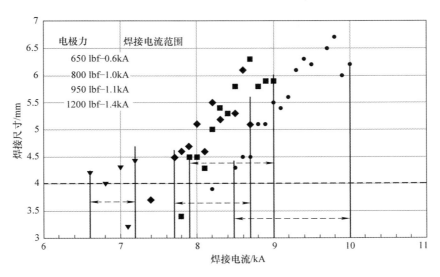

图 9-2 不同电极力对焊接电流的影响

注：1lbf = 4.45N。

电阻热不同，最终产生不同的焊接效果。图 9-3 列出了 HDGA 和 HDGI 不同锌层的微观特征。从图 9-3 可以看出，HDGA 和 HDGI 涂层的组成成分和表面形貌均不同。当使用电阻点焊焊接 HDGA 和 HDGI 的双相钢 780 时，相对于 HDGA 锌层，HDGI 锌层需要使用更大的电流才可以获得最小焊核尺寸，此外 HDGA 锌层对于 HDGI 锌层有更大的电流范围（图 9-4）。

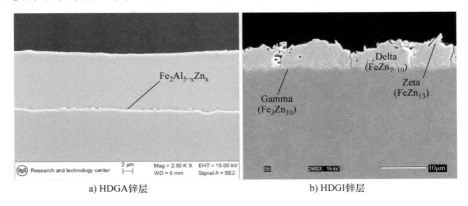

a) HDGA锌层　　　　　　　　b) HDGI锌层

图 9-3 不同涂层的 SEM 微观特征

9.1.4 回火对电阻点焊高强度钢的影响

在汽车行业中，评判电阻点焊合格与否标准之一就是：在外力载荷作用下，焊点的断裂模式。在拉剪载荷下，电阻点焊接头通常存在三种断裂模式：①界面断裂；②钮扣断裂；③混合断裂。高强度钢以及超高强度钢电阻点焊接头处极易生成硬脆的马氏体，在外力载荷作用下焊点失效模式主要表现为界面断裂。在汽车碰撞过程中界面断裂普遍吸能较低，而钮扣断裂往往具有更大的塑性变形和更大的能量吸收率，具有钮扣断裂特征的点焊接头其力学

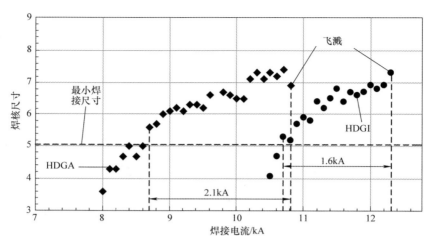

图 9-4　不同涂层对电阻点焊 DP780 双相钢的影响

性能普遍优于界面断裂的点焊接头，汽车制造过程中通常以钮扣断裂形式来评判焊点接头的合格与否。影响焊点接头断裂形式的因素主要有熔核大小、熔核中板与板之间界面处的气孔和缩孔、材料的微观组织和化学成分以及板厚的大小。

研究结果表明回火电流和回火时间对焊点的力学性能和断裂模式有着巨大的影响。如图 9-5 所示，在拉剪力作用下，经过回火的焊点接头表现出部分钮扣断裂模式，而未经回火的焊点接头则表现出完全界面断裂模式。研究数据进一步表明，回火电流和回火时间对焊点的断裂模式有着重大的影响。回火电流越大，所需回火时间越短，就越容易实现钮扣断裂，如图 9-6 所示。使用回火来提高焊点接头韧性时，焊接过程和回火过程之间必须有充足的冷却时间才能达到回火的目的，如图 9-7 所示。虽然回火过程可以提高焊点的韧性，但是由于回火过程较大地增加了生产周期，汽车工业还在寻找更合适的方法。

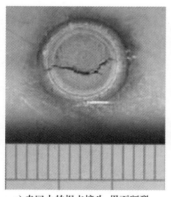
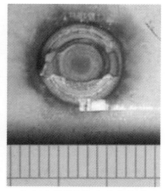

a) 未回火的焊点接头-界面断裂　　　b) 回火的焊点接头-钮扣断裂

图 9-5　回火对焊点接头断裂模式的影响（材料：1.05mm EZ coated TRIP 700；
焊接参数：电极压力 4kN，焊接时间 12 周期，焊接电流 6.7kA 以及保压
时间 10 周期；回火参数：冷却时间 10 周期，回火电流 6.1kA，回火时间 30 周期）

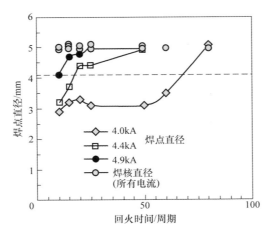

图 9-6　不同的回火时间和回火电流对焊点接头及断裂接头尺寸的影响（材料：1.05mm EZ coated TRIP 700；焊接参数：电极压力 4kN，焊接电流 6.6kA，焊接时间 12 周期，冷却时间 20 周期）

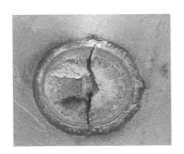 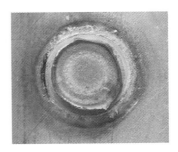

图 9-7　不同的冷却时间对焊点接头及断裂接头尺寸的影响（材料：1.05mm EZ coated TRIP 700；焊接参数：电极压力 4kN，焊接电流 6.6kA，焊接时间 12 周期；回火参数：冷却时间 20 周期，回火电流 4.9kA，回火时间 25 周期）

9.2　液态金属裂纹

在一定的温度与拉应力作用下，金属表面的低熔点物质沿晶界由金属表面渗入金属内部，从而引起金属材料脆化、金属塑性急剧降低的现象称为液态金属裂纹（Liquid Metal Embrittlement）。图 9-8 为在外力作用下液态金属裂纹生成的示意图。液态金属裂纹导致的脆化往往是瞬间形成，其造成的后果通常是灾难性的。早在 20 世纪初就有学者开始研究液态金属裂纹。研究结果表明，影响液态金属裂纹发生的主要因素包括晶粒大小、合金元素、温度、应力等。引起液态金属裂

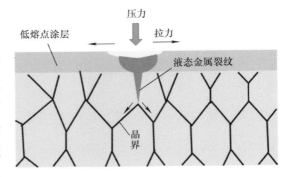

图 9-8　在外力作用下液态金属裂纹的生成示意图

纹的低熔点物质常见的主要有锌、镓、铋、锂等。镀锌钢板因为具有良好的耐蚀性而被广泛地应用在汽车行业。当前，影响高强度钢和超高强度钢在汽车行业应用的最大阻碍之一就是液态金属裂纹在焊缝处的生成从而引起焊缝的脆化以及疲劳强度的急剧降低。

Beal 等研究了不同温度区间和应变条件下液态金属裂纹在孪生诱发塑性钢（Twinning - Induced Plasticity Steel，TWIP）的生成情况，研究结果表明液态金属裂纹的生成仅发生在一定的温度区间范围内，通常该温度区间的下限值为低熔点物质的熔点，此外应变速率对液态金属裂纹的生成有着巨大的影响，如图 9-9 所示。Ashiri 等研究结果发现存在超临界区域以及关键焊核大小，在生成飞溅的电流作用下如果获得的焊核尺寸小于关键焊核值，则在焊点处无液态金属裂纹生成。此外，不同的锌层（热浸镀锌层 GI、电镀锌层 EG 以及锌铁合金化锌层 GA）由于其化学成分和加工条件不同，从而对液态锌金属裂纹生成的影响是不同的，如图 9-10 所示。通过多脉冲焊接方法，降低焊点周围的温度以及热应力的生成可以有效地

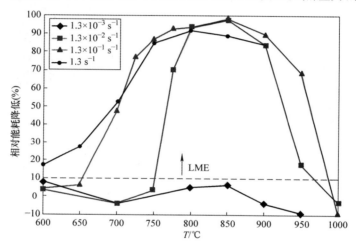

图 9-9　应变速率对镀锌 Fe22Mn0.6C 钢板液态金属裂纹生成的影响

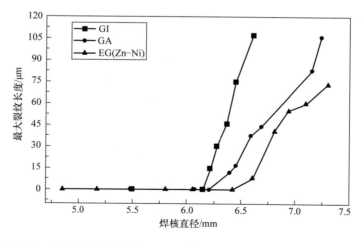

图 9-10　电阻点焊焊核大小及不同锌层对液态锌金属裂纹生成的影响

抑制液态锌金属裂纹在焊点处的生成。图 9-11 对比了单脉冲和多脉冲在焊接 TWIP 钢时液态锌金属裂纹生成情况。如图 9-11 所示，使用多脉冲方法可以在所研究的 TWIP 钢上获得无液态金属裂纹的焊缝。值得一提的是，由于液态金属裂纹生成受多因素影响，汽车制造环境复杂，对于汽车上不同的板材组合要实现电阻点焊过程中无液态金属裂纹发生依然是一件非常具有挑战性的工作，当前汽车行业依然没有很好的解决办法。

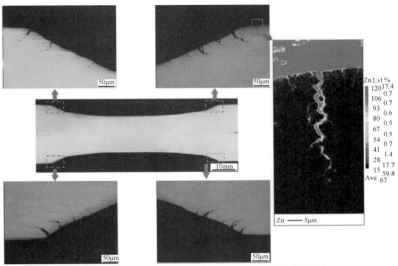

a) 使用单脉冲方法，在焊点周围生成不同长度的液态金属裂纹

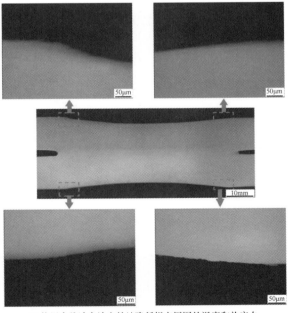

b) 使用多脉冲方法有效地降低焊点周围的温度和热应力，从而抑制了液态锌金属裂纹的生成

图 9-11　不同焊接方式对于液态锌金属裂纹生成的影响

9.3 镀锌钢板的激光焊接

镀锌钢板因其具有良好的耐蚀性而被广泛地应用在汽车领域。当前用于连接镀锌钢板的方法主要是电阻点焊。不同于裸板,因为锌的热导率高,通常需要较高的焊接电流。此外,在电阻点焊过程中由于锌与铜电极会发生合金化,从而导致铜电极的寿命被大大降低,需要频繁地修磨或者更换电极,使得汽车制造成本增加和生产效率降低。不同于电阻点焊,激光焊接是一种单面连接方法,焊接速度快,热输入小,热变形小。鉴于激光焊接的诸多优势,激光焊接已经被广泛地应用在汽车行业之中。在过去的半个世纪,许多的大学、研究机构、汽车生产厂商以及汽车零部件供应商对激光焊接镀锌钢板展开了大量深入的研究,取得了不同的成果。

9.3.1 零间隙激光焊接镀锌钢板的挑战

由于锌的沸点为906℃,远低于钢的熔点(大于1300℃),零间隙激光焊接镀锌钢板过程中极易产生高压的锌蒸气和等离子体。不稳定的高压锌蒸气和等离子体阻碍和降低激光能量被工件所吸收,造成激光焊接过程的不稳定和熔深不一致。在激光焊接过程中,在未采用任何控制措施的情况下,大量液态金属被高压锌蒸气带出熔池,在空气中凝固生成大小不同的飞溅,当液态金属来不及回填时就在焊件表面形成凹坑。此外,部分锌蒸气来不及逃逸而被凝固在熔池中,就形成气孔。图9-12展示了典型零间隙激光焊接镀锌钢板时候生成的不同缺陷。

a) 焊件表面的飞溅和孔洞

 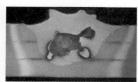 

b) 焊件内部生成的大小、形状不同的气孔

图9-12 零间隙激光焊接镀锌钢板时所生成的不同焊接缺陷

9.3.2 零间隙普通激光焊接镀锌钢板的不同解决思路

为解决镀锌钢板激光焊接过程中的高压锌蒸气问题,全世界的学者提出了不同的解决思路。美国焊接协会及Akhter、Penningtonx提出机械去除焊接所在位置的镀锌层或者在焊接搭接处改用其他涂层比如镍涂层,此类方法虽然可以解决激光焊接镀锌钢板过程中所产生的高

压锌蒸气问题，但效率低，难以应用在实际生产中。Graham 等提出采用机械冲压方法在工件上制造机械凸台，为后续激光焊接过程所产生的高压锌蒸气预留间隙，提供逃逸通道。此外，脉冲激光也被提出用来焊接镀锌钢板。虽然使用脉冲激光可以一定程度抑制高压锌蒸气对激光焊接过程所造成的不稳定，但脉冲激光所需控制的焊接参数复杂且焊接速度低，无法在实际生产中应用。采用在工件焊接搭接区域处预铺铜粉、预设铜薄片或者铝箔片等，通过铜或者铝元素与锌合金化生成 Cu-Zn 或 Al-Zn 合金，从而抑制高压锌蒸气问题是另外一种途径，然而该方法由于在焊缝处引入铜或铝元素容易引起焊缝开裂或者强度降低。采用多能量场来扩大熔池大小、延长熔池的凝固时间从而增加锌蒸气逃逸时间被证实可以一定程度上控制和解决锌蒸气所带来的焊接不稳定问题。通过电弧预热、保护气嘴的优化、负压以及优化气体成分等来控制锌蒸气水平被证明是解决激光焊接镀锌钢板的有效方法。图 9-13a 是电弧预热辅助激光焊接试验装置。通过电弧预热可以使板件搭接处的锌层在电弧预热过程中局部氧化或者挥发，从而有效地降低锌蒸气的压力。此外，在电弧预热过程中上表层锌被电弧汽化掉同时生成一层 2~3μm 的氧化铁层，从而减少上表层锌在激光焊接过程中汽化而影响激光能量的吸收，研究结果表明这层氧化物可以增加激光焊接过程中的能量吸收。如图 9-13b 所示，电弧预热之后上表层锌已经去除掉同时生成了一层薄的铁的氧化物，通过电弧辅助激光焊接可以获得质量良好的焊件，如图 9-13c、d 所示。此外通过在激光焊接区域附件施加一个负压区，可以帮助锌蒸气快速从小孔逃逸，从而避免高压锌蒸气对激光小孔和熔池造成的扰动，保证锌蒸气有稳定的逃逸通道，从而获得高质量的焊缝。减小保护气嘴的尺寸可以增加保护气体的流速，保持小孔的温度，促进锌蒸气的逃逸。在保护气体中加入一

a) 电弧预热辅助激光焊接装置

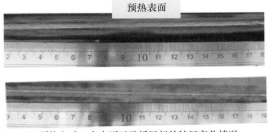

b) 预热之后，上表面以及板层间的锌层变化情况

图 9-13　电弧预热辅助激光焊接镀锌钢板

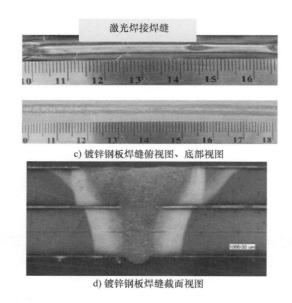

c) 镀锌钢板焊缝俯视图、底部视图

d) 镀锌钢板焊缝截面视图

图 9-13 电弧预热辅助激光焊接镀锌钢板（续）

定的氧气或者二氧化碳气体，激光焊接过程中高能量的激光促使氧气或者二氧化碳分解并与高压锌蒸气发生反应，从而快速降低高压锌蒸气对激光能量吸收的影响以及对小孔和熔池的扰动，从而获得良好的焊缝质量。

9.3.3 零间隙远程激光焊接镀锌钢板的不同解决思路

远程激光焊接相对于传统成熟的普通激光焊接有更大的聚焦长度（通常 >350mm），更好的可达性，无须不断重复定位就可以进行快速焊接，因此被广泛地应用来焊接车门、座椅、结构件等。其通过使用扫描激光焊接头控制激光进行扫描焊接。当前全世界主要汽车制造商在运用远程激光焊接技术进行焊接时，主要采用激光凸台（laser dimpling process）或机械凸台的前处理方法在所焊两板之间人为设置通道为后续焊接过程所产生的高压锌蒸气提供逃逸的通道。图 9-14 给出了汽车工业上利用远程激光焊接技术制造激光凸台辅助远程激光焊接镀锌钢板的具体操作方法。如图 9-14a 所示，利用远程激光先在一块镀锌板焊缝周周生成高度为 0.1~0.2mm 的激光凸台，然后夹紧所需焊接的工件之后利用远程激光获得不同焊缝。利用凸台可以有效地避免高压锌蒸气对于焊接熔池和小孔的干扰，获得较好的焊接质量。该方法的局限性在于：使用前处理不仅增加了生产制造周期，同时由于凸台的存在有可能造成焊缝处塌陷降低焊缝的力学性能。

考虑到使用凸台前处理方法的局限性，全世界汽车厂商在寻找一种能够满足汽车生产效率，同时无须进行前处理就可以直接焊接镀锌钢板的方法。远程激光振镜扫描焊接头的出现，为激光束行走路径提供了自由设计的可能性。通过设计激光束的行走路径，优化焊接工艺参数，能够实现镀锌板直接远程激光焊接，焊接部位形状包括但不局限于点焊、C 形、直线等。制造激光点焊的部分光束行走路径如图 9-15 所示，激光直接焊接镀锌板，主要工艺

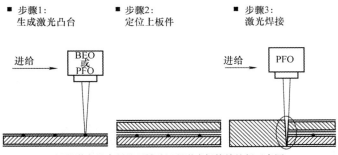

a) 远程激光凸台预处理辅助远程激光焊接镀锌板示意图

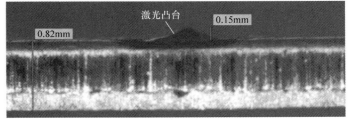

b) 典型的激光凸台

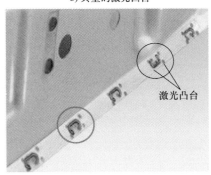

c) 激光凸台辅助激光焊接镀锌钢板，一个C形焊缝需要5个激光凸台

图 9-14 远程激光凸台前处理辅助远程激光焊接镀锌钢板

控制要素是确保小孔稳定，避免焊接熔池过热。所以可以通过控制路径起点到终点不同阶段焊接速度、激光功率与离焦量等参数，实现稳定的焊接过程，获得无缺陷焊接接头。远程激光点焊镀锌板表面与横截面形貌如图 9-16 所示。激光振荡路径作为激光振镜焊接头标配的路径设置方法，在一定参数范围内有助于扩大与维持小孔稳定，从而实现直接焊接镀锌板。图 9-17 所示为 C 形焊缝激光振荡路径与对应的 C 形焊缝表面及 C 形焊缝横截面形貌。

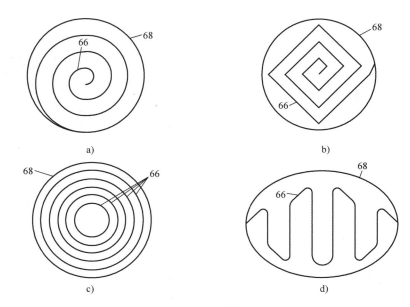

图 9-15 远程激光点焊激光束不同行走路径

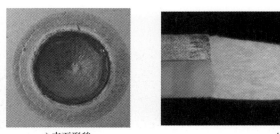
a) 表面形貌

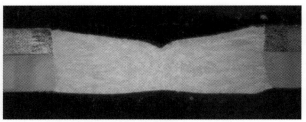
b) 焊点横截面

图 9-16 远程激光点焊

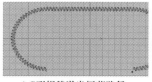
a) C形焊缝激光振荡路径

b) C形焊缝表面

c) C形焊缝横截面

图 9-17 C 形焊缝激光振荡路径、C 形焊缝表面和 C 形焊缝横截面

9.4 汽车用钢 CMT 焊接

冷金属过渡焊接（cold metal transfer，CMT）作为一种新型的熔化极气体保护焊技术，是在短路过渡基础上开发的，其熔滴过渡电弧行为如图 9-18 所示。在熔滴过渡过程中，利用特殊设计的送丝机构，使焊丝的输送过程为不连续送丝。如图 9-19 所示，当熔滴长大到

一定程度，焊丝回抽使熔滴脱落，同时通过控制短路电流，避免普通短路过渡方式引起的飞溅，成功实现无飞溅的 MIG/MAG 焊接。CMT 因其具有热输入小、焊接变形小、无飞溅以及较高的间隙桥接能力等特点，适用于薄板焊接。利用 CMT 钎焊技术可以实现 0.3mm 厚度的超薄板焊接，并且不会出现焊接板材烧穿和塌陷等现象。

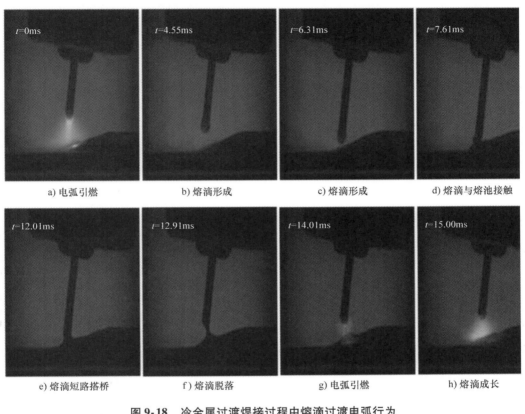

图 9-18 冷金属过渡焊接过程中熔滴过渡电弧行为

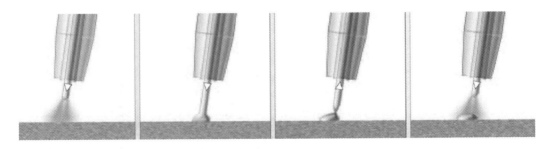

图 9-19 CMT 焊接电弧变化示意图

门广强等分别采用 CMT Braze 钎焊和普通的 CMT 钎焊对厚度为 0.7mm 的 DC06 钢进行搭接试验，图 9-20 是相同电流下普通 CMT 以及 CMT Braze 搭接试验结果对比。试验结果发现，由于 CMT Braze 钎焊焊枪结构的改变，极大地提高了电弧能量的利用率，使得母材的热输入更小，即 HAZ 更窄，能够实现高速焊接时熔滴过渡、电弧形态以及熔池动态的稳定性，有效地避免了焊接过程中出现驼峰及咬边等焊接缺陷。陈永满等采用直径为1.0mm的ER120-SG焊丝，通过冷金过渡焊对1.2mm厚的DP980双相钢进行搭接角焊缝形式的焊接工艺研究与接头组织性能分析，在优化试验参数后，可获得宏观形貌和力学性能俱佳的焊接接头，拉伸接头断裂在热影响区的软化区，最大载荷达到母材90%以上。

a) 普通CMT试验结果

b) CMT Braze搭接试验结果

图9-20 相同电流下普通CMT以及CMT Braze搭接试验结果对比图

9.5 钢板可焊性评价

不同等级高强度钢的出现对加工提出了新的挑战，而焊接性能的好坏直接影响其使用和普及。钢材的可焊性，通常用含碳量多少和合金元素的种类与含量来评价。与普通的低碳钢相比，高强度钢中加入了合金元素，可根据钢材化学成分对焊接热影响区淬硬性的影响进行评估。当前主要通过计算其碳当量作为评价材料可焊性的主要指标，一般将钢中合金元素（包括碳）的含量按其作用换算成碳的相当含量定义为碳当量。目前，低合金高强度钢碳当量的计算公式以日本JIS标准所规定的为主，计算公式如式（9-1）所示，该公式适用于低碳钢调质钢及低合金高强度钢（$\sigma_b = 500 \sim 1000 \text{MPa}$）。

$$w(\text{Ceq}) = \left[w(\text{C}) + \frac{w(\text{Mn})}{6} + \frac{w(\text{Si})}{24} + \frac{w(\text{Ni})}{40} + \frac{w(\text{Cr})}{5} + \frac{w(\text{Mo})}{4} + \frac{w(\text{V})}{14} \right]\% \quad (9\text{-}1)$$

$$w(\text{Ceq})_{AWS} = \left[w(\text{C}) + \frac{w(\text{Mn}) + w(\text{Si})}{6} + \frac{w(\text{Cr}) + w(\text{Mo}) + w(\text{V})}{5} + \frac{w(\text{Cu}) + w(\text{Ni})}{15} \right]\%$$
$$(9\text{-}2)$$

$$w(\text{Ceq})_{IIW} = \left[w(\text{Ceq})_{AWS} - \frac{W(\text{Si})}{6} \right]\% \quad (9\text{-}3)$$

公式（9-2）和公式（9-3）分别是美国焊接协会及国际焊接协会推荐的碳当量计算公式，也被广泛地应用于钢材可焊性的评价中。碳当量小于0.4%，通常被认为淬硬倾向不大、焊接性良好，焊接时不需预热和焊后热处理。

N. den Uijl等人对不同强度级别（600~1000MPa）、不同化学成分的双相（DP, Dual Phase）高强度钢和相变诱导塑性钢（TRIP, Transformation Induced Plasticity）进行了电阻点焊试验，使用公式（9-3）计算了不同材料的碳当量，与接头的拉剪强度作散点图分析发现，两者之间并没有明显的函数关系，仅从试验结果出发，碳当量与接头淬硬性没有直接关联。Zhao Y. 等人研究了双相高强度钢和马氏体超高强度钢激光焊接头显微硬度和拉剪性能，分别对比了焊缝区的硬度值与不同碳含量、不同碳当量之间的关系，发现硬度值与碳含量之间呈现更好的线性关系。韩坤等利用 Gleeble3500 热模拟机对复相钢 CP800 钢的焊接性进行模拟分析，使用公式（9-2）计算材料碳当量为 0.42%，而根据试验得知，该材料具有优异的焊接性能，主要原因仍归于材料独特的成分设计，及相对低的碳当量及微合金元素 Ti 对焊缝区的晶粒有抑制长大的作用。商存量等人对汽车用钢 AG700MC 进行了焊接性能研究，同样采取对钢的成分设计，用低碳、高锰、铌钛复合微合金化的成分体系，该成分体系利用铌的细晶强化和钛的成定强化作用，试验研究表明在能够满足汽车轻量化要求的同时具有较高的强度和成形性能。

综上所述，目前汽车用高强度钢可焊性在一定程度上能够利用不同的碳当量计算方法来评估其可焊性。可以通过调整钢中的不影响碳当量的合金元素比如 Ti、Nb、Al 来抑制焊缝区晶粒长大，从而改善焊缝组织，满足生产需求。需要注意的是，高强度钢的焊接性能不仅仅取决于焊缝组织形态，也取决于焊后应力分布及不同缺陷的形貌、大小及其分布等的影响。越来越多的研究结果表明，仅通过碳当量公式来衡量钢材的可焊性能已经难以满足实际需要。如何评价新一代高强度钢的可焊性，需要进行更多的应用基础研究，发展符合新一代高强度钢的碳当量公式。

钢板能否应用于汽车的一个重要前提是钢材本身具有良好的可焊性。本章对汽车用钢板焊接方法与性能进行相关的讨论，阐述了不同焊接工艺包括电阻点焊、激光焊接以及冷金属过渡焊等方法的特点和对不同钢材连接时所产生的影响，针对一些典型应用提出了相关解决思路。最后，对高强度钢的焊接性评价准则进行了分析讨论。

参 考 文 献

[1] TUMULURU M. Welding and Joining of advanced high – strength steels（AHSS）[M]. Cambridge：Woodhead Publishing，2014.

[2] BEAL C，KLEBER X，FABREGUE D，et al. Embrittlement of a zinc coated high manganese TWIP steel [J]. Materials Science and Engineering，2012，A：76 – 83.

[3] BEAL C，KLEBER X，FABREGUE D，et al. Liquid zinc embrittlement of twinning – induced plasticity steel [J]. Scripta Materialia，2012，66：1030 – 1033.

[4] ASHIRI R，HAQUE M A，JI C W，et al. Supercritical area and critical nugget diameter for liquid metal embrittlement of Zn – coated twining induced plasticity steels [J]. Scripta Materialia，2015，109：6 – 10.

[5] ASHIRI R，HAQUE M A，JI C W，et al. Liquid metal embrittlement – free welds of Zn – coated twinning induced plasticity steels [J]. Scripta Materialia，2016，114：41 – 47.

[6] 刘琪，罗平，董仕节，等. TiB_2 – TiC 复相涂层点焊电极焊接镀锌钢板失效过程分析 [J]. 材料热处理学报，2015，36（8）：198 – 202.

[7] AKHTER R，STEEN W M，WATKINS K G. Welding zinc – coated steel with a laser and the properties of the weldment [J]. Journal of Laser Application，1991，3（3）：9 – 20.

[8] GRAHAM M P，HIRAK D M，KERR H W，et al. Nd：YAG laser welding of coated sheet steel [J]. Journal of laser application，1994，6（12）：212 – 222.

［9］ TZENG Y F. Pulsed Nd：YAG laser seam welding of zinc – coated steel ［J］. Welding Journal, 1999, 78 (7)：238 – 244.

［10］ LI X G, LAWSON S, ZHOU Y. Lap welding of steel articles having a corrosion resisting metallic coating ［P］. US 2008/0035615 A1.

［11］ KIM C, CHOI W, KIM J et al. Relationship between the welding ability and the process parameters for laser – TIG hybrid welding of galvanized steel sheets ［J］. Materials Transactions, 2008, 49 (1)：179 – 186.

［12］ XIE J, DENNEY P. Galvanized steel welding with lasers ［J］. Welding Journal, 2001, 80 (6)：59 – 61.

［13］ YANG S, KOVACEVIC R. Laser welding of galvanized DP980 steel assisted by the GTAW preheating in a gap – free lap joint configuration ［J］. Journal of Laser Applications, 2009, 21：139 – 148.

［14］ YANG S, KOVACEVIC R. Welding of galvanized dual – phase 980 steel in a gap – free lap joint configuration ［J］. Welding Journal, 2009, 88：168 – 178.

［15］ YANG S, CHEN Z, TAO W, et al. Semi – cutting assisted laser welding of zinc – coated steels in a zero root opening lap joint configuration ［J］. Welding Journal, 2014, 93：331 – 337.

［16］ YANG S, WANG J, CARLSON B E. Vaccum – assisted laser welding of zinc – coated steels in a gap – free lap joint configuration ［J］. Welding Journal, 2013, 92：197 – 204.

［17］ YANG D S, WOLSKER J A, ZHANG J, et al. Laser welding of overlapping metal workpieces ［P］. International patent publication, WO 2016/192039 A1.

［18］ YANG S L, TAO W. Remote laser welding of zinc coated steels in a zero – gap lap joint configuration ［J］. Journal of laser applications, 2017, 29 (2)：022415.

［19］ 韩立军, 钟丽慧, 张更伟, 等. 冷金属过渡焊接技术的电弧行为与焊缝成形关系的研究 ［J］. 电焊机, 2019, 49 (03)：92 – 96.

［20］ 李伟, 陆玉娇, 周杨智. 冷金属过渡焊接技术在汽车行业的应用 ［J］. 低碳世界, 2018, 01：55 – 56.

［21］ 朱宇虹, 耿志卿. 薄板焊接的极限——CMT 冷金属过渡焊接技术 ［J］. 电焊机, 2011, 41 (04)：69 – 71.

［22］ 陈永满. DP980 双相钢冷金属过渡焊焊接工艺及接头组织性能研究 ［D］. 沈阳：沈阳大学, 2018.

［23］ 曹良裕, 魏战江. 钢的碳当量公式及其在焊接中的应用 ［J］. 材料开发与应用, 1999, 14 (1)：39 – 43.

［24］ DEN UIJL N, OKADA T, MOOLEVLIET T, et al. Performance of Resistance Spot – Welded Joints in Advanced High – Strength Steel in Static and Dynamic Tensile Tests ［J］. Welding in the World, 2012, 56 (7 – 8)：51 – 63.

［25］ ZHAO Y Y, ZHANG Y S, HU W. Effect of welding speed on microstructure, hardness and tensile properties in laser welding of advanced high strength steel ［J］. Science and Technology of Welding and Joining, 2013, 18 (7)：581 – 590.

［26］ 韩坤, 曾伟明, 张梅, 等. 复相钢 CP800 焊接性能的研究 ［J］. 热加工工艺, 2011, 40 (07)：31 – 33.

第10章 钢板的机械连接

汽车行业典型的机械连接工艺有无铆连接与自冲铆（SPR）连接，以及随着汽车行业铝车身开发而被越来越多使用的流钻螺钉（FDS）连接和高速铆钉连接等。除无铆连接外，对于钢板材料，其他几种连接技术一般仅用于钢板与其他非钢材料连接的情况，此时钢板的抗拉强度应满足该连接工艺的使用要求。

在以上连接方式中，无铆连接和自冲铆连接的卡钳从被连接件的两侧接触零件表面，即属于需双侧连接的连接方式；而流钻螺钉（FDS）连接和高速铆钉连接的设备仅从单侧接触被连接件，即属于单侧连接的连接方式。

10.1 无铆连接

10.1.1 无铆连接的原理

无铆连接采用冲压成形的原理，利用电液伺服或电动压机，使上下两层或多层材料发生挤压塑性变形，从而使上下板材形成互锁的结构而连接到一起。无铆连接的示意图见图10-1。

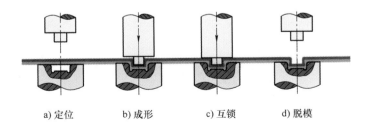

a) 定位　　b) 成形　　c) 互锁　　d) 脱模

图 10-1　无铆连接示意图

不同于点焊过程，无铆连接为冷连接过程，不会对基体板材产生金属热力学的影响，也无焊接热变形和焊渣的产生，施工环境相对较好。同时，无铆连接过程并不破坏基体板材的原有表面处理层，如镀层、有机涂层、漆层等板材都可用于无铆连接。无铆连接时板材间也可以涂结构胶以增强连接点的强度。

无铆连接的优缺点见表10-1。

表10-1 无铆连接的优缺点

优点	缺点
➢ 可连接不同种类、不同厚度的材料 ➢ 可连接带镀层材料 ➢ 板材之间可以增加绝缘层 ➢ 无热影响区 ➢ 生产过程无污染 ➢ 相比于点焊，成本下降30%~60%	➢ 必须采用双侧连接 ➢ 一般情况下在连接点的一侧会产生一个凸起 ➢ 静态抗拉强度低于其他的连接方式，其中在剥离工况时强度明显较低

汽车上钢板之间的无铆连接主要用于空间限制条件下的连接，如采用特殊模具，在小于点焊电极面积要求的情况下进行钢板的无铆连接，常见于天窗滑轨等零件。

10.1.2 无铆连接点的类型

无铆连接点的形状和采用的底模类型有关。无铆连接的底模有多种类型，常用的有两大类：圆点模和矩形模。圆点模和矩形模的示意图见图10-2。

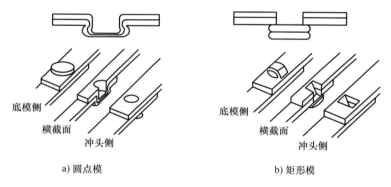

a) 圆点模　　　　　　　　　　b) 矩形模

图10-2　常用无铆连接底模示意图

圆点模的无铆连接点在成形过程中上下板材仅发生塑性变形。圆点模又可以细分为底模固定和底模可动两种形式，其中可动底模（图10-3）的连接点在相同铆接压力下能形成更好的锁紧效果。而矩形模的连接点在成形时上层或上下两层板材都受到剪切而与原板材分离，依靠受到剪切后的板材变形而与底层板材形成互锁（图10-4）。

与圆点模相比，矩形模对于上下两层板材强度和厚度差异的适应性更好，即能够适应更宽的板材厚度差和强度差，如当上层板厚大于4倍下层板厚时可考虑采用矩形模。此外，矩形模的连接点比圆点模的连接点能够承受更高的扭矩。不过由于矩形模连接点成形时的板材冲裁过程，矩形模不建议用于对连接点密封要求高和耐蚀性要求高的工况下。

为扩展无铆连接点的使用范围，一些特殊无铆连接点也被开发出来，适用于不同的工

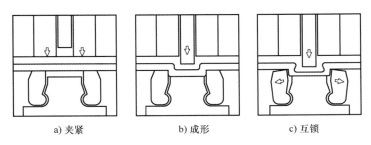

图 10-3　底模可动的圆点模无铆连接过程示意图

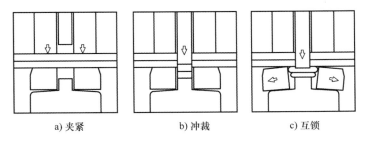

图 10-4　矩形模的无铆连接过程示意图

况，比如用于防转的双点模、无单侧凸起的平点模和适用于可变形材料与不变形材料连接的 vario 模等。TOX 公司所开发的一些特殊模具的示意图见图 10-5。

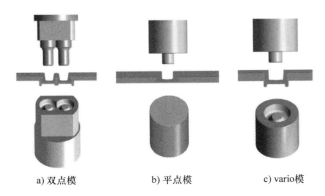

图 10-5　TOX 公司开发的特殊模具

10.1.3　无铆连接点的质量检验

在无铆连接的模具选型和连接参数确定过程中，一般采用连接点的底厚和铆接点的直径两个指标检测连接点的质量（图 10-6），其中铆接点的凸起部分的直径和外观也能够反映出连续打点过程中底模的磨损情况。

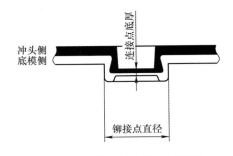

图 10-6　无铆连接点的尺寸检测

10.1.4 无铆连接点的力学性能

无铆连接点的力学性能试验方法与焊点的试验方法类似，常用的力学性能检测试样见图 10-7，与图 10-7a、b 试样不同，图 10-7c 试样在拉伸过程中除受到拉力外，还受到附加扭矩的作用。

无铆连接接头的静强度很大程度上受到底模尺寸、底模类型、板材强度和板材厚度的影响。一般而言，为使连接点得到高的静强度，应将连接的上下板材中强度更高的或更厚的板材置于冲头侧，当无法满足此项要求时，就需要谨慎选择合适的冲头、底模组合。相对于矩形模，圆点模的静强度更高，且无各向异性的影响。

对于同种钢板的连接点而言，无铆连接的静强度通常低于焊点的强度。图 10-8 中展示了焊点和无铆连接点的剪切强度随板厚变化的趋势，其中每种连接方式汇总了不同强度材料的试验结果。从图中可以看出，无铆连接点和焊点的剪切强度在薄板的情况下相差不大，但随着板厚的增加，焊点的剪切强度会明显高于无铆连接点。

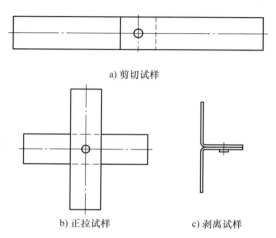

图 10-7 连接点的力学性能试验试样

a) 剪切试样
b) 正拉试样
c) 剥离试样

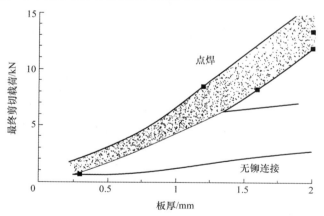

图 10-8 钢板无铆连接点与焊点的最大剪切强度示意图（每种连接方式两条线之间区域代表采用不同强度的材料和不同直径的连接点的测试结果）

当采用如图 10-7a 所示的剪切试样进行低碳钢板连接点疲劳试验时，结果显示在试样承受低周载荷时，焊点有更高的剪切疲劳极限，而当加载周期提高到 10^6 次以上后，无铆连接点有更高的剪切疲劳极限（图 10-9）。与钢板强度对焊点的疲劳性能影响不大不同，提高钢板的强度，无铆连接点的疲劳极限会得到明显的增加。

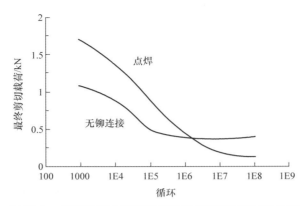

图 10-9 低碳钢板无铆连接点和焊点剪切疲劳试验结果

10.1.5 无铆连接的材料要求

无铆连接一般可连接总厚度为 0.5~8mm 的金属板材，在使用特殊的模具情况下，板材的总厚度可以达到 12mm。在钢板间进行无铆连接时，一般情况下对于断后伸长率大于 12% 的材料，如 DP600，采用常规无铆连接设备可以较为容易地形成符合要求的铆接点，在采用特殊的模具设计和提高铆接力的情况下，甚至可以连接 780MPa 的 DP 钢和 TRIP 钢（图 10-10），但目前 980MPa 高强度钢尚未形成良好的无铆连接接头（图 10-11）。目前而言，无铆连接和自冲铆连接都不适合于扩孔率（λ）低于 40% 的材料连接。

a) TRIP 780钢

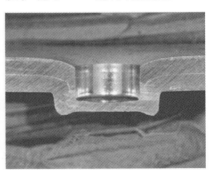
b) DP 780钢

图 10-10　TRIP780 钢和 DP780 钢分别采用无铆连接后的剖面形貌

a) 平面视图

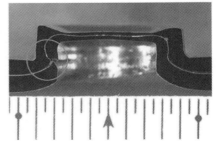
b) 横截面视图

图 10-11　DP980 采用无铆连接设备试铆后的凸起侧和侧壁发生开裂

10.2 自冲铆连接

10.2.1 自冲铆连接的原理

与无铆连接不同,自冲铆(self-pierce rivet,SPR)连接技术采用铆钉作为外加的辅助单元使多层板材形成互锁结构。在自冲铆连接的过程中,铆接设备通过液压缸或者伺服电动机提供动力将铆钉压入待铆接板材,待铆接板材在铆钉传递的压力作用下和铆钉一起发生塑性变形,从而形成稳定的连接。自冲铆连接过程的示意图见图10-12。

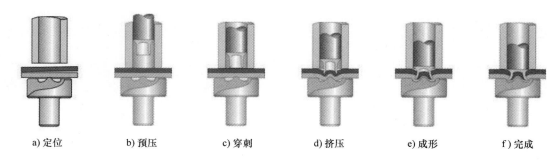

a) 定位　　b) 预压　　c) 穿刺　　d) 挤压　　e) 成形　　f) 完成

图 10-12　自冲铆连接过程示意图

10.2.2 自冲铆连接的铆钉和铆模

自冲铆连接的铆钉有多种类型,其中最常用的为半空心铆钉,常用的有铆钉杆部直径为 $\phi 3$ 和 $\phi 5$ 两种类型的铆钉。为适应不同的材料强度、塑性、板厚等因素,铆钉供应商开发出来适合不同材料组合的半空心铆钉,如图10-13所示。

图 10-13　适用于不同类型铆接组合的半空心铆钉

此外,还有适用于高硬度材料的实心铆钉(图10-14)和近年来新开发的促进上层材料更好流动的空心铆钉(图10-15)。

为了使不同的材料组合都能形成良好的互锁,从而得到理想的强度,除需要合理地选择铆钉类型外,还需要选择合适的用于匹配的底模类型,常见的底模类型有以下几种(表10-2)。

钢板的机械连接　第 10 章

图 10-14　实心铆钉

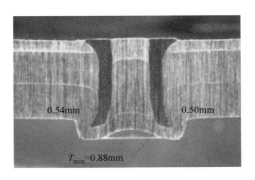

图 10-15　福特 F–150 使用的空心铆钉

表 10-2　典型的 SPR 铆模类型和适用情况

序号	铆模型号	图片	功能
1	D	D-Typ	主要用于铝和钢的铆接
2	G	G-Typ	用于底层是铸件的铆接
3	F	F-Typ	主要用于铝和钢的铆接
4	FB	FB-Typ	用于大于 9mm 铆钉的三层铆接
5	K	K-Typ	主要用于底层较脆的铆接
6	SM	SM-Typ	特殊下模：标准下模不能使用的情况下，特别形状的下模

10.2.3　自冲铆连接点的质量检验

与无铆连接类似，在自冲铆连接点的铆钉和模具选型，以及连接参数确定过程中，一般采用观察连接点剖面的方法确定连接点的质量，不过对于自冲铆连接点的剖面而言，需测量和评价的参数多于无铆连接点。典型的自冲铆连接点的剖面图及评价参数见图 10-16。不同主机厂对于图 10-16 中关键参数的要求不同。

自冲铆连接点的力学性能

图 10-7 所示的 3 种试样也是自冲铆连接点进行力学性能评价的典型试样。自冲铆连接点的静态力学性能受到板材强度、板厚和铆钉类型等多种因素的影响。当铆钉的直径增加时，铆接点的力学性能明显增加；此外，更大的铆钉头部，也可获得更高的剥离强度。不同

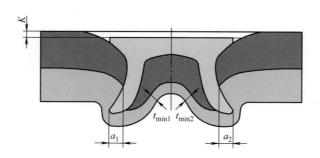

图 10-16 典型的自冲铆连接点质量评价剖面图

K—头高值　a_1、a_2—互锁值　t_{min1}、t_{min2}—底厚值

厚度 DC01 低碳钢板自冲铆连接点在拉伸试验后的力学性能见表 10-3。

表 10-3　DC01 采用直径 5mm 铆钉自冲铆后的连接点力学性能

板厚/mm	最大剪切载荷/kN	最大剥离载荷/kN
1 + 1	3.5	1.5
2 + 2	7.0	2.8
3 + 3	12.0	4.5

与焊点相比，自冲铆连接点的剪切和剥离强度更低，但自冲铆连接点在受力直至失效的过程中，塑性变形程度更大，所以也能够在变形过程中吸收更多的能量（图 10-17），这点对汽车碰撞过程中的能量吸收有益。

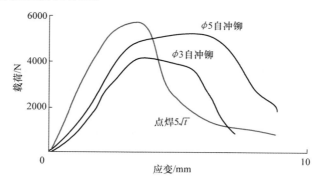

图 10-17　DC01 t1.0 焊点和自冲铆连接点的剪切拉伸试验结果

自冲铆连接点的疲劳性能与钢板强度和厚度都有关。对于半空心铆钉的自冲铆连接点而言，疲劳裂纹通常发生在冲头侧的钢板上，所以这种情况下连接点的疲劳强度主要取决于冲头侧的钢板的厚度。半空心铆钉铆点的疲劳强度也高于同尺寸的实心铆钉的铆点。需要注意的是，两板间和板与铆钉之间的间隙会显著地降低自冲铆连接点的疲劳强度。

低合金高强度钢自冲铆连接点的疲劳性能与同材料焊点的比较见图 10-18。可以看出在高周情况下，自冲铆连接点有更好的疲劳强度，这和自冲铆过程中板材所受持续的下压力有关。

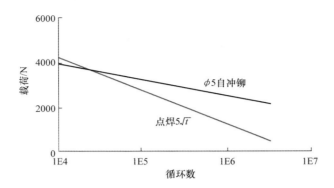

图 10-18　低合金高强度钢焊点和自冲铆连接点（$\phi 5$ 铆钉）的疲劳性能比较

对于同种类型的钢板，提高钢板强度可明显地提高自冲铆连接点的疲劳强度。图 10-19 比较了在 5×10^5 循环周期下 1.0mm 和 1.5mm 的 DC01 和 H420LA 的焊点和自冲铆连接点（$\phi 5$ 铆钉）极限剪切疲劳载荷的差异。

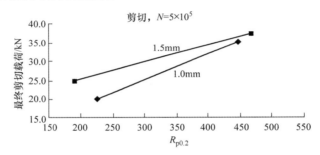

图 10-19　1.0mm 和 1.5mm 的 DC01 和 H420LA 的焊点和自冲铆连接点（$\phi 5$ 铆钉）极限剪切疲劳载荷

10.2.4　自冲铆连接的材料要求

不同材料组合采用自冲铆连接的可行性受材料强度、塑性和板厚影响，一般而言，下层钢板断后伸长率在 12% 以上的材料组合可认为是较为常规的自冲铆连接组合，所以在选择合适的铆钉、铆模的情况下，DP600 及以下强度级别的钢板都可以进行自身的自冲铆连接，形成可靠的互锁结构。在采用特殊铆钉和铆模的情况下，下层板的最高抗拉强度可达到 800MPa，上层板的最高抗拉强度可达到 2000MPa，不过这种情况下，上下层的板厚都会受到限制，所以需要谨慎选择铆钉和铆模。

10.3　流钻螺钉连接

10.3.1　流钻螺钉连接的原理

流钻螺钉（Flow Drill Screw，FDS）是一种具有自穿刺和挤压效果的紧固件，可钻透两三层薄板并实现单侧连接。相比于自冲铆连接和点焊，流钻螺钉连接可以承受较大的拉力和扭力，且螺钉不需要变形。流钻螺钉连接的原理是螺钉在较大的轴向压力和高速旋转作用下，将连接区域的金属板材加热塑化，螺钉穿透零件并且形成螺纹孔，最后用一定的扭矩将螺钉紧固。流钻螺钉连接过程的示意图见图10-20。

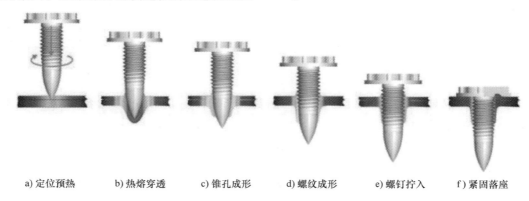

a) 定位预热　　b) 热熔穿透　　c) 锥孔成形　　d) 螺纹成形　　e) 螺钉拧入　　f) 紧固落座

图10-20　流钻螺钉连接过程示意图

10.3.2 流钻螺钉连接的质量检验

流钻螺钉连接后的质量检验主要分为非破坏性检验（目视）和破坏性检验（剖面）两种情况。对于非破坏性检验，除了需要检查连接点位置、螺钉本身是否断裂、所连接板材是否产生裂纹外，应重点检查图10-21中内容。此外，还应该通过程序参数判断螺纹是否失效，是否发生了滑牙。

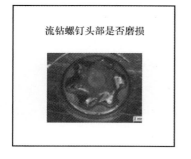
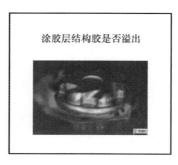
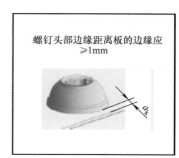

图10-21　流钻螺钉连接点重点目视观察项

流钻螺钉的破坏性检验是通过金相切割机或线切割的方式截取连接点的剖面进行观察，检查的主要项目和要求见图10-22。

10.3.3 流钻螺钉连接的适用范围

流钻螺钉连接适用于钢铝、铝铝之间的单侧连接，尤其适用于在全铝或混合材料车身结构中从板材向封闭的空腔结构（如铝合金型材）方向的连接。在连接过程中应注意被连接的多层材料的强度和厚度都会影响连接过程的参数设定，所以针对每种流钻螺钉的连接组合，在量产应用前都应进行预试验，以确定合适的转速及下压力等参数。

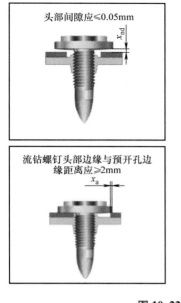
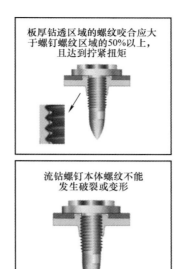
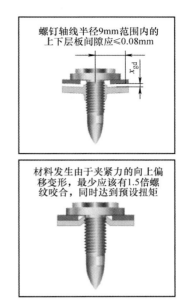

图 10-22　流钻螺钉的破坏性检验的主要项目和要求

目前在汽车行业中，最常用的为 M5 的流钻螺钉。对于 M5 的流钻螺钉，在上层板不开孔情况下，一般可连接的铝和钢材的总厚度以及强度范围见图 10-23。

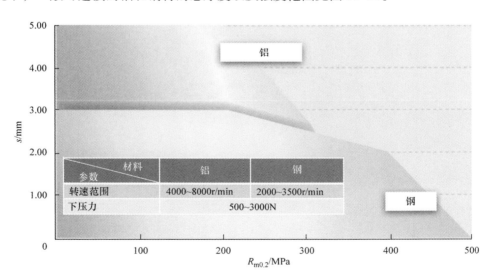

图 10-23　M5 的流钻螺钉可应用的强度和板厚范围以及推荐连接参数

其中对于抗拉强度超过 400MPa 以上的钢板，需要进行连接测试以确定不开孔的可行性。此外，随着技术的进步，适应更高强度材料的流钻螺钉也被开发出来。Arnold 公司已经开发出的 Flowform plus® 铆钉可以在不开孔的情况下连接总厚度 1mm 以内的 1000MPa 高强度钢板。薄板在进行 FDS 连接时，应特别注意控制在连接过程中材料的变形。

10.4 高速铆钉连接

10.4.1 高速铆钉连接的原理

高速铆钉连接是指在很短时间内在铆钉上施加强大的冲击力,使铆钉快速穿透待连接板材,通过铆钉上的环牙倒刺使上下板材锁紧,从而形成稳定可靠的连接结构。高速铆钉连接的过程示意图见图10-24。与FDS铆钉不同,高速铆钉没有螺纹,而是具有带自锁功能的倒刺环牙,并且在连接过程中不是靠旋转钻透板材,而是靠冲击能量穿透板材。高速铆钉连接点的形貌见图10-25。目前高速冲铆设备主要为Bollhoff公司的Rivtac®技术(铆钉杆部直径$\phi 3mm$),已经在奔驰和特斯拉等车身连接中应用。Rivtac®也是单面连接,而且连接速度要快于FDS过程,每个连接点的连接时间只需要1s左右。不足之处在于,高速冲铆的过程中会产生较大的噪声($\geq 105dB$),需要对连接工位进行隔声处理,如单独建隔声房。

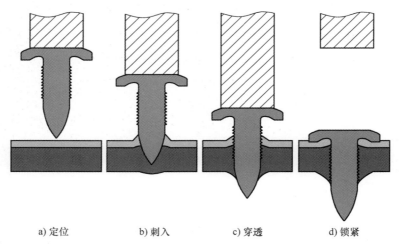

a) 定位　　　b) 刺入　　　c) 穿透　　　d) 锁紧

图10-24　高速铆钉连接过程示意图

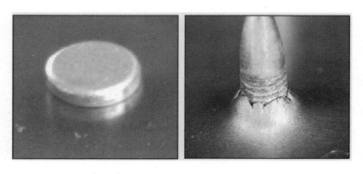

图10-25　高速铆钉连接点的外观形貌

10.4.2 高速铆钉连接的适用范围

高速铆钉连接可以用于复合材料、铝合金、镁合金、高强度钢等多种材料的连接（图 10-26）。由于高速冲铆过程会对板材产生强大的下冲击力，所以需要底层板材具有一定的结构强度，并有最小板厚的要求（图 10-27），以防止铆接过程中板材变形严重。同时，在连接组合设计时一般需遵循"由薄到厚、由软到硬"的板材搭接顺序，如"铝＋铝""铝＋钢""钢＋钢"的组合。此外，由于高速铆钉连接主要采用铆钉上的环牙倒刺使上下板材锁紧，过小的总板厚会造成用于锁紧的环牙倒刺过少，使得结构稳定性和强度下降，所以结合目前的铆钉长度，高速铆钉连接的上下板材总厚度应在 3~6mm 之间。高速铆钉连接的材料强度和厚度要求见图 10-27。

a) 上下两层复合材料+结构胶

b) 上层铝板+下层铝型材

c) 上层复合材料+下层铝型材

d) 上层铝板+下层钢板

e) 上层1000MPa高强度钢+下层1500MPa热成形钢

图 10-26　高速冲铆连接样品剖面图

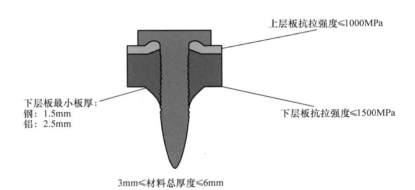

图 10-27　高速铆钉连接材料的强度和厚度要求

参 考 文 献

[1] 世界钢铁协会/世界汽车用钢联盟. 先进高强度钢应用指南 [M]. 北京：冶金工业出版社，2018.
[2] 王兰，范青山，王学敏. 自冲铆接技术在汽车上的应用 [J]. 汽车与配件，2017（20）：72-73.

第11章
钢板的胶粘连接与胶焊连接技术

部件的连接对整车的碰撞安全性和车身刚度有着至关重要的影响。胶粘连接与胶焊连接技术作为一种新的连接方式，已经在汽车车身装配中得到越来越多的应用。本章总结了能够准确预测胶粘接头与胶焊接头在碰撞载荷下变形和失效的模拟方法，并利用其分析胶焊接头中胶层与点焊的交互作用以及各设计参数对胶焊结构承载能力的影响，从而为车身结构的设计提供帮助。通过对胶焊零件的力学分析，研究了母材厚度、母材强度以及胶层厚度对胶层失效的影响，分析了胶层对点焊失效模式的影响，讨论了引入胶层在不同加载模式下对于结构承载能力的影响，达到了在保持结构承载能力的前提下减轻车身重量的目的。

11.1 作为连接工艺的胶粘连接与胶焊连接

部件的连接是车身装配的重要组成部分，而连接区域的刚度、强度、疲劳性能等通常被作为选择连接方法的参考指标。目前，车身结构上普遍采用的连接方法是沿着金属板材的凸缘进行接触式点焊连接（spot welding），但是点焊接头内的高残余应力和应力集中导致焊点疲劳寿命较短。同时，由于焊点周围母材内表面受到了腐蚀，导致该区域强度下降。点焊接头的这些不足之处使得连接处成为车身结构中较为薄弱的位置，车辆碰撞事故中车身的失效也往往表现为点焊的失效。因此，如何采取一种更为行之有效的方法来连接车身结构一直是有待工程师们解决的问题。

胶粘连接（adhesive bonding）作为连续性的连接技术，其快速发展为车身连接提供了新的选择。由于胶层内部应力分布较为均匀，不易产生应力集中，因此胶粘接头的疲劳强度远高于点焊接头，在改善车身整体疲劳性能上有明显优势。此外，出于燃油经济性及安全性的考虑，车身结构中已开始越来越多地使用高强度钢、铝合金、高分子材料等，对于异质材料的连接，胶粘技术也是较为有效的方法之一。同时它还可以改善结构的声学阻尼性能。但是，胶粘技术存在着由于胶层老化可能导致的可靠性差等缺点。为了在得到胶粘连接优良特性的同时保证连接的可靠性，工业界采取了一种混合的方案，即在车身连接中同时应用胶粘和点焊，这就是车身连接的新技术——胶焊（weld bonding）。

如表 11-1 所述，胶焊技术综合了胶粘和点焊的优点，即胶焊接头的疲劳寿命和强度远高于点焊接头；同时避免了胶粘接头由于胶层老化带来的可靠性问题。因此，使用胶焊技术所连接的结构不仅强度高、疲劳性能好，而且声学阻尼性能优良。此外，胶焊技术在异质材料连接上具有较大的潜力。与传统的机械式连接技术（如铆接）相比，胶焊接头在强度、疲劳寿命、密封性能、耐蚀性等方面也有着突出的优势。

表 11-1　点焊、胶粘、胶焊的优点

点焊	胶粘	胶焊
易于机械化、自动化 接头性能稳定 接头耐老化性能优良	应力均匀分布、无变形 疲劳性能好 可实现异质材料的连接 不影响被粘接材料性能 水密性、气密性好 声学阻尼性能优良	应力分布均匀（点焊接头部分有应力集中） 疲劳性能好 强度高 抗腐蚀能力高 抗老化、持久性能好 水密性、气密性好 声学阻尼性能优良

11.2　影响胶粘接头与胶焊接头力学性能的因素

11.2.1　胶焊接头的制造方法

胶焊接头的制造方法一般分为两种。一种为毛细作用胶焊（in-flow），如图 11-1a 所示，即被连接板件经表面处理后，先按通常的点焊工艺进行操作，然后用注胶器将低黏度胶黏剂注入搭接区的边缘，使胶黏剂通过毛细作用进入搭接缝中，在胶黏剂填满搭接缝隙后再对接头进行固化处理。毛细作用胶焊的优点是焊核附近的胶层不会被破坏，但由于其制造困难，仅限于某些特殊场合使用。受注胶量和毛细作用的限制，这种方法也不适用于大曲面和搭接长度过大的部件。

另一种为透胶胶焊（weld-through），如图 11-1b 所示，即先对试件进行表面处理、涂胶搭接，随后在点焊机上对其进行点焊，最后对接头进行固化处理。该方法简单可靠，适用于形状较复杂和粘接面积较大的部件。尽管胶层的电绝缘性对点焊工艺有不利影响，而且焊核附近的胶黏剂易被烧蚀，但由于工艺简单，透胶胶焊在车身结构的连接中得到了越来越多的应用。

11.2.2　胶焊接头强度的影响因素

对胶焊接头强度的研究往往是从受力情况简单的试件开始。如图 11-2～图 11-4 所示，目前所采用的试件主要包括搭接试件（lap-shear）、U 形拉伸试件（U-shape peel）、剥离试件（coach-peel）等。搭接试件中的胶层主要承受剪切载荷，随着试件粘接区域的弯曲变形，胶层会承担部分拉伸载荷；对于剥离试件和 U 形拉伸试件来说，胶层主要受拉伸载荷的作用。

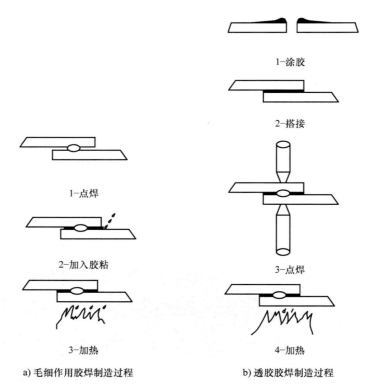

图 11-1 胶焊接头的制造过程

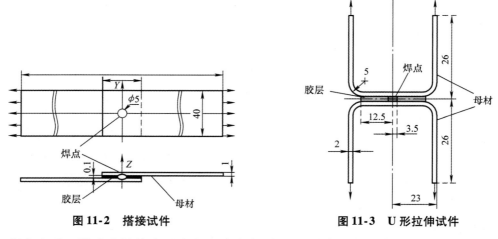

图 11-2 搭接试件　　　　　图 11-3 U 形拉伸试件

研究表明,影响胶焊接头强度的因素包括胶层的厚度、焊点直径、胶层动态响应、材料、母材的厚度、搭接长度和结合面光洁度等。Darwish 等人研究了胶焊接头的固有频率、阻尼特性与接头强度之间的关系。他们发现随着阻尼的增大,胶焊接头的强度也相应地得到提高,但是改变结构的固有频率对接头强度几乎没有影响。Chang 等人指出当胶黏剂的弹性模量降低或厚度增大时,胶层中的剪应力较小而接头强度较低。Seong 等人分析了母材厚度、粘接面积等因素对接头强度以及胶层失效模式的影响。文献 [10] 还发现,母材与胶

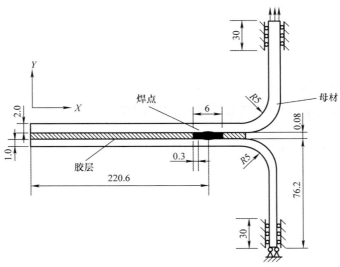

图 11-4 剥离试件

层结合面的表面处理方法对接头的强度有较大影响，若表面处理不当，会导致胶层的边界弱化，结构强度降低。

工作环境对于胶焊接头强度的影响也较为显著，在较湿润的环境下胶层的耐久性较差。文献[11]分别使用金属母材和非金属母材的胶粘接头进行试验，测量了接头在不同湿度下的失效载荷。由于母材表面的氧化以及胶层的腐蚀，胶粘接头的强度随着湿度的增大有所下降。胶层的强度对温度值也较为敏感，Chai 研究了温度、胶层厚度以及加载速度在剪切载荷作用下对胶粘接头强度的影响；Xu 等人指出在低温的环境下胶层强度较高但韧性较差。Kinloch 比较了不同温度与湿度下胶粘接头的强度，发现在高温高湿度的条件下，胶层受到的腐蚀最为严重。本章所研究的胶焊结构均置于 23℃、30% 相对湿度的环境中进行试验，因此并不考虑环境因素（如温度、湿度等）对其力学性能的影响。

11.2.3 胶焊接头中点焊与胶层的关系

Chang 等人对比了胶粘接头和点焊接头的应力分布，结果表明，在胶焊接头内部应力分布均匀，没有发现高应力区域；而在点焊接头中，焊核边缘处存在着应力集中的现象。同时，胶焊试件在粘接边缘处表现为胶粘结构的特性，而在焊核处的应力也远小于点焊结构的应力，这说明胶层的存在缓解了焊核附近的应力集中现象。

如图 11-5 和图 11-6 所示，胶焊接头的失效有两种模式，一种是失效发生在母材处，另一种是失效发生在胶焊接头处，接头的失效方式与母材的厚度、强度有关。Xia 等人通过胶焊连接的搭接试件与剥离试件，研究了胶层以及点焊在胶焊接头失效过程中的作用。如图 11-7 所示，在胶焊接头搭接试件中，粘接区先发生了弯曲变形，纵向拉伸变形很小，而粘接区之外的母材承担了很大的纵向拉伸变形，一直到胶层发生脆性失效。在胶层失效之后，点焊则提供了进一步的承载能力。如图 11-8 所示，在剥离试件中可以观察到，伴随着试件粘接区的变形，胶层在很小的位移内发生脆性失效，在胶层失效之后，由点焊继续承担载荷，这使得载荷再度上升。在以上试验观察的基础上，Xia等人推断出在胶焊连接的结构中，胶粘和点焊的力学特性相对独立，可以认为是胶粘技术和点焊技术的累加，这两种连接技术互为补充。

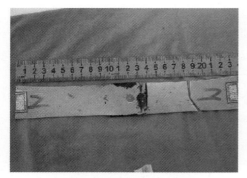

图11-5　母材断裂的情况

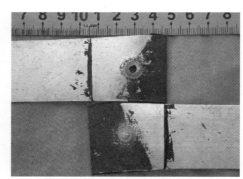

图11-6　胶焊接头断裂的情况

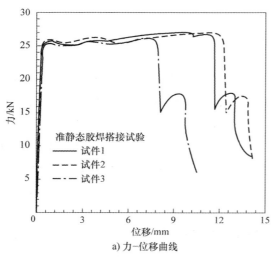

a) 力-位移曲线

b) 试件失效图片

图11-7　胶焊搭接试件的试验结果

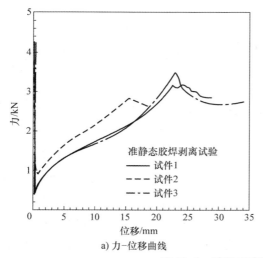

a) 力-位移曲线

b) 试件失效图片

图11-8　胶焊剥离试件的试验结果

11.3 胶粘连接与胶焊连接的模拟技术

在工业界，尤其是汽车企业中，数值模拟的方法已经普遍应用于车身结构设计。由于车身连接部位较为薄弱，它对整车的碰撞安全性有着至关重要的影响。随着胶焊技术在车身装配中越来越多的应用，目前迫切需要一种能够准确预测胶焊接头变形和失效，同时满足整车耐撞性分析要求的模拟方法。

真实胶焊接头的结构较为复杂，如图 11-9 所示，因此准确预测其变形与失效是较为困难的。目前所采用的模拟方法主要是根据对胶焊接头不同区域材料的测试结果，在局部采用网格尺寸较小的实体单元，力争反映胶焊接头的真实特性，如图 11-10 所示。但由于整车模拟对计算效率的要求较高，这些精细模型无法被直接应用到整车耐撞性分析中。根据 Xia 等人的研究结果，胶焊连接结构可以认为是胶粘和点焊的累加。因此，如果能够分别建立胶粘接头和点焊接头的有限元模型，就可以把两者相结合，来模拟胶焊接头的变形和失效。

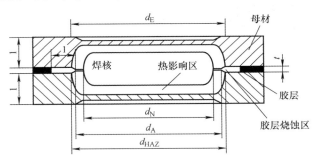

图 11-9 胶焊接头的图例

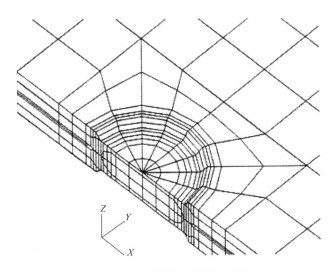

图 11-10 胶焊接头的精细模型

由图 11-11 可知，胶粘接头的失效模式通常可分为三种：①胶层的内聚失效（cohesive failure），即失效发生在胶层内部；②界面失效（adhesive failure），即失效发生在胶层与母材的界面处；③混合失效（mixed mode failure），即失效包括胶层的内聚失效和界面失效两部分。一般来说，发生界面失效的接头强度较低，而这种失效模式可以通过对胶层与母材结合面进行适当的表面处理来避免。从吸收更多能量的角度出发，在胶粘接头发生失效时，胶层的内聚失效是希望出现的失效模式。

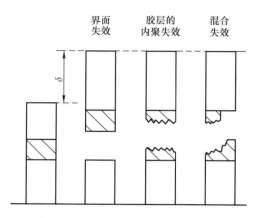

图 11-11　胶粘接头的失效模式

胶黏剂是一种高分子聚合物，其在动态载荷下的特性是：随着应变率的增加，材料的强度有所提高，但韧性大幅下降。文献[20]也证明了这个论断，即胶黏剂的强度和韧性都与加载速率相关。因此，在进行胶粘结构的模拟时，需要考虑应变率效应的影响，这样才能够准确预测结构的变形和失效。

11.3.1　模拟胶层的单元类型

Wooley 等人使用平面应力单元模拟搭接试件中的胶层；Yadigari 等人使用平面应变单元模拟母材厚度远大于胶层厚度的胶粘接头；Carpenter 等人通过梁单元来代替母材，用壳单元来代替胶层；Su 等人使用非线性弹簧单元来模拟胶层，该模型还可以考虑加载过程中胶层的损伤效应；Xia 等人基于有限元软件 LS – DYNA，分别采用刚性梁单元和壳单元来模拟胶层和母材，如图 11-12 所示。考虑到平面应力、平面应变单元无法在三维模拟中使用，同时梁单元和弹簧单元在模拟材料扭转变形时的局限性，以上模型很难在整车耐撞性分析中应用。与此同时，一些研究侧重于开发胶粘接头的精细模型，力求准确模拟胶粘接头的应力分布、损伤以及断裂。但由于其采用的网格尺寸较小，无法满足整车模拟对计算效率的要求。

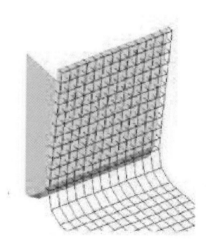

图 11-12　以刚性梁单元模拟胶黏剂的简化模型

内聚单元（cohesive element）可以用于模拟材料的断裂，这种单元对于变形和应力状态有着特殊的假定，即只允许沿着厚度方向的主应变以及两侧的横向剪应变，而其他方向的应变均为零，通过沿着厚度方向的上下表面相对位置的变化来计算裂纹张开量（δ）。这种单元一般通过内聚力模型来表征胶层在Ⅰ型和Ⅱ型断裂载荷下的力学响应，内聚力（T）实际上是物质原子或分子之间的相互作用力,它与 δ 有关。$T-\delta$ 曲线也称为解粘关系或界面本构关系,它表征了材料的内聚关系。图 11-13 为不同形式的 $T-\delta$ 曲线,其中 T_0 是最大内聚力或内聚强度;δ_0 是临界张开量;T_0 和 δ_0 均可以作为失效参数来预测内聚单元的失效,而内聚力在张开量上的积分,即内聚单元的能量损耗(Γ_0),也可作为判断单元是否失效的参数,如式(11-1)所示。

$$\Gamma_0 = \int_0^{\delta_0} T(\delta)\,\mathrm{d}\delta \tag{11-1}$$

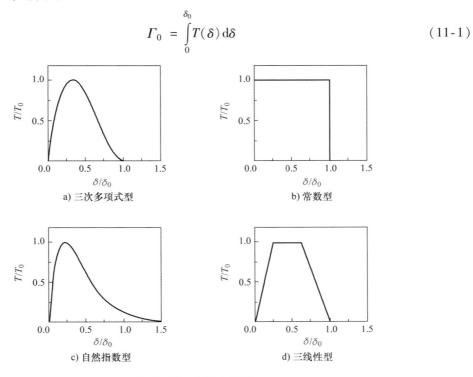

a) 三次多项式型   b) 常数型

c) 自然指数型   d) 三线性型

图 11-13 内聚力模型

Tvergaad 和 Hutchinson 使用内聚单元对胶层的失效进行了模拟,如图 11-14 所示,他们发现 δ_0 和 Γ_0 较为关键,而 $T-\delta$ 曲线的形状影响较小。Yang 等人发现,内聚力模型中的失效参数与断裂模式相关,因此分别在 I 型和 II 型断裂载荷下标定 Γ_0,并将两者结合起来作为混合型裂纹失稳扩展的判据。目前,越来越多的研究已经开始使用内聚单元来模拟胶黏剂,但由于模型使用的网格尺寸过小,阻碍了其在整车模拟中的应用。

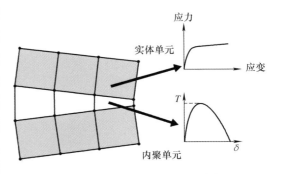

图 11-14 内聚单元模拟裂纹的产生

Feucht 等人分别使用网格尺度较大的内聚单元和普通实体单元来模拟胶层,并对比了这两种方法的模拟结果。在搭接试件和剥离试件等受力情况较为简单的胶粘接头模拟中,内聚单元给出的结果会较为贴近真实的试验数据;但对于直管轴向压溃等较为复杂的结构试验来说，采用两种不同的模拟方法得到的结果大致相同。此外，内聚单元需要Ⅰ型和Ⅱ型断裂试验来确定材料参数，而Ⅱ型裂纹在试验中是较难得到的。更重要的是，如何在内聚力模型中考虑应变率等因素还有待分析和验证。

Andruet 等人分别使用壳单元和实体单元来模拟胶粘接头中的母材和胶层，该模型可以表征结构在不同温度和湿度下的力学响应。如图 11-15 所示，Alexander 基于有限元软件 LS – DYNA，采用壳单元来模拟母材中面，用实体单元来模拟胶层，这两种单元之间的连接通过定义接触来实现，该模型的计算效率能够满足整车模拟的需要。

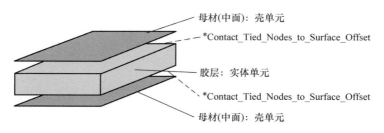

图 11-15　以实体单元模拟胶黏剂的简化模型

11.3.2　表征胶黏剂的材料模型

用于表征胶黏剂力学行为的材料模型可分为两类，一类是基于材料的连续介质理论，另一类则基于材料的细观机理。对于第一类材料模型，Wang 等人使用传统的米塞斯（von Mises）本构模型来计算胶层的力学响应，用 von Mises 应变来预测失效，该应变值随母材厚度的变化而变化；但是使用传统的 von Mises 本构模型不能准确模拟胶层在冲击载荷作用下的变形，因此在传统模型基础上加入了应变率效应。Dean 等人在胶黏剂的模拟中采用了指数化的 Drucker – Prager 本构模型，来修正 von Mises 模型在静水压力作用下准确性较差的问题。这一类材料模型的计算效率较高、使用方便，而且模拟结果的精度也较为令人满意。

如图 11-16 所示，对于基于材料的细观机理而建立的本构模型，如体胞模型（Gurson 模型），虽然这类模型可以表征材料在加载过程中所发生的承载能力下降等损伤现象，但由于参数的标定需要使用不同类型的试验，因此计算过程比较复杂而且效率较低，这也是阻碍其在整车耐撞性分析中应用的主要原因。与此同时，根据 Xia 等人的研究结果，虽然目前常用的胶黏剂材料在韧性方面有了较大提高，但与采用的母材如高强度钢或铝板相比，胶层的断裂应变要小得多，即胶粘

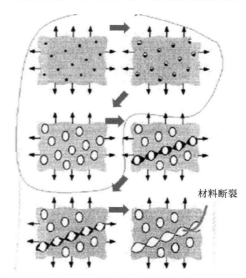

图 11-16　Gurson 模型假设的材料孔洞演化过程

接头的失效是接近于脆性的。因此，胶层内部损伤对整体结构的影响较小。

11.4 胶粘结构的设计

我们称剥离试件（图 11-4）胶层的受力模式为"剥离模式"，在这种模式下胶层失效时基本只受拉伸载荷的作用。我们称搭接试件（图 11-2）胶层的受力模式为"搭接模式"，在这种模式下胶层失效时所承受的拉伸载荷和剪切载荷的数值比较接近。在剥离模式下，由于胶层受力严重不均，导致结构的强度较低。因此，在同样的粘接面积下，胶层在搭接模式下的强度及其承载能力要远远超过剥离模式。当母材厚度或强度较大时，胶层在剥离模式下的失效速率较快。在搭接模式下，由于载荷通过整个胶层承担，使得结构的强度以及承载能力较强。车身吸能部件所使用的母材厚度一般大于 1mm，材料均为高强度钢，在这种情况下若发生类似于剥离试件中的胶层失效是很危险的，吸能部件可能会在较小的压溃位移下完全分离，进而导致结构承载能力的降低。因此，在胶粘结构的设计当中，应该使胶层尽量避免处于剥离模式，而更多地处于搭接模式下。

在图 11-17 所示的直管轴向压溃模拟中，管件一侧的胶层已经完全失效，这里使用的母材是厚度为 1.5mm 的 DP780。通过在模拟结果中提取胶层失效时的应力状态，我们发现在失效的胶层中，有几乎 70% 是处于剥离模式下的，而搭接模式仅占 15% 左右。剥离模式的产生有两个原因，一是管件的两片凸缘沿着长度方向从碰撞端向固定端传递的张开；另一个是沿着宽度方向从母材弯折区向管件外边缘传递的张开。

a) 0ms   b) 15ms   c) 30ms

图 11-17　胶粘结构在轴向压溃中胶层的失效情况

通过改进结构的设计可以避免剥离模式的发生，如图 11-18 所示，我们尝试将管件两侧的凸缘在横截面内同时旋转 60°，以减小胶层的张开位移。图 11-19a 对比了改进设计前后，在轴向压溃工况下，结构中的剩余胶层随着压溃量的变化情况。剩余胶层是通过剩余粘接区比例来表示的，即

$$\eta = \frac{S_1}{S_0} \tag{11-2}$$

式中，η 代表剩余粘接区比例；S_1 是剩余粘接区面积；S_0 是原始粘接区面积。η 越大说明剩余的胶层越多。与原始结构相比，改进后结构的胶层失效量明显减少。图 11-19b 对比了结构

改进前后的力-位移曲线，两者的峰值力以及最终压溃量的差别较小。通过考察结构改进后胶层的应力状态可知，在失效的胶层中，仅有20%是处于剥离模式的，而搭接模式则占到了50%左右。图11-17和图11-20对比了改进前与改进后管件的变形情况，对于前者来说，在管件未变形部分存在着大量的胶层失效现象。在考察这部分失效胶层的应力状态后发现，其几乎全部处在剥离模式下。而在改进后的管件中，未变形部分的胶层基本保留完好。因此，通过改进结构的凸缘，可以达到改变胶层受力模式，进而改变胶层失效量的目的。

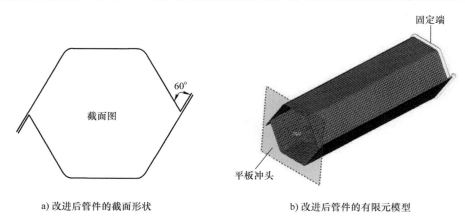

图 11-18　改进后管件的轴向压溃模型

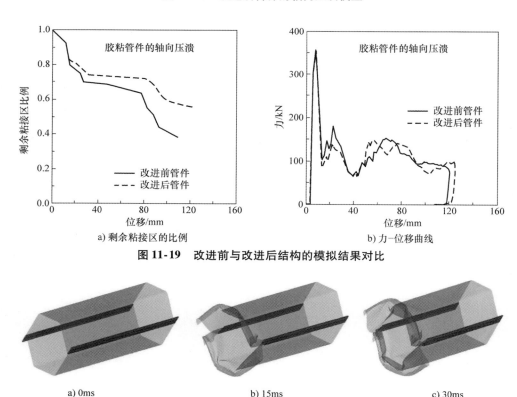

图 11-19　改进前与改进后结构的模拟结果对比

图 11-20　改进后管件在轴向压溃中胶层的失效情况

部件的连接是车身装配的重要组成部分,也是汽车轻量化设计的重要一环。由于应力集中现象的存在,各部件之间的连接处是结构中较为薄弱的位置,因而连接处的材料也更容易发生损伤甚至失效。由于目前车身部件上普遍采用的点焊连接疲劳寿命较短、强度较低,胶粘技术以及胶焊技术已经越来越多地在车身装配中使用。在工业界,尤其是汽车企业中,数值模拟的方法已经普遍应用于车身结构设计。通过对现有文献中胶焊结构力学性能的试验和模拟研究,我们总结了胶层厚度、胶黏剂材料、母材厚度、母材材料等设计参数对结构力学性能的影响,并推荐了几种典型的胶粘结构与胶焊结构的有限元模拟方法。对于胶粘结构来说,当母材发生较大塑性变形时,胶层失效速率较低,结构的承载能力较强。与剥离模式相比,胶层在搭接模式下受力较为均匀,因此在搭接模式下胶粘结构的强度较高。在胶粘结构的设计中,为了保证结构具有足够的承载能力,应尽量使得胶层处于搭接模式下。

参 考 文 献

[1] 常保华,史耀武,董仕节. 胶焊技术及其应用 [J]. 焊接技术,1998 (1): 9 - 12.

[2] CHANG B, SHI Y, DONG S. Studies on a computational model and the stress field characteristics of weld – bonded joints for a car body steel sheet [J]. J Mater Process Tech, 2000, 100: 171 - 178.

[3] DARWISH S M, GHANYA A. Critical assessment of weld – bonded technologies [J]. J Mater Process Tech, 2000, 105: 221 - 229.

[4] SANTOS I O, ZHANG W, GONC V M, et al. Weld bonding of stainless steel [J]. Int J Mach Tools Manufact, 2004, 44: 1431 - 1439.

[5] CAVALLI M N, THOULESS M D, YANG Q D. Cohesive modeling of the deformation and fracture of weld bonded Joints [J]. Welding J, 2004, 83: 133 - 139.

[6] DARWISH S M, SAMHAN A. Peel and shear strength of spot – welded and weld – bonded dissimilar thickness joints [J]. J Mater Process Tech, 2004, 147: 51 - 59.

[7] DARWISH S M, SAMHAN A. Thermal stresses developed in weld – bonded joints [J]. J Mater Process Tech, 2004, 153: 971 - 977.

[8] 常保华,史耀武,董仕节. 胶粘剂厚度和弹性模量对胶焊接头应力分布的影响 [J]. 材料工程,1998,5: 19 - 23.

[9] SEONG M S, KIM T H, NAUYEN K H, et al. A parametric study on the failure of bonded single – lap joints of carbon composite and aluminum [J]. Comp Struct, 2008, 86: 135 - 145.

[10] GARMO E P D, BLACK J T, KOHSER R A. Materials and processes in manufacturing [M]. 8th ed. New York: Prentice – Hall, 1997.

[11] KNOX E M, COWLING M J. A rapid durability test method for adhesives [J]. Int J Adhesion Adhesives, 2000, 20: 201 - 208.

[12] CHAI H. The effects of bond thickness, rate and temperature on the deformation and fracture of structural adhesives under shear loading [J]. Int J Fract, 2004, 130: 497 - 515.

[13] XU C, RAMANI K, KUMAR G. Thermoplastic adhesive bonding of galvanized steel to polypropylene composite and its durability [J]. Int J Adhesion Adhesives, 2002, 22: 187 - 195.

[14] KINLOCH A J. Durability of structural adhesives [M]. 1st ed. [S. l.]: Applied Science Publisher LTD, 1983.

[15] CHANG B, SHI Y, DONG S. Comparative studies on stresses in weld – bonded, spot – welded and adhesive – bonded joints [J]. J Mater Process Tech, 1999, 87: 230 – 236.

[16] ZHAO H, ZHOU L, CAI Z. Mechanical properties of weld – bonded joint of high strength steel [C] //Proceedings of the 6th international Conference on frontiers of design and manufacturing. [S. l.: s. n.], 2004.

[17] XIA Y, ZHOU Q, WANG PC, et al. Development of high efficiency modeling technique for weld – bonded steel joints in vehicle structures, Part Ⅰ: Static experiments and simulations [J]. Int J Adhesion Adhesives, 2009, 29: 414 – 426.

[18] XIA Y, ZHOU Q, WANG P C, et al. Development of high efficiency modeling technique for weld – bonded steel joints in vehicle structures, Part Ⅱ: Dynamic experiments and simulations [J]. Int J Adhesion Adhesives, 2009, 29: 427 – 433.

[19] XU C, SIEGMUND T, RAMANI K. Rate – dependent crack growth in adhesives Ⅱ. Experiments and analysis [J]. Int J Adhesion Adhesives, 2003, 23: 15 – 22.

[20] WOOLEY G R, CARVER D R. Stress concentration factors for bonded lap joints [J]. J Aircraft, 1971, 8: 817 – 825.

[21] YADIGARI S, PAPIREDDY C, SANJEEVA R Y T. Viscoelastic analysis of adhesively bonded joints [J]. Comput Struct, 1987, 27: 445 – 454.

[22] CARPENTER W C, BARSOUM R. Two finite elements for modelling the adhesive in bonded configurations [J]. J Adhesion, 1989, 30: 25 – 46.

[23] SU C, WEI Y J, ANAND L. An elastic – plastic interface constitutive model: application to adhesive joints [J]. Int J Plast, 2004, 20: 2063 – 2081.

[24] NEEDLEMAN A. A continuum model for void nucleation by inclusion debonding [J]. J Appl Mech, 1987, 54: 525 – 531.

[25] TVERGAARD V, HUTEHINSON J W. The relation between crack growth resistance and fracture process parameters in elastic – plastic solids [J]. J Mech Phys Solids, 1993, 40: 1877 – 1892.

[26] YANG Q D, THOULESS M D, WARD S M. Numerical simulations of adhesively – bonded beams failing with extensive plastic deformation [J]. J Mech Phys Solids, 1999, 47: 1337 – 1353.

[27] FEUCHT M, HAUFE A, PIETSCH G. Adhesive modeling in crash simulation [C]. //LS – DYNA Forum, Frankenthal, Germany. [S. l.: s. n.], 2007.

[28] ANDRUET R H, DILLARD D A, HOLZER S M. Two – and three – dimensional geometrical nonlinear finite elements for analysis of adhesive joints [J]. Int J Adhesion Adhesives, 2000, 21: 17 – 29.

[29] ALEXANDER. Crash stable adhesives in application and simulation [Z]. LS – DYNA user conference, 2006.

[30] WANG R X, SINCLAIR A N, SPELT J K. Strength of adhesive joints with adherend yielding: II. Peel experiments and failure [J]. J Adhesion, 2003, 79: 49 – 66.

[31] DEAN G, CROCKER L, READ B. Prediction of deformation and failure of rubber – toughened adhesive joints [J]. Int J Adhesion Adhesives, 2004, 24: 295 – 306.

[32] KIM J, ZHANG G, GAO X. Modeling of ductile fracture: Application of the mechanism – based concepts [J]. Int J Solids Struct, 2007, 44: 1844 – 1862.

第12章
钢板的涂装及涂层耐蚀性

12.1 保证钢板耐蚀性的常用涂装材料

在汽车服役过程中，构成汽车的金属和非金属材料都会产生腐蚀问题。这些腐蚀可以发生在汽车的各个零部件上，轻则影响汽车外观，重则造成功能损伤、导致交通事故、危及人的生命财产安全。并且，汽车腐蚀会给汽车制造商带来巨大的成本损失、引发消费者不满，大大削弱企业品牌形象。据美国腐蚀工程师协会的调查统计，每辆汽车每年因金属腐蚀导致的平均成本损失为 150～250 美元。我国工信部《工业绿色发展规划（2016—2020）》也明确提到，金属腐蚀总损失约占 GDP 的 5%，表面处理行业通过绿色发展每年至少可以挽回 30% 的腐蚀损失。因此，本章重点讨论钢板的耐蚀性问题，讨论保证汽车车身钢板耐蚀性的涂装材料及工艺。

一般地，汽车白车身经过表面处理后，进行涂装。汽车车身的涂装过程属于多层涂装，整体涂层一般由底涂层、中涂层、面漆层组成。其中，底漆层是保证整体涂层耐蚀性的关键，面漆层是保证整体涂层耐久性的关键。中涂层介于底涂层与面漆层之间，起到承上启下的作用。影响汽车车身钢板耐蚀性的关键材料有：漆前处理材料、电泳涂料、中涂、抗石击涂料等。汽车生产企业可根据各自产品特点、质量要求、生产纲领及当地的环保要求等选择最适合的涂装工艺及材料。

12.1.1 传统漆前处理材料

通常，汽车车身由多种不同的金属材料组成。对多金属车身进行涂装前处理，为电泳涂层提供良好的附着力，是车身获得最佳耐蚀性的前提。

世界范围内多金属车身前处理的典型工艺为三元磷化工艺，包含以下几个阶段，即脱脂、脱脂后水洗、表调、磷化、磷化后水洗、钝化（可选）及最后的纯水洗。

近年来，汽车轻量化需求增加，前处理工艺不断进步、修正和完善。针对拥有铝及镀锌板的车身推出了"两步法"磷化工艺。为了适应更高要求的环保法规、降成本需求，采用不含磷及重金属的新型薄膜前处理工艺。

1. 脱脂

汽车进入涂装前处理生产线，白车身表面可能存在的污染物有：防锈油、润滑油、清洗油、各种润滑剂、车身密封剂和胶黏剂、预磷化层残渣、非晶态磷化层（铝板或铝制部件表面的转化膜）、薄有机涂层、焊渣及金属颗粒、塑料件上残留的脱模剂及其他污染物（如记号笔标记、灰尘、指纹、搬运痕迹等）等。

脱脂的主要目的是去除这些污染物，以金属表面目视水膜完整性作为判定标准，即用水冲洗掉多余的脱脂化学试剂后金属表面能够形成连续水膜。此时的金属表面是一种能够参与化学反应的表面，能在合理的时间内生成磷化膜（或其他转化层）。

脱脂剂通常为液态、粉末两类碱性脱脂剂。液态脱脂剂通常为双组分产品，包括清洗剂（碱液）和清洗助剂（表面活性剂）；粉末脱脂剂通常为单组分产品。碱性脱脂剂以碱及无机盐为基料、有机化合物为表面活性剂，是车身脱脂液的标准配方。无机盐基料主要是去除无机污染物，如金属颗粒和焊渣。有机表面活性剂主要是去除油、润滑剂、脱模剂以及其他有机污染物。

脱脂槽液的参数控制主要包括：总碱度、游离碱度（可选）、电导率及pH（可选），应定期监控配槽用水的硬度及氯离子浓度。碱度通常采用滴定法测定，水的硬度以及氯离子含量一般由前处理材料供应商负责检测。实际应用中，去除油污的脱脂液也必须定期倒槽更换，或持续通过过滤系统净化（过滤掉油污或其他污染物）。

镀锌钢板和铝板建议采用碱性脱脂剂清洗时，添加无机抑制剂如硼酸盐、硅酸盐，以保护基材金属表面免受过度刻蚀。脱脂液配方不合理，如未加入硼酸盐、硅酸盐类抑制剂，会导致锌板表面局部腐蚀引起白点，水洗后，锌板表面会产生直径为几毫米的缺陷，直接影响后续的涂装过程。

对于预磷化钢板脱脂，选用对预磷化层腐蚀性不大的弱碱性脱脂剂。如果预磷化层受到破坏，则锌盐磷化过程生成的磷化膜形态发生变化，这与正常条件下生成的磷化膜不同，可能会造成电泳漆膜不均匀。

对于铝板，特别是高硅含量铝合金，过度刻蚀可能存在生成表面沉淀物的风险。

2. 表调

表调能够提高金属表面晶核的数量，进而提高单位表面积的磷酸盐晶体数量，减轻转化层的涂层重量。表调处理促使金属表面在短时间内形成覆盖均匀的晶核，因此对磷化过程具有加速及细化结晶作用。目前，常见的表调有磷酸钛系表调（以下简称钛系表调）和磷酸锌系表调（以下简称锌系表调）。

钛系表调，其溶液通常是pH值为8~10的胶体磷酸钛水溶液。表调工艺过程决定着这些表调剂的性能表现，是前处理材料厂家的专有技术。目前市面上的磷酸钛表调有粉末和液态两种，其中液态保质期比较短，运输和储存过程中的温度一般要求10~50℃。

钛系表调溶液的活化效果会随着时间的推移逐渐降低，这种变化很大程度上依赖于具体的产品配方以及配槽用水的硬度，而与零件产品的通过量无关。因为带负电荷的磷酸钛胶体会被二价或三价阳离子（特别是硬水中Ca^{2+}、Mg^{2+}离子）破坏形成沉淀。为了减少二价阳离子引起的降解，多数表调剂产品都会加入缩合聚磷酸盐与阳离子形成络合物。另外，建议使用去离子水配制表调溶液，并以纯水补偿表调槽液损失。根据不同产品种类、槽液污染情况、晶粒尺寸及转化膜密度，表调槽液需要定期换槽，周期为1周~2个月。液体表调剂通常直接导入供料罐，但因其黏度比较高，需要特殊的泵进行加料。粉末表调剂需设置配料罐和供料罐，一般先在配料罐中预先配制成浓度为5%（质量分数）的表调溶液，再转移到供料罐中通过加料泵向表调槽加料。为防止表调剂发生沉淀，建议在配料罐和加料罐设置搅拌器，对配制好的表调液持续进行搅拌。

锌系表调，是以磷酸锌作为主要分散体系的新型液体表面调整剂。一般需要与其配套的调节剂一起使用。槽液日常监控参数主要为pH值及锌点数（滴定法检测），材料供应商负责定期监控磷酸根及锌离子浓度。

与传统的钛系表调剂相比，锌系表调剂具有以下优点：

1）更好的抗硬水及抗污染能力，钛盐表调槽液更新周期一般为2~3周，而锌盐表调剂的槽液更新周期可以达到2~6个月，甚至更长，从而减少化学品及水用量，减少废水排放量。

2）可以降低磷化温度，缩短磷化时间。

3）以液体状态供货，可直接用加料泵添加到表调槽，无须进行预混，操作现场没有粉尘及颗粒风险。

4）可以细化磷化结晶，提高磷化膜性能，减少磷化产品消耗量。

钛系表调及锌系表调处理后的磷化结晶照片对比见表12-1。

表12-1　钛系表调及锌系表调处理后的磷化结晶照片

板材种类	结晶照片	
	钛盐表调	锌盐表调
冷轧板		
铝板	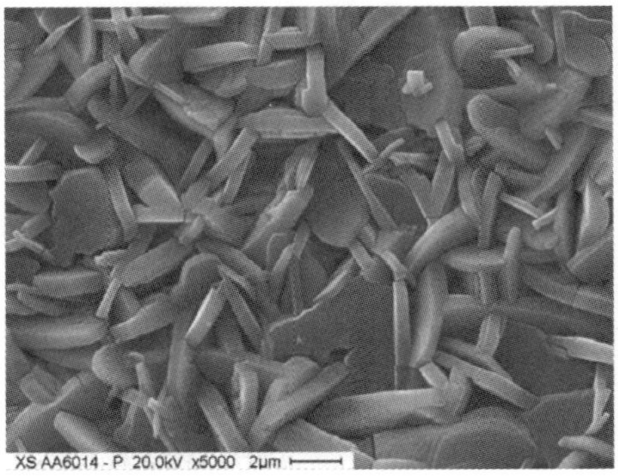	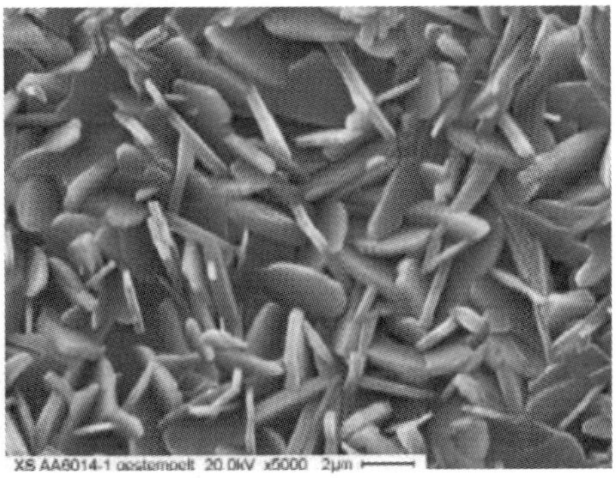

3. 磷化

低锌盐三元磷化是世界范围内多金属车身前处理的标准磷化工艺。

所有磷化处理的第一步都是游离磷酸刻蚀金属基材表面。冷轧钢板、镀锌钢板及铝板表面的金属质量损失通常在 $0.5 \sim 2 g/m^2$ 范围内。

H^+ 的消耗导致局部区域金属界面附近溶液的酸度下降（pH 值升高），形成过饱和溶液，从而磷酸锌析出生成沉淀。此外，磷化液中经常会加入促进剂以加速酸化反应，这是因为促进剂可以使磷化反应的副产物氢及铁离子反应生成氢气及可沉淀的三价铁盐，进而保证磷化反应持续进行。

锌盐磷化液的组成，通常包含锌/镍/锰的磷酸二氢盐、游离磷酸、硝酸钠、氟硅酸及一种或多种氧化物[如亚硝酸钠、过氧化氢、羟胺、氯酸钠、硝基胍（CN_4）、N - 甲基吗啉 – N - 氧化物（NMMO）、乙醛肟和硝基苯磺酸钠（SNIBS）]。锌/镍/锰化合物、磷酸及钢材表面溶解的亚铁离子（Fe^{2+}）是发生磷化反应、生成磷化层的主要物质。其他只对磷化反应有促进作用，如加速、氧化、刻蚀及稳定作用。

根据喷淋或浸渍的两种不同工艺，建议在同时进行钢板和铝板磷化处理的磷化工作液中额外加入含氟化合物（氢氟酸、碱金属氟化物或碱性金属氟化物），并保证游离氟离子浓度为 $(50 \sim 250) \times 10^{-6}$。专利文献中，低锌磷化中 $Zn:PO_4$ 比例要求较低，但目前该比例已从最初的 $1:12 \sim 1:110$ 提高至现在的 $1:20 \sim 1:100$。

总结钢板、镀锌板以及铝板表面磷化过程中所发生的反应，如图 12-1 ~ 图 12-3 所示。

刻蚀反应
$$Fe + 2H_3PO_4 \rightarrow Fe(H_2PO_4)_2 + H_2(g) \uparrow \text{ 或}$$
$$Fe + 2H^+ \rightarrow Fe^{2+} + H_2(g) \uparrow$$

涂层反应式
$$3Zn^{2+} + 2H_2PO_4^- + 4H_2O \rightarrow \underline{Zn_3(PO_4)_2 \cdot 4H_2O \downarrow} +4H^+$$
$$\text{磷酸锌}$$
$$2Zn^{2+} + Fe^{2+} + 2H_2PO_4^- + 4H_2O \rightarrow \underline{Zn_2Fe(PO_4)_2 \cdot 4H_2O} +4H^+$$
$$\text{磷酸锌铁}$$
$$2Mn^{2+} + Zn^{2+} + 2H_2PO_4^- + 4H_2O \rightarrow \underline{Mn_2Zn(PO_4)_2 \cdot 4H_2O} +4H^+$$
$$\text{锌锰磷酸盐}$$

沉积反应式
$$Fe^{2+} + H^+ + O_x \rightarrow Fe^{3+} + HO_x$$
$$Fe^{3+} + H_2PO_4^- \rightarrow FePO_4 + 2H^+$$

图 12-1　钢材表面磷化反应

刻蚀反应
$$Zn + 2H_3PO_4 \rightarrow Zn(H_2PO_4)_2 + H_2(g) \uparrow \text{ 或}$$
$$Zn + 2H^+ \rightarrow Zn^{2+} + H_2(g) \uparrow$$

涂层反应式
$$3Zn^{2+} + 2H_2PO_4^- + 4H_2O \rightarrow \underline{Zn_3(PO_4)_2 \cdot 4H_2O} +4H^+$$
$$\text{磷酸锌}$$
$$2Mn^{2+} + Zn^{2+} + 2H_2PO_4^- + 4H_2O \rightarrow \underline{Mn_2Zn(PO_4)_2 \cdot 4H_2O} +4H^+$$
$$\text{锌锰磷酸盐}$$

图 12-2　镀锌板表面磷化反应

刻蚀反应
$$Al_2O_3 + 6H^+ \rightarrow 2Al^{3+} + 3H_2O$$
$$Al + 3H^+ \rightarrow Al^{3+} + 1\tfrac{1}{2} H_2(g) \uparrow$$

复合反应式
$$Al^{3+} + 6F^- \rightarrow AlF_6^{3-}$$

涂层反应式
$$3Zn^{2+} + 2H_2PO_4^- + 4H_2O \rightarrow \underline{Zn_3(PO_4)_2 \cdot 4H_2O} +4H^+$$
$$\text{磷酸锌}$$
$$2Mn^{2+} + Zn^{2+} + 2H_2PO_4^- + 4H_2O \rightarrow \underline{Mn_2Zn(PO_4)_2 \cdot 4H_2O} +4H^+$$
$$\text{锌锰磷酸盐}$$

沉积反应式
$$Al^{3+} + 6F^- + 3Na^+ \rightarrow Na_3AlF_6 \downarrow$$
$$\text{冰晶石(沉积)}$$
$$Al^{3+} + 6F^- + 2K^+ + Na^+ \rightarrow K_2NaAlF_6 \downarrow$$
$$\text{钾冰晶石(沉积)}$$

图 12-3　铝板表面磷化反应

低锌磷化生成的磷化膜成分主要是磷酸锌。磷酸盐晶体是电绝缘体,但其孔隙率约占表面积的1%,是电泳沉积的重要前提。

钢板、镀锌板及铝板表面的磷化膜组成不同,见表12-2。

表12-2 钢板、镀锌板及铝板表面的磷化膜组成 (质量分数,%)

	Zn	Ni	Mn	Fe	P_2O_5
冷轧钢板	31	0.9	2.2	6.5	41
镀锌钢板	45	0.9	5	—	40
铝板	44	0.9	9	—	42

图12-4为冷轧钢板、电镀锌板、热浸镀锌板及铝板表面磷化层的扫描电子显微图片(SEM)。如图显示,不同基材表面的磷化层形态不同,但其与电泳涂层的结合效果是相似的。

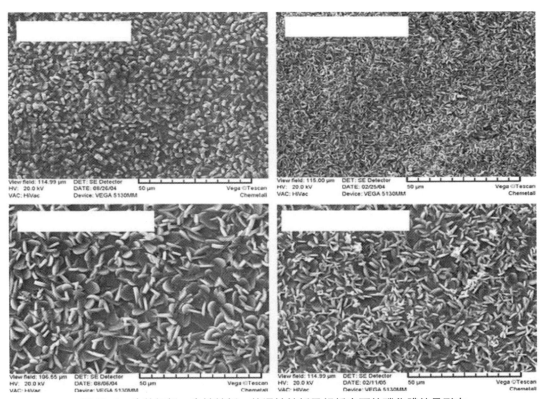

图12-4 冷轧钢板、电镀锌板、热浸镀锌板及铝板表面的磷化膜结晶形态

为保证生成的磷化膜性能良好,必须采用过滤技术持续地去除磷化过程中不断产生的残渣。

目前,大多数三价磷酸盐磷化工艺都使用亚硝酸盐促进剂。从技术角度讲,亚硝酸钠被认为是理想的促进剂,但另一方面,亚硝酸钠有毒、具有刺激性、对水环境有污染。亚硝酸钠在酸性磷化液中会生成氮氧化物烟雾(NO_x)。

在欧洲和北美,磷化工艺温度要求一般为50~55℃,而在东南亚温度要求为40~45℃,

但这种差异对产品的最终性能无明显的不利影响。近年来,世界各地的日本工厂涂装线都引入了低温低污染磷化工艺。该工艺要求标准工作温度为35℃。

磷化工艺中,钢-铝混合结构的车身的浸渍是至关重要的。磷化液的组成、流动性、药品补给都是获得均匀磷化膜(避免在表面生成晶粒沉淀)的先决条件。研究表明,基材表面的磷化液的最佳流速 > 0.4m/s。过高的钠和氟化物浓度会增加磷化膜中的六氟铝酸钠含量,因此,要在一定范围内控制游离钠和游离氟化物浓度,并在此基础上保证最佳流速。

铜加速盐雾试验(CASS)和户外暴晒试验显示:高流速、$(70 \sim 100) \times 10^{-6}$游离氟条件下制备的磷化铝板的磷化膜腐蚀量远低于高流速、200×10^{-6}游离氟条件下制备的磷化铝板。

近年来,为了适应铝及镀锌板等其他板材的共线生产,在传统三元磷化的基础上改进而来的磷化工艺是"两步法"磷化。

"两步法"磷化工艺过程的工序与三元磷化完全相同,只是在于磷化及钝化过程中的工艺参数设置不同,通过在磷化槽中添加掩蔽剂阻止铝板在磷化槽中不生成磷化膜,而是在钝化工序形成一层拥有耐蚀性的钝化膜,而其他板材则形成正常的磷化膜,其耐蚀性与正常的三元磷化完全相同。不同板材通过三元磷化以及"两步法"磷化后的结晶照片对比见表12-3。

表12-3 三元磷化以及"两步法"磷化后的结晶照片对比

板材	磷化后的结晶照片	
	三元磷化	"两步法"磷化
镀锌钢板		
铝板		

（续）

板材	磷化后的结晶照片	
	三元磷化	"两步法"磷化
冷轧钢板	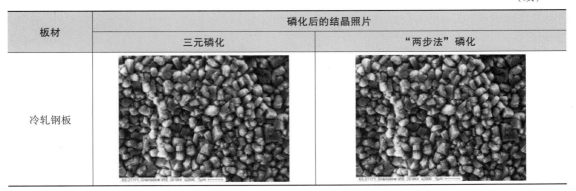	

传统三元磷化后，在镀锌钢板、铝板及冷轧钢板上生成的磷化膜密度都为 $(2\sim4)\mathrm{g/m^2}$，而采用"两步法"磷化后，在镀锌钢板及冷轧钢板上生成的磷化膜密度仍然为 $(2\sim4)\mathrm{g/m^2}$，而铝板上生成的钝化膜密度基本在 $0.5\mathrm{g/m^2}$ 以下。

4. 钝化

为提高磷化金属板的耐蚀性，一般通过三价铬/六价铬或无铬钝化液对金属板磷化层进行钝化处理。因六价铬化合物有毒，现在含铬钝化工艺已基本被锆化取代。

虽然锆化机理尚未完全清楚，但人们普遍认为，锆化工艺之所以能够提高耐蚀性，一方面是因为钝化液能将磷化层表面不溶性化合物清理而减小磷化膜的晶核尺寸，另一方面酸性钝化液也能除掉磷化膜表面的磷化二次结晶体。日韩汽车制造商从不使用钝化工艺，而直接采用三次连续纯水水洗来代替（钝化）。钝化工艺参数见表12-4。

表12-4 钝化工艺参数

项目	工艺参数
pH值	4.0~4.5
工艺控制项目	时间、pH值，总酸浓度
配槽	去离子水
换槽频率	根据污染情况和预清洗质量确定，一般为1~4周

12.1.2 薄膜前处理

薄膜前处理技术也被称作硅烷或锆化，因其具有环保节能的特点，近些年来被很多整车厂以及零部件企业迅速推广。薄膜反应其成膜反应机理如图12-5所示。

$$H_2ZrF_6 + M + 2H_2O \rightarrow ZrO_2 + M^{2+} + 4H^+ + 6F^- + H_2$$
(M=Fe,Zn) 　　（氟离子量上升）　　冷轧钢板/镀锌钢板

$$2H_2ZrF_6 + 2Al + 4H_2O \rightarrow 2ZrO_2 + 2AlF_6^{3-} + 6H^+ + 3H_2$$
(M=Al) 　　（平衡的氟离子量）　　铝板

图12-5 薄膜前处理反应成膜反应机理

膜密度一般为：冷轧钢板为 $20\sim200\mathrm{mg/m^2}$，电镀锌板、热镀锌板、合金化板均为100~

300mg/m², 铝为 30~100mg/m²。

薄膜前处理及磷化的膜厚对比见图12-6，镀锌板转化膜的成分分析见图12-7。

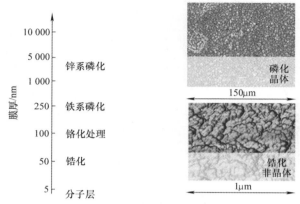

图 12-6　锆化膜与磷化膜厚的对比图

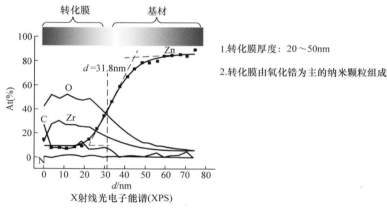

图 12-7　镀锌板转化膜的成分分析

12.1.3　电泳底漆

20世纪60年代，汽车工业从安全、环保及可实施性等方面考虑，第一个电泳槽在美国诞生，紧接着电泳技术迅速在全球范围内推广，并一直应用到今天。随着树脂技术的发展（见表12-5）和超滤工艺的引入，电泳底漆的发展经历了由阳极电泳到阴极电泳的变化，阴极电泳涂料利用率接近100%。

表 12-5　汽车行业主要电泳涂装技术的发展史

时间	技术	化学	膜厚/μm
1964—1972	阳极	马来化天然油脂	25
1972—1976	阳极	马来化低聚丁二烯	25
1976—1984	阴极	环氧树脂-聚氨酯	18
1984—1992	阴极	环氧树脂-聚氨酯	35
1992至今	阴极	环氧树脂-聚氨酯	20

目前,随着阴极电泳涂料技术进步,车身外表面膜厚已控制在 20~22μm,每 100m² 表面区域大约 3kg 的电泳干膜。

(1) 阳极电泳漆(AED)

初期的阳极涂料是用马来酸酐功能化的不饱和油配制而成的。电泳膜厚在 25~28μm 之间,表面虽然很光滑,但 AED 涂料的官能团是羧基,在碱性条件下容易发生皂化反应,电泳层的稳定性较差。在 20 世纪 70 年代采用阴极电泳涂装前,阳极电泳漆的主要成膜树脂由专门开发的聚丁二烯树脂取代了原采用的天然油脂。

电泳涂料由树脂、颜料、填充剂、添加剂、催化剂和溶剂组成。涂料为单组分,原漆溶剂含量为 30%~50%,这导致电泳槽液的溶剂含量在 10% 以上。

(2) 阴极电泳漆(CED)

目前,对于汽车车身、底盘系统的一些零部件防腐蚀处理,一般应用的是阴极电泳。其优点来自于其电沉积过程,没有铁、锌、铝的溶解,同时树脂本身优良的化学性质,具有良好的耐蚀性和耐碱性。

初期 CED 固化条件为 180℃,20min,烘烤过程中的加热减量达到 20%。涂料配方中含铬、铅及锡等重金属催化剂,电泳涂料溶剂含量为 10%~15%。

在 20 世纪 80 年代早期,CED 的开发思路主要集中在提高膜厚上,目标膜厚为 30~35μm,用以取代复合涂层中的中涂,提高表面光滑度,减少溶剂含量,其他化学性质不变。由于电泳涂层的 UV 保护不足,这一工艺并不是很成功。这个过程中,最有害的溶剂如乙基纤维素(乙二醇)已被较无害的溶剂所取代。

现在的 CED 的优点有:具有高泳透力、最佳膜厚、无铅无锡化、较低溶剂、较少的加热减量和尽可能小的电泳漆膜密度,以及更高的涂料利用率。一般是:

1) 颜色可调,灰色为主。目的是为下一涂层不同颜色的施工提供方便。

2) 可改善板材的表面粗糙度。目前的 CED 表面粗糙度为 $R_a0.2 \sim R_a0.3$。

3) 通过不断的树脂技术进步降低成本。早期配方的密度为 $1.5g/m^3$,而如今约为 $1.3g/m^3$。

4) 降低电泳漆总溶剂含量的目标实现后,新目标是提升抗微生物污染性能。因为,实践证明,低有机剂浓度(一般小于 5%)的电泳液更容易受到微生物侵袭。只有通过添加生物杀菌剂,防止细菌通过去离子水渗入涂层,才能达到电泳涂层最佳的抗污染物特性。

5) 新一代阴极电泳涂料的配方都是采用环氧树脂,提供了对金属基材的最佳附着力和钝化保护的耐蚀性。表 12-6 提供了不同腐蚀试验下,钢和镀锌板上的 CED 与 AED 划痕腐蚀宽度的数据,我们发现在划线处和边缘处腐蚀情况都得到改善,也说明了阴极电泳相对于阳极电泳具有更加优越的耐蚀性。

典型双组分阴极电泳漆的原漆、槽液参数及其施工工艺参数见表 12-7~表 12-9。

表 12-6　不同腐蚀试验的钢和镀锌钢基材上的 CED 与 AED 划痕腐蚀宽度

板材	腐蚀试验后的划痕腐蚀宽度/mm					
	ASTM B11（1000h）		VDA 641（10 循环）		室外暴露 1 年（德国）	
	AED	CED	AED	CED	AED	CED
前处理过的冷轧钢板	>10	<2	>10	<2	>10	<2
镀锌或热镀锌板	—	—	—	<5	—	<1

表 12-7　典型双组分阴极电泳漆的原漆参数

工艺参数	阴极电泳漆	
	树脂（基料分）	色浆（颜料分）
固体分含量（质量分数,%）（2h/180℃）	33~40	50~70
溶剂含量（质量分数,%）	2~4	0~10
pH 值	5.5~6.0	5.8~6.5
颜基比	1:2.5~1:4	
电导率/(μS/cm^2)（20℃）	1.0~1.8	1.8~2.8
供料比	3~7	1
储存稳定性/月（0~30℃）	6~12	3~6

表 12-8　典型双组分阴极电泳漆的槽液参数

项目	工艺参数
pH 值	5.8~6.2
固体分含量（质量分数,%）（2h/180℃）	18~20
溶剂含量（质量分数,%）	0.5~1.5

表 12-9　典型双组分阴极电泳漆的施工工艺参数

项目	工艺参数
直流电压/V	300~450
最小电流密度/(A/m^2)	0.8
槽液温度/℃	28~33
槽液电导率/(μS/cm^2)（20℃）	1200~1800
湿膜电导率/(μS/cm^2)	1.5~3.0
烘烤条件	标准条件：175℃，烘烤 10min 最小值：165℃以下，烘烤 10min
膜厚/μm	车身外表面 20~22，车身内部 8~20

汽车涂装生产线全面使用 CED 后，有效地避免了因车身没有得到足够的保护、清洗不净、预处理不到位、从钢板内部产生的穿孔等腐蚀问题产生，CED 使整车耐蚀性得到了大幅度提升。但是，由于汽车使用的环境因素（道路上的盐分和空气湿度等），涂层不可避免

地会遭到石击破坏或划伤，这样导致钢板从外部的锈蚀，仍是目前汽车涂装防腐蚀的重点工作。整车耐蚀性应从以下几个方面关注：

（1）钢板边缘腐蚀问题

电泳膜在烘烤和交联过程中存在流动，会在钢板边缘上产生或多或少的电泳膜厚减薄现象，如图12-8所示，因此电泳烘干后，电泳涂膜的覆盖率是保证耐蚀性的一个重要因素。

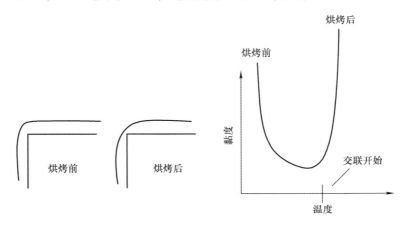

图 12-8　阴极电泳涂覆烘烤前和烘烤后的边缘覆盖率

（2）整车腐蚀试验

全面了解整车的耐蚀性和耐久性，必须通过专门测试整车的试验机构（即整车道路试验场）来实现，或收集整车在世界各地的不同地方使用情况而得到。采用实验室加速腐蚀试验来评价涂层耐蚀性非常重要，这类试验已经开展很多年了，普遍应用的标准有ASTM、ISO、DIN、VDA及国标等，通过实验室试验方法进行比对试验意义重大。但是不同实验室试验结果与实际环境条件产生的腐蚀结果的相关性不尽相同，有的甚至相关性很差。例如，对镀锌钢板的阴极电泳涂层采用ASTM B 117（美国测试和材料协会腐蚀试验方法）试验测试耐蚀性非常普遍。试验结果显示，镀锌钢板的电泳涂层会出严重的分层和白锈，但是，这一现象和户外测试的结果相关性不大，因为同样的涂层，在户外多年后也几乎不会产生腐蚀现象。事实上，镀锌钢板试件采用任何腐蚀试验方法进行腐蚀试验，其试验结果取决于划线的类型，特别是划线深度。如果只划到镀锌层，其腐蚀结果将与划到基材完全不同。

（3）涂层的抗石击性

CED涂层避免碎石打击破坏是防止其外观腐蚀的有效手段。道路上的石击，即使当时只造成较小面积电泳涂膜的剥离，但在后期也会引起很严重的车身外观腐蚀。如果这个位置暴露于水、盐或氧气时，腐蚀会更加迅速。镀锌钢板遭到石击后首先出现白锈，一段时间后会产生红锈。即使是肉眼很难看见的碎石冲击，也会导致局部区域电泳层附着力下降，从而产生涂层的分离和腐蚀。关于这一点，可以在早期，通过采用抗石击试验方法进行检测。所有汽车制造商在对阴极电泳涂层进行涂层性能测试时，都有抗石击性或碎石测试。

电泳涂料开发以两种方式提高其抗石击性：

1) 提高与基材的附着力、提高电泳涂层与中涂层的附着力。
2) 提高电泳漆膜的能量吸收。

电泳涂层与基材的附着力主要受前处理的影响，测量方法的不同试验数据会存在差异，一般数值介于 10~15N/mm^2 之间，这也是汽车涂层系统的不同涂层之间的附着力所需范围，如面漆和清漆间的附着力，涂层烘烤过程有时也会影响涂层的附着力。

为了提高能量吸收，聚合物结构和交联密度是主要决定因素。此聚合物主要包括聚酯和聚氨酯，被用在几乎所有的阴极电泳涂层中。此外，橡胶类的材料也可以被纳入到阴极电泳涂料系统中，以达到能量吸收和碎石测试（抗石击性）的最佳水平。

目前电泳漆层的抗石击性能已经非常好，因此从 20 世纪 80 年代开始，不再在汽车前端额外使用抗石击底涂。

12.1.4 中涂

汽车 OEM 的复合涂层中，中涂层处于电泳涂层和面漆层之间，起到承上启下的作用，主要作用是提升车身表面丰满度、抗石击性及阻隔紫外线。目前，中涂的品种有：溶剂型中涂、水性中涂和粉末中涂。溶剂型中涂和水性中涂，相对于粉末中涂又称为液态中涂。20 年前，溶剂型中涂占据世界市场的主导地位，但随着减少溶剂排放的法律法规日益严格，替代溶剂型中涂漆的研究已取得实质性进展。在欧洲的研发技术路线是中涂水性化；而在美国则引入粉末中涂。

1. 溶剂型中涂

20 世纪 50 年代，中涂开发重点强调功能特性，包括提高整体涂层丰满度、耐蚀性、良好的遮盖力以及对紫外线隔离作用。

20 世纪 80 年代中期，随着电泳涂层性能及其表面质量的提高，中涂的研发和工艺变革便成为涂装改革的关注点。美国部分主机厂认为的"取消中涂"涂层系统日趋成熟。这样的无中涂工艺刚刚引入时，被认为具有颠覆性的节能优势。实际应用证明并非所有面漆都有足够好的遮盖力来保护电泳涂层免受紫外线（UV）辐射的影响。更何况，面漆膜厚还受限于当时落后的技术能力，所以，这次尝试是失败的，部分车企还为此经历了惨痛的教训。由于电泳漆作为底漆并不具备良好的耐候性，如果上一涂层不能很好地隔离紫外光，电泳漆层发生粉化，最终导致整体涂层发生分层、附着力丧失等现象，特别是红色和云母蓝色。图 12-9 是发生在北美的"取消中涂"后整体涂层出现的破坏状态。

2. 水性中涂

随着电泳涂料的不断发展，水性中涂的研发工作也进展迅速，特别是通用汽车、大众汽车和戴姆勒克莱斯勒都制定了水性中涂的推进计划。与电泳漆一起，水性中涂漆也为汽车制造商控制 VOC 排放做出了重大贡献。自 1980 年以来，德国汽车产量增长了 14%，但自 1990 年以来，其挥发性有机物（VOC）排放量已降低至 50% 以下（图 12-10），在这过程中离不开涂料水性化的推进。

到目前为止，水性中涂的固体含量一般为 40%~55%，为达到一定的稳定性和施工性，

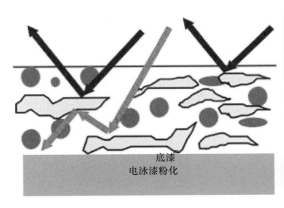

图 12-9 北美"取消中涂"后面漆分层现象

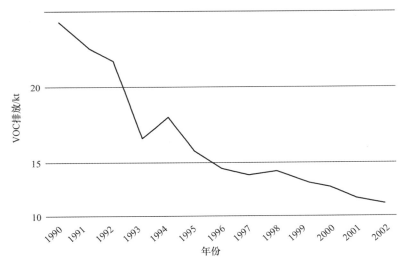

图 12-10 德国汽车涂装 VOC 排放逐年递减曲线

水性中涂还是保留了关键的 4%~12% 溶剂含量。溶剂型中涂的固体含量范围为 60%~65%。

3. 粉末中涂

美国挥发性有机物（VOC）法规要求汽车制造商节能、减排，迫使汽车制造商引入"零排放"的粉末中涂来满足这一要求。粉末涂料具备良好的防护功能和环境友好性，克莱斯勒和通用汽车对此深信不疑。即便在引入粉末涂装之前，克莱斯勒也已借鉴了抗石击粉末涂料的经验。

粉末涂料的原材料几乎为完全不挥发的物质，混合挤出后，分别进行研磨、分级和过滤，获得粒度适宜的涂料。粉末中涂的生产及涂装过程中都不再添加挥发性有机物。粉末中涂漆主要是通过静电吸附法进行涂装。经证实，粉末中涂漆技术含量高、表面质量好，与液态中涂漆相比，粉末中涂膜厚要求高达 60~80μm，涂料消耗量更高。但过喷涂料，也就是高出的漆料消耗量可通过大旋风等粉末回收系统回收，粉末中涂漆的材料利用率几乎高达100%。实际应用中，粉末涂料可获得高达 250μm 的膜厚，完全可以替代易发生碎石冲击的车身门槛区域的保护材料。

环保法规并未造成全世界范围内全面使用水性中涂或粉末中涂，溶剂型中涂继续保持着一定的市场需求量。所以，主机厂选择合适的产品时，需要综合考虑中涂材料的技术要求、环境兼容性、法律法规、制造过程、实现方式及成本等相关因素。

4. 中涂技术要求

中涂组分主要包括以下四部分，即成膜物质（树脂）、颜料和填料、溶剂（VOC 或水）以及添加剂，它们混合在一起形成不均匀混合物。三种中涂的主要原漆及施工参数见表 12-10。产品技术参数因供应商不同而略有不同。

表 12-10 三种中涂漆的技术参数

特性	单位	溶剂型中涂	水性中涂	粉末中涂
固体成分含量	（质量分数,%）	50~65	35~45	100
VOC	g/L	390~420	170~230	0
密度	$g \cdot cm^{-3}$	1.1~1.3	1.1~1.3	0.5~0.7[①]
烘烤条件	min/℃	20/130~165	20/130~165	20/160~190
膜厚	μm	35~50	25~35	55~100
黏度（20℃）	mPa，$1000s^{-1}$ 时	60~100	60~100	固体
储存温度	℃	5~35	5~35	5~30
保质期	月	6	6	12

① 体积密度。

从中涂产品配方的角度，粉末中涂无任何溶剂，与液态中涂相比，粉末中涂更少的组分便能达到中涂层的性能要求。水性中涂的配方比溶剂型中涂复杂一些。类似于溶剂在溶剂型中涂中的角色一样，水作为分散剂使用，在界面活性剂等助剂帮助下分散效果更加稳定。

中涂原漆及施工方面的技术要求，应主要关注以下几个方面：

(1) 原漆稳定性

原漆稳定性对涂料包装、储存、物流及运输有着关键作用。溶剂型中涂漆建议用钢桶储存。水性中涂漆建议使用塑料桶更为合适。粉末中涂漆可以采用低成本的"大袋子"进行储存和运输，特别要求储存温度为 5~30℃。在这些限制条件下，要求中涂的物理和化学稳定性必须保证至少 6 个月。特殊情况，如水性中涂漆要求 3 个月的稳定性。

(2) 喷涂性

液态中涂的喷涂不仅可以采用传统的空气雾化，还可以使用旋杯雾化。中涂必须优化流变性能以确保其可喷涂性，防止因溶剂沸腾而出现起泡等质量问题或流挂现象。当然这些要求同样适用于粉末涂料，粉末中涂的流变性能调整是指粉末中涂在 80℃ 以上的温度条件下会发生熔化和凝胶现象。

(3) 打磨性和修补性

中涂层表面质量要对涂装生产过程的稳定产生积极的影响。中涂烘干后的表面要求具有良好的打磨性，以便修复白车身本身、电泳层缺陷或中涂层缺陷。同时，也要求中涂的光泽度比电泳漆高些，以便识别和修复。如果可能的话，建议去除脱脂过程中带入的如表面活性剂等杂质，以避免引起缩孔等表面缺陷。此外，对于涂装车间和修补车间对中涂实施打磨和修补后，其中涂性能要仍满足力学性能、耐候性、抗石击性的最低要求。

(4) 颜色

面漆只有达到一定的厚度才具备有效遮盖力，如果面漆本身存在工程遮盖力不足的缺陷，建议调整中涂颜色，采用相对应的彩色中涂。因此，中涂线通常会配备几个不同颜色的中涂，例如：无色彩的深灰、浅灰以及红色等。由于整个生命周期的车辆难以避免会多次遭受石子冲击，因此，还需要考虑选用合适的中涂颜色来掩盖碎石对面漆的破坏。

(5) 遮盖力

通常要求中涂完全遮盖基材结构缺陷（受限于钣金本身质量），因此要求中涂漆具有足够的平滑度和足够的遮盖力。同时，中涂还需完全遮盖电泳层打磨痕。残留的打磨痕通常会导致整体涂层更多目视可见的缺陷。中涂打磨工序后应呈现非常平整光滑、提供良好附着力的表面。

(6) 外观

中涂层固有的表面结构和外观（主要为平整度）必须是最佳状态。汽车整体外观可以通过橘皮仪等设备在垂直面/水平面的测试数据来体现。具体测试项目有：橘皮、表面粗糙度、光泽度和雾度等。

中涂层的性能要与整个涂料体系（即阴极电泳涂层和面漆）之间的配套性良好。配套性的性能测试包括力学性能、老化性能、原漆性能以及确保安全处理和使用的储存包装信息。

(1) 力学性能

首先，由于石子击穿整个涂层的破坏不可避免地会引起基材的腐蚀，因此，中涂层的抗石击性能非常重要。同时，要求中涂层与面漆涂层具有良好的结合力，以确保一旦有击穿至中涂层的碎裂，整体涂层的脱落最小。一般通过金属测试样板来模拟测试这项性能。主要测试方法如下：耐石击测试：多冲击试验法，DIN 55996-1，ASTM D3170；碎石冲击测试：SAE（美国工程师协会）J400；耐石击单冲击试验，DIN 55966-2。

(2) 老化性能

汽车涂层暴露于恒温恒湿或湿热交变环境中会产生劣化。中涂及汽车复合涂层通常通过以下测试验证其对环境的适应性：湿度试验（VDA 614-1）；耐热水测试（DIN EN ISO 2812-2，ASTM 870）；高温高湿试验（100℃）；低温冲击测试（温变测试）；极限气候试验。通常采用以下试验方法测试复合涂层的耐候性（抗紫外线性能）：户外暴晒试验（暴晒后进行附着力测试）及人工加速老化试验，如 SAE J1960、ASTM D4587 等。

中涂偶尔也具有面漆的功能，如在汽车内部焊缝处或作为比对颜色时。

（3）平滑度

汽车涂层外观的评价主要是考核表面视觉效果，因为每个人对视觉效果都有不同感受和观点，导致很客观地评价视觉效果有困难。所以，描述涂层表面的视觉效果，通常采用橘皮仪，以长波值、短波值进行度量。

中涂层的外观质量对汽车涂层整体外观有重要影响。这种影响必须结合中涂在整个涂层中的角色及其与基材之间的相互作用来进行综合评价。例如：有这样一组试验数据，不同的基材粗糙度，电泳得到平滑或粗糙表面。然后，在采用 60μm 粉末中涂漆或 35μm 水性中涂漆分别喷涂到粗糙电泳涂层或平滑电泳涂层上的长短波数据分布见表 12-11。

表 12-11　不同电泳漆表面中涂后的长短波比对数据

项目		光滑电泳	粗糙电泳
钢板表面粗糙度 R_a		0.6~0.8μm	
电泳后表面粗糙度 R_a		0.15μm	0.40μm
喷涂 60μm 粉末中涂后	LW	4	4.5
	SW	8	12
喷涂 35μm 水性中涂后	LW	5	9.5
	SW	17	31

如果长波、短波都降低至一个很低的值，那么涂层表面视觉效果将得到提升。优化涂层表面视觉效果的过程中，应考虑长短波的相关性。长短波的最佳比例为 1:2。示例中粉末中涂漆的表面视觉效果比液态中涂漆的效果好；水性中涂漆对平滑电泳表面的遮盖效果比对粗糙电泳表面的遮盖效果好。粉末中涂漆之所以遮盖力好是因为粉末涂料固体含量高达 100%，膜厚高达 60μm，因此与水性中涂和光滑电泳涂层相比，即使是粗糙的电泳涂层也能被更好地覆盖。

12.2　钢板的涂装工艺

汽车涂装工艺是最现代化的工业涂装的典型代表，汽车涂层需要有极优良的耐蚀性、耐候性，适应汽车的各种使用环境和世界各地的气候条件，同时需具有优良的装饰性来满足客户需求和顺应时代潮流。涂装工艺还可赋予车身一些特殊的功能需求，如车身的隔声减振、军车涂覆的防雷达波伪装材料等。

汽车涂装生产一般是高效流水式生产，生产节拍快（一般几十秒至几分钟），要求涂装材料具有良好的施工性能，工艺流程尽量紧凑、高效，适应大量流水作业生产，同时涂装工艺是汽车制造环节冲压、焊接、涂装、总装四大工艺中最复杂、能耗最高及"三废"排放量最大的工艺，也是当今清洁生产，创建绿色涂装的主要对象。

目前汽车产品的涂装工艺类型较多，乘用车一般采用 3C2B 工艺或紧凑型工艺，商用车产品根据产品特点可以分为三类产品：车身（驾驶室部分）一般采用 3C2B 工艺、紧凑型工艺或2C2B工艺等,车厢部分一般可选2C2B工艺,车架则以一道电泳涂层或采用粉末喷涂等工艺。

12.2.1 常用汽车涂装工艺流程

近二十年来,随着对环保的日益重视,汽车涂装工艺变化很大。2004年开始,国内有的汽车企业采用水性3C2B涂装工艺取代传统的溶剂型涂料3C2B涂装工艺。到2010年以后,在国家政策及汽车涂料技术发展的共同推动下,各大汽车生产商开始逐步采用更加绿色节能环保的水性紧凑型涂装工艺。生产线以水性紧凑型涂装工艺为主,部分企业仍选择水性3C2B涂装工艺。

1. 3C2B涂装工艺

汽车3C2B涂装工艺是基于中面涂涂层结构的工艺简称。在这里解释一下,C是coating的首字母,3C即为中涂、面漆、清漆三次喷涂。B是bake的首字母,2B即为中涂、面漆两次烘干。整个中面涂工艺为:中涂—中涂烘干—面漆—清漆—面漆烘干。整个涂层组成为电泳层、中涂层、面漆层、清漆层四道涂层,涂层总厚度为100~130μm。典型的汽车3C2B涂装工艺流程如图12-11所示。

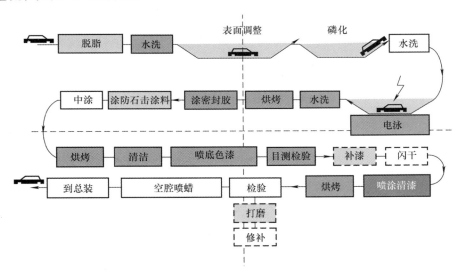

图12-11 典型汽车3C2B涂装工艺流程

水性3C2B涂装工艺和溶剂型3C2B涂装工艺主体流程是一致的,差异点主要在于中涂烘干、底色漆闪干两道工序,差异点对比见表12-12。

表12-12 水性3C2B涂装工艺和溶剂型3C2B涂装工艺差异对比表

序号	水性3C2B涂装工艺			溶剂型3C2B涂装工艺	
	工艺段	时间	工艺要求	工艺段	工艺要求
1	气封段		保证气封效果良好,气封段外1m处平均温度应不高于环境温度10℃	无	无

(续)

序号	水性3C2B 涂装工艺			溶剂型3C2B 涂装工艺	
	工艺段	时间	工艺要求	工艺段	工艺要求
2	升温段 I	1～3min	空气温度控制在（60±5）℃，绝对湿度为 10g/kg，风口风速应控制在 6～10m/s	闪干/流平	RT/5～10min
3	升温段 II	2.5～3min	空气温度控制在（80±5）℃，绝对湿度为10～15g/kg，风口风速不低于10m/s		
4	强冷段	2～3min	保证工件表面温度不高于35℃		

注：1. 以上是针对中涂至中涂烘干，底色漆喷涂后至清漆喷涂前的工序。
2. 水性涂料经上述闪干工序后，涂膜的脱水率控制85%以上。
3. 强冷段仅适用于水性面漆，对于水性中涂经预烘后直接进入中涂预烘干炉，不需要强冷段。

2. 水性紧凑型涂装工艺

在环保和成本的双重压力下，随着涂装工艺技术发展，很多汽车企业不断尝试更加绿色、环保的涂装工艺技术，经历过中涂闪干—面漆（面漆两遍成膜）闪干、中涂与面漆（面漆两遍成膜）一道闪干、中涂与面漆（面漆一遍成膜）一道闪干、两道面漆一道闪干的工艺发展过程。目前，国内主流汽车企业已由传统水性3C2B工艺涂装工艺发展为紧凑型水性涂装工艺（即水性免中涂工艺），实现了中面涂涂层的"湿碰湿"喷涂，取消了中涂烘干工序，水性紧凑型涂装工艺的演变历程如图12-12所示。

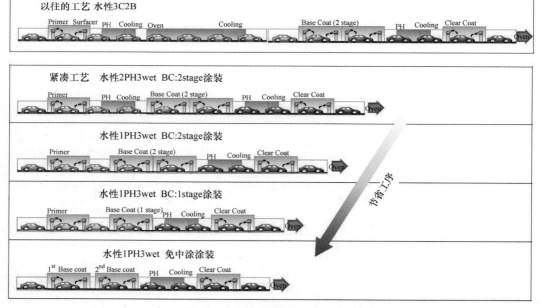

图12-12 水性紧凑型涂装工艺演变历程

传统的3C2B水性漆工艺有较长的应用，技术较为成熟，对底材的遮盖能力较强，但它的缺点是，涂装生产线长，是以高运行成本为代价来实现工艺可靠性和满足涂装质量要求。

紧凑型工艺的主要特点在于取消中涂喷涂及烘干打磨等工序，采用具有中涂功能的B1涂层和具有色漆功能的B2涂层分别代替原中涂和色漆，大大减少了涂料用量和能源消耗。

通过在面漆的第一道涂层（简称 BC1）中加入 UV 防护颜料、界面稳定剂等成分。从而实现了中涂的阻挡紫外线穿透功能，抗石击性能和增加涂层附着力的功能。BC1 涂料为功能性涂料，主要具备中涂的全部功能以及色漆的部分功能，体现在抗石击、抗紫外（可见光）、填充性能以及部分预着色功能，BC2 涂料为装饰性涂层，主要赋予面漆色彩和绚丽效果。

水性紧凑型工艺在不同的企业命名情况不同，比较有代表性的名称有：BMW 公司/BASF 公司称为 IPⅡ集成工艺；PPG 公司称为 B1B2 紧凑型工艺；杜邦称为 Eco-concept 工艺；大众公司称为 Process2010 及其升级版 Process2010 V；GM 公司称为 3-wet 等。从技术路线上分析：IPⅡ集成工艺与 B1B2 紧凑型工艺具有较强的相似性，可以实现混线生产。从工艺布局及工艺流程角度：IPⅡ集成工艺、B1B2 紧凑型工艺与 Eco-concept 工艺之间也有所区别，如图 12-13 所示。

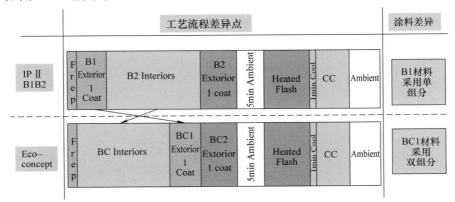

图 12-13　两种紧凑型工艺的差异点对比

以 IPⅡ集成工艺为例，水性紧凑型涂装工艺流程为：前处理—阴极电泳漆—烘干—电泳打磨—焊缝密封胶—胶烘干（120℃×15min）—B1 外表面喷涂（室温闪干 4~6min）—B2 内表面喷涂—B2 外表面喷涂—预烘干（60℃~80℃×5~8min）—清漆（2K，室温闪干 5~10min）—烘干（140℃×20min）。工艺过程中需严格控制闪干时间及涂料参数，以保证最终的涂膜质量。清漆以双组分清漆为主，提高涂膜的饱满度及性能，并达到与新材料的良好配套性。

水性紧凑型工艺的涂膜厚度相对于传统 3C2B 涂装工艺，在涂膜厚度方面有区别，详见表 12-13。不同的颜色膜厚存在一定的差异，如白色的膜厚由于遮盖力较差，固体分相对较高，膜厚一般会比较厚。

表 12-13　两种涂装工艺的膜厚对比

涂层	3C2B	IPⅡ集成工艺
清漆	30~45μm	40~55μm
色漆/B2	10~15μm	10~20μm
中涂/B1	30~40μm	12~18μm
电泳	20μm	20μm
镀锌+预处理	10μm	10μm
总膜厚	100~130μm	92~123μm

3. 高固含涂料的涂装工艺

随着环保意识的增强，传统的溶剂型涂料因其对身体的危害和对环境的污染，逐渐被环境友好的水性涂料、高固含涂料等所替代。

研究表明，随着涂装固体分的提高，VOC 的排放将会降低，传统溶剂型色漆一直是 VOC 排放的主要来源，其主要原因就是传统溶剂型色漆在施工时需要添加大量的稀释剂，施工固体分在 20% 左右，因此 VOC 的排放远远高于水性漆，高固含涂料施工固体分可以达到 45% 以上（图 12-14），与传统溶剂型 3C2B 体系相比，较大程度降低了 VOC 排放（表 12-14）。

体系	固体分	溶剂量	稀释率	施工固体分
低固	10%～15%	85%～90%	50%～70%	6%～10%
中固	25%～30%	70%～75%	30%～50%	17%～23%
高固	48%～50%	50%～52%	0～3%	47%～50%

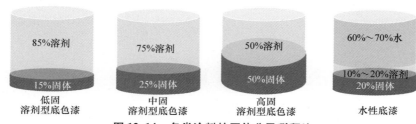

图 12-14 各类涂料的固体分及稀释比

表 12-14 不同涂装技术体系的 VOC 排放对比

涂装工艺	VOC 排放水平/(g/m²)
MS SB 3C2B 传统中低固体分溶剂型 3C2B 体系	55～75
HS SB 3C1B 高固体分溶剂型 3C1B 体系	20～35
WB 3C2B 传统水性 3C2B 体系	15～35
WB 3C1B 水性 3C1B 体系	10～25
WB B1B2 水性 B1B2 体系	10～25
WB Eco-concept 水性 Eco-concept 体系	10～25

通过提高施工固体分，同样的喷涂面积使用高固体分产品在施工过程中涂料单耗有明显的降低，尤其是采用机器人喷涂，相对传统中低固体分涂料，其单耗降低 35%～45%，VOC 排放减少为中低固体分涂料的 40%～45%。

高固体分 3C1B 涂料和水性漆有一个相似的特性，就是体系的高触变特性，也就是在高剪切的条件下，涂料的黏度会随着剪切速率的升高而快速下降，并达到施工黏度，反之，静止的时候黏度会升高（图12-15）。该特性有利于体系的长期储存稳定性，也给现场施工应用带来了便利，如果较长时间地停止喷涂作业，可以降低输调漆系统的循环频率和搅拌速度，甚至关闭输调漆的循环系统。在喷涂前24h开启循环，即可保证喷涂的质量。

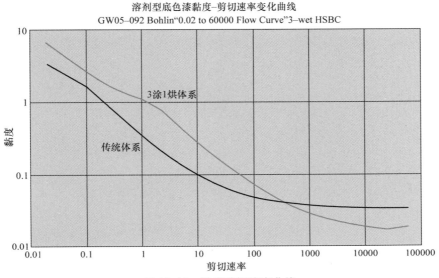

图 12-15　黏度剪切速率曲线

高固体分体系因为固体分高，喷涂到车身之后湿膜固体分更高，基本没有再流平的能力。而体系的外观是依靠涂料本身的颗粒雾化来保证的，为了达到更好的雾化效果，现场推荐使用高转速旋杯喷涂方式，旋杯转速建议 50000r/min 以上的，中涂和清漆使用带有锯齿的旋杯。通过测量，高转速下 3C1B 体系雾化的颗粒直径可以做到更小，这有利

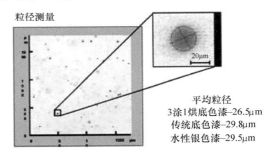

图 12-16　不同体系涂料雾化漆雾粒子分布图

于最终的外观（图12-16）。在条件许可的情况下，对涂料进行适当的加热也可以取得更好的雾化效果。高固体分 3C1B 工艺三道涂层之间的室温（23~28℃）流平时间一般需要控制在 7~10min。

4. 粉末涂料的涂装工艺

随着国家和社会对环境的日益关注和重视，国家大气治理防治规划以及各地方对大气VOC 排放限值陆续出台，对汽车涂装工业的三废排放制定了各种严格的限制，无废水无废渣无废气排放的粉末涂装新技术对于减少排放、降低生产成本具有显著优势。

粉末涂料由树脂、颜填料、固化剂、添加助剂组成，根据不同的外观、硬度、柔韧性、耐化学性、耐候性等的性能要求，有环氧树脂、丙烯酸树脂、聚酯树脂等体系。环氧树脂体系硬而有韧性，可提供优异的力学性能、耐化学性和耐溶剂性，但其热稳定性、耐光、耐候性较差；聚酯树脂体系具备优异的热稳定性和耐候性，可在汽车零部件上应用；丙烯酸树脂

体系具有良好的外观效果及优异的保光保色性,在塔塔汽车货车车身涂装成功应用。目前,粉末涂料在国内多用于家电行业、车架和车厢等产品,粉末涂料的硬度较高,膜厚较厚,因此其涂膜的 DOI、目视饱满度、耐刮破等性能高于液体涂料。粉末涂料与液态涂料在车厢涂装上的应用成本对比见图 12-17 所示,三废排放对比见表 12-15。

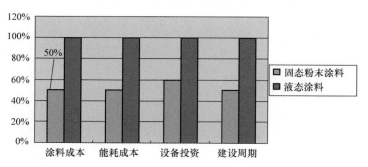

图 12-17　粉末涂料与液态涂料成本对比

表 12-15　粉末涂料与液态涂料三废排放对比

项目	VOC	废水	废渣(危险固废)
固态粉末涂料	0	0	0
液态涂料	$70g/m^2$	$0.2m^3/m^2$	$67.5g/cm^2$

国外对粉末涂装新技术的应用研究较早,粉末涂料与粉末涂装获得工业应用已近半个世纪,在乘用车车身涂装领域,也有一些探索性的应用,如在法国昂巴克的 MCC 公司 Smart 生产基地,其车身骨架采用了全粉末涂装工艺,其涂装工艺流程为前处理电泳—粉末中涂—高温烘干—粉末色漆—预烘干(180℃,10min 以上)—粉末清漆—高温烘干(180℃,20min 以上)。但由于粉末涂料的固化温度高、换色时间长、较难薄膜化、装饰性差等缺点,使其较难在汽车色漆喷涂环节推广应用,因此其在汽车涂装上的尝试应用主要集中在中涂和清漆环节。如通用、克莱斯勒和福特北美三大汽车制造厂商率先在 1996 年先展开汽车车身中涂粉末喷涂研发,采用粉末涂料作为底粉,代替原有的中涂涂装,在美国现在已经有 11 家汽车 OEM 工厂采用粉末涂装汽车生产线,以及前文介绍过宝马的粉末清漆于 1996 年商业化应用。

鉴于以上提及的粉末涂料及涂装的技术瓶颈,大多数汽车企业采用"漆粉组合"工艺,实现"粉末涂料的零 VOC"和"液体涂料的色彩丰富",最大限度地规避了技术限制并发挥了两种涂料各自的优越性。目前全球车身采用粉末喷涂工艺,且已经开始量产的项目主要有如下 5 类:

(1) 前处理 + 粉末中涂 + 色漆 + 清漆(如色漆为素色漆,则无清漆工序),以斯堪尼亚(Scania)为代表

斯堪尼亚(Scania)的重型货车身涂装工艺以"镀锌钢板"为基材,结合特殊的"内腔防腐"技术,无电泳工序,中面涂采用"粉末中涂 + 液体色漆 + 液体清漆"工艺。自 1992 年起,斯堪尼亚即开始使用该工艺,一直沿用至今。目前,斯堪尼亚有两条货车车身

喷粉线，单线生产节拍为30JPH，其全球所有的重卡驾驶室，均使用该工艺。

（2）前处理+电泳+粉末中涂+色漆+清漆

克莱斯勒（Chrysler）的皮卡及轿车采用"前处理+电泳+粉末中涂+液体色漆+清漆"工艺。自20世纪90年代起，克莱斯勒开始使用该工艺，一直沿用至今，并拥有多条车身喷粉线。美国最新的一条皮卡喷粉线，单线生产节拍为70JPH。

（3）前处理+电泳+中涂+色漆+粉末清漆

在1996年，宝马汽车在丁戈尔芬工厂就开始采用前处理+电泳+中涂+色漆+粉末清漆工艺，并应用了较长时间，目前已停止使用。

（4）自泳（或电泳）+粉末单涂层

2007年，塔塔汽车（TaTa）开始使用该工艺喷涂货车及电动汽车，一直沿用至今，有多条喷粉线。在塔塔项目中，阿克苏诺贝尔推出的Interpon A5000车身粉末面漆单涂层工艺，各项性能已达到并部分超过液体清漆，在VOC、效率、综合成本上彰显优势。值得注意的是，塔塔使用了独特的"共固化"技术。汉高的自泳漆在表干后直接喷粉，和粉末涂层一同固化。该工艺大大节约了烘烤能耗，提供了优于传统工艺的层间附着力，获得了国际"PACE"大奖。塔塔印度第2条线，驾驶室+车厢一体喷粉，单线效率可达15JPH。

自2014年开始，江淮汽车（JAC）采用"阴极电泳+粉末单涂层面漆"喷涂货车车厢，选用Interpon A5000粉末面漆，在品质进一步提升的同时，实现良好的经济效益及环境效益。

（5）自泳（或电泳）+粉末Dualcoat工艺

随着技术的进步，粉末的"干碰干2C1B"（即粉末Dualcoat）技术越来越成熟，目前已逐步应用于车身涂装，如1995年克莱斯勒在一款双色车身上首次使用了粉末双涂Dualcoat。由于粉末面漆后预烘干工序要求温度较高、时间较长（180℃，10min以上），限制了粉末面漆的推广应用，据资料显示目前已有公司开发出"粉末色漆+粉末清漆"干碰干喷涂工艺，取消粉末面漆后的预烘干工序，极大地缩短涂装工艺流程、降低能源消耗，目前国内有部分车企正在开展相关技术研究与应用测评。

12.2.2 相关工序过程

涂装工艺流程中包括了很多工序，如前处理工序、电泳工序、涂胶密封工序、中面涂工序、空腔防护工序，每个工序都有特定的控制要求。中面涂工序是保证整车外观、耐候性的关键工序，除此以外的工序，都与整车尤其是车身钢板的耐蚀性息息相关。

1. 前处理工序

前处理包括预清洗（热水洗/洪流冲洗等）、脱脂、表调和磷化的工序。预清洗初步去除表面污染物，脱脂溶解掉表面油脂，例如深拉延油脂、油、蜡和前道工序中产生的其他污染物。清洗之后工件一般会经过传统的磷化工序或较新的薄膜前处理作为过程防腐，在电泳时提高涂层的附着力。磷化处理及薄膜前处理分别对应为两种前处理成膜类型：有晶粒结构的磷化膜和无晶粒结构的网状膜。前处理工序的工艺流程如图 12-18 和图 12-19 所示，对于磷化工艺，有些企业没有采用钝化工序。

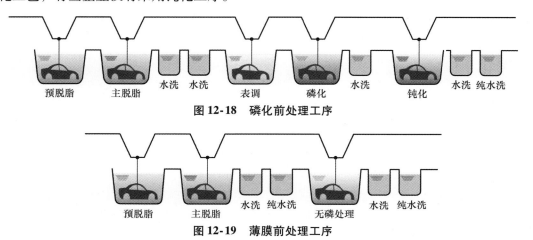

图 12-18 磷化前处理工序

图 12-19 薄膜前处理工序

含铝车身涂装前处理工艺，目前主要有三种工艺方案，分别是传统磷化加氟方式、磷化两步法、薄膜前处理。三个方法的基本介绍如下：

（1）传统磷化加氟方式

铝材在传统磷化加氟方式下的反应机理为，在游离酸作用下，金属铝与酸反应，产生溶解，基体附近 pH 值升高，磷酸盐水解成磷酸根，当 PO_4^{3-} 和成膜离子达到一定溶度积时，磷化膜就在工件表面微阴极区上结晶析出。反应方程式如下：

$$2Al + 6HF \rightarrow 2AlF_3 + 3H_2 \uparrow$$

$$2Al + 6H_3PO_4 \rightarrow 2Al(H_2PO_4)_3 + 3H_2 \uparrow$$

$$Al(H_2PO_4)_3 \rightarrow AlPO_4 + 2H_3PO_4$$

$$3Zn^{2+} + 2H_2PO_4^- + 4H_2O \rightarrow Zn_3(PO_4)_2 \cdot 4H_2O(H 相) + 4H^+$$

$$2Mn^{2+} + Zn^{2+} + 2H_2PO_4^- + 4H_2O \rightarrow Mn_2Zn(PO_4)_2 \cdot 4H_2O + 4H^+$$

$$2Ni^{2+} + Zn^{2+} + 2H_2PO_4^- + 4H_2O \rightarrow Ni_2Zn(PO_4)_2 \cdot 4H_2O + 4H^+$$

当有 Fe^{2+} 存在时，磷化膜中会有 $Zn_2Fe(PO_4)_2 \cdot 4H_2O$ 生成；

$$2Zn^{2+} + Fe^{2+} + 2H_2PO_4^- + 4H_2O \rightarrow Zn_2Fe(PO_4)_2 \cdot 4H_2O(P 相) + 4H^+$$

传统磷化加氟方式主要成膜物质为：$AlPO_4$、$Zn_3(PO_4)_2 \cdot 4H_2O$（H 相）、$Mn_2Zn(PO_4)_2 \cdot 4H_2O$、$Ni_2Zn(PO_4)_2 \cdot 4H_2O$、$Zn_2Fe(PO_4)_2 \cdot 4H_2O$（P 相），铝材磷化机理示意图见图 12-20。

针对传统磷化加氟工艺，现场需要重点管控如下四个方面：

1）严格控制 F^- 浓度：F^- 浓度过高或过低，对于铝合金成膜均有影响，因此选择一个最佳控制范围尤为重要，一般而言，现场 F^- 浓度控制范围为 $150 \times 10^{-6} \sim 220 \times 10^{-6}$。根据各自生产线的特点，进行相关工艺试验及现场工艺验证，最终确定最佳控制范围；

2）严格控制磷化槽液其他工艺参数：如游离酸、总酸、促进剂及 Zn^{2+} 浓度等，确保在

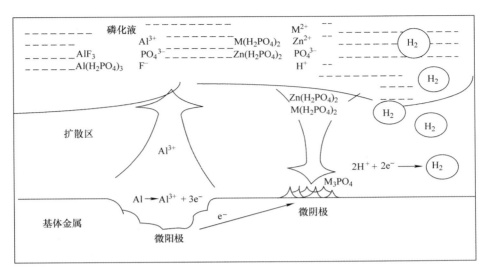

图 12-20 铝材磷化机理示意图

工艺控制范围内。

3）定期检测各种板材的磷化膜重：一台车身可能会同时存在冷轧板、镀锌板、铝板三种板材，三种板材对应的膜重要求分别为：冷轧板：$1.5 \sim 3.5 g/m^2$，镀锌板：$2.5 \sim 4.5 g/m^2$，铝板：$\geq 2 \sim 4 g/m^2$。检测周期为1次/周，可根据各自生产线的稳定状况进行调整检测周期。

4）控制磷化渣含量：槽液中磷化渣含量过高，会导致磷化膜表面颗粒较多，影响产品质量，因此现场需要定期检测磷化渣含量，尽量控制在10mg/L范围内。

（2）两步法

两步法适合于有钝化工艺的磷化前处理生产线，主要原理是磷化槽通过添加金属离子掩蔽剂，让铝在磷化槽液中不发生反应，在钝化槽中形成无定型氧化物膜；利用氟锆酸的水解反应在金属基材表面形成一种化学性质稳定的无定型氧化物，通过加入氧化剂和螯合剂，促进此水解反应的进行，从而获得性能良好的金属表面皮膜。

$$2Al + 6HF \rightarrow 2AlF_3 + 3H_2 \uparrow \quad (1)$$
$$H_2ZrF_6 + 2H_2O \rightarrow ZrO_2 \downarrow + 6HF \quad (2)$$

也就是说，通过反应方程式（1）所表示的腐蚀反应，HF被消耗，使方程式（2）的平衡向右移动，于是，形成表面处理膜的主要化合物ZrO_2和Zr的氢氧化物，如图12-21和图12-22所示。

HF与锆的络合物发生化学反应，生成网状膜，有O、Zr、F、Al，采用XRF测定Zr的含量，膜重为$\geq 10mg/m^2$。

针对两步法工艺，现场需要重点管控如下三个方面：

1）严格控制槽液工艺参数，如总酸：$8 \sim 10g/kg$，pH：$4 \sim 4.5$，反应时间1min。

2）控制膜重：在板材表面，F与锆的络合物发生化学反应，生成网状膜，膜重要求为

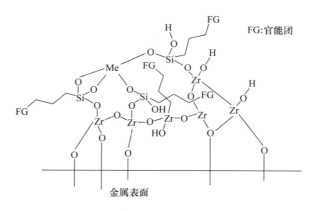

图 12-21　金属表面成膜结构

≥10mg/m²。

3）控制锆含量：采用 XRF 测定 Zr 的含量，Zr 的浓度与膜重成正比。

（3）薄膜前处理

薄膜前处理是新型的涂装前处理技术，以工艺全过程不含磷为典型特征的涂装前处理工艺技术。其典型特点是：无磷及锌镍锰铬等重金属排放，一般不需要加热（室温），排放量小，废渣少，特别适合铝件的表面处理，同时兼容铁板和镀锌板。其反应过程包括无机成膜部分和有机成膜部分。无机成膜部分，主要利用氟锆酸水解反应在金属基材表面形成一种化学性质稳定的无定型氧化物，通过加入氧化剂和螯合剂，促进水解反应的进行，从而获得性能良好的金属表面转化膜。金属表面所获得的膜是锆的氧化物和氢氧化物，而有机成膜部分则如下反应原理所示，通过无机成膜和有机成膜，形成一个有机无机复合结构的膜层。

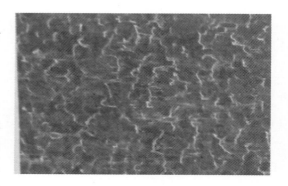

图 12-22　6016 铝板表面成膜 SEM

1）水解后的硅烷〔≡Si（OR$_3$）〕中的（SiOH）硅醇基团与金属表面（Me—OH）金属羟基基团形成氢键，快速吸附于金属表面。

$$(RO)_3—Si—R' + 3H_2O \rightarrow (OH)_3—Si—R' + 3ROH \tag{1}$$

2）在干燥过程中，（SiOH）硅醇基团和（Me-OH）金属羟基基团进一步凝聚，在界面上生成 Si—O—Zr 共价键。

$$SiOH(溶液) + MeOH(金属表面) \rightarrow SiOMe + H_2O \tag{2}$$

3）剩余的硅烷分子则通过（SiOH）硅醇基团之间的凝聚反应在金属表面上形成具有 Si—O—Si 三维网状结构的有机膜。

$$3HO—Si—R' \rightarrow R'(OH)_2Si—O—Si(OH)_2R' + H_2O \tag{3}$$

针对薄膜前处理技术工艺，现场需要重点管控如下四个方面：

1）严格控制槽液工艺参数，如 pH 值：3~4，A、B 剂（A 剂主要为 H_2ZrF_6，主要控制 Zr 含量，一般控制在 0.8~1.3 之间，B 剂主要为金属盐和调节 pH 值的中和剂，主要用分光光度计检测铜含量，一般控制在 0.3~0.9 之间）及 F^- 浓度，现场 F^- 浓度一般控制在 10×10^{-6}~100×10^{-6} 范围内，薄膜工艺铝板不消耗 F^-，镀锌板消耗 F^- 大。

2）严格控制槽液锆含量：一般而言，槽液中的锆含量（XRF 检测）范围为 50~300mg/m^2。

3）定期检测膜重：一般而言，铝板材膜重为 30~100mg/m^2，镀锌板膜重为 100~300mg/m^2。

4）控制槽液温度，在夏天时，由于槽液温度的上升，需要调整处理时间，并严格控制 pH 值，否则将会对涂装附着力产生负面影响。

（4）三种前处理方式对比

三种前处理工艺各有优缺点，其工艺对比及适用范围见表 12-16，可以根据含铝车身中的铝合金比例及现有生产线状态进行前处理工艺方案的选择。

表 12-16　三种前处理工艺对比

序号	前处理方案	工艺特点	铝合金比例
1	传统磷化加氟	1. 为处理游离在磷化槽液中的铝离子，磷化槽液需添加氟离子添加剂并控制氟离子浓度 2. 铝合金磷化渣成渣量为 12~15g/m^2，渣偏细，需要磷化槽液添加磷化结渣剂 3. 磷化槽的循环量需加大到 3~5 次/h	铝合金所占车身比例<20%，适合铝合金、镀锌板、冷轧板共线
2	两步法	1. 磷化液添加遮蔽剂，铝合金在磷化液中不反应成膜，便于磷化槽液稳定及参数控制 2. 磷化后增加钝化槽，进行铝合金钝化处理及其他板材的封闭处理，重点控制钝化膜膜重	铝合金所占车身比例≥20%，适合铝合金、镀锌板、冷轧板共线
3	薄膜前处理	1. 对白车身表面要求高，薄膜前处理对打磨痕遮盖力相对较差 2. 前处理膜电阻值小，关注与电泳漆配套性	铝合金为全铝车身，铝合金所占比例为 100%

2. 电泳工序

汽车涂装阴极电泳自 1975 年左右开始使用，与阳极电泳相比，它具有如下优点：耐蚀性优良，膜厚度分布均匀，环保性更好，边缘覆盖好及电量消耗更低。环氧树脂以其良好的防腐性能和与相邻涂层优良的结合力，常用作阴极电泳涂料的主要成膜物质。电泳工序的工艺流程如图 12-23 所示，一般经过电泳、UF 喷淋清洗 - UF 浸洗 - UF 喷淋清洗 - 纯水浸洗 - 纯水喷淋清洗等，可根据生产工件及生产纲领，确定电泳后清洗的次数。

针对电泳工艺，现场需要重点管控如下五个方面：

1）严格控制槽液工艺参数，如槽液固体分，按照工艺要求控制在（20±1）%，灰分：19%~24%，pH 值：5.4~6.4，MEQ：27±3，槽液电导率：（1700±300）μs/cm，溶剂含

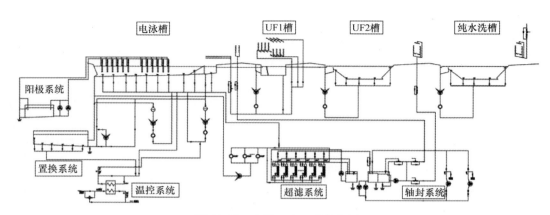

图 12-23　电泳工序工艺流程图

量 0.6%～1.5% 等。

2）定期检测电泳漆膜附着力：电泳漆膜附着力要求为 0 级。

3）定期检测电泳漆膜膜厚：一般而言，车身外表面电泳膜厚 $\geq 18\mu m$；内表面 $\geq 10\mu m$，内腔 $\geq 8\mu m$。

4）定期检测电泳漆膜粗糙度：一般而言，车身垂直面 $R_a \leq 0.3$，水平 $R_a \leq 0.35$（2.5mm 取样长度）。

5）定期检测电泳防腐蚀性能，定期对车身进行拆解，检测车身内腔电泳膜厚达标情况，定期检测电泳漆耐盐雾性能等。

经过电泳清洗后的工件，经沥水后进入电泳烘干炉进行干燥，一般沥水时间保持在 10min 以上，电泳烘干条件一般为 165℃/15min，推荐的烘干曲线见图 12-24。

针对轻量化采用的铝车身由于铝板之间是存在结构胶，推荐焊装设置结构胶烘干炉，如焊装未考虑结构胶烘干工序的情况下，涂装烘干炉设计需要兼顾三点：电泳漆膜的烘干最佳窗口、结构胶的最低烘干要求一般为 $\geq 165℃/10min$，要求车身电泳烘干过程炉温均匀一致、铝板强度硬化需求。

3. 涂胶密封工序

涂装工艺流程中经电泳后的工件，进入电泳打磨及涂胶工序，主要完成电泳后工件的焊缝密封、喷涂抗石击涂料及铺放减振垫或喷涂水性 LASD 材料。对车体焊缝区域涂覆焊缝密封的目的是为防止渗透到金属板之间的水汽和进入车辆内部的水导致焊缝搭接区域的腐蚀问题。焊缝密封胶一般采用高黏性聚氯乙烯（PVC）材料通过无气高压喷涂或高压喷嘴挤胶对焊缝进行密封。工件涂胶后如采用 3C2B 工艺一般会与在中涂喷涂结束后，与中涂一道烘干，对于采用紧凑型工艺的生产线，为保证产品质量一致性，设置胶烘干炉，胶烘干炉的烘干条件为 140℃/15min，实现胶的预凝及与水性面漆良好的配套性。

喷涂抗石击涂料的目的是防护车身下底板易被石击的区域（图 12-25），同时可起到底板防腐作用。喷涂区域一般为汽车车轮包、前底板区域及备胎区域等，一般喷涂区域如图 12-26 所示。

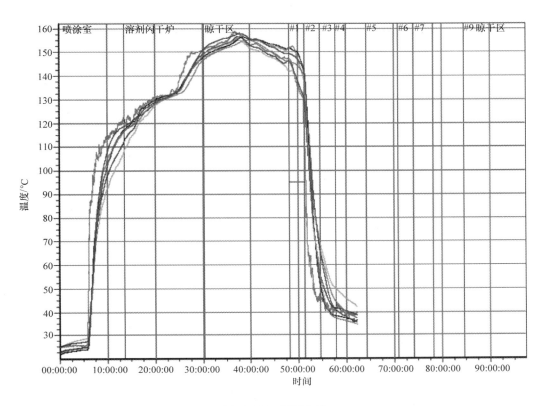

图 12-24 烘干曲线

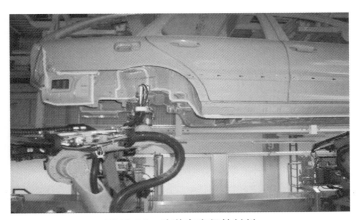

图 12-25 涂装车底保护材料

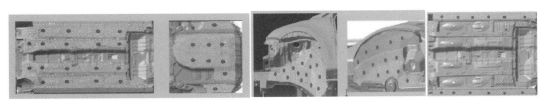

图 12-26 PVC 喷涂区域

在涂胶工位一般还会铺放减振阻尼材料，阻尼垫的作用是通过与车身板材的有效贴合耗散板材振动的能量，达到减振降噪的效果，在外界激励相同的前提下，阻尼材料的阻尼因子越大、板材振动越弱、噪声越低。现在很多涂装生产线已开始采用水性液态可喷涂隔声材料取代传统沥青、聚氨酯树脂阻尼垫以提高车身 NVH 效果、降低材料用量及 VOC，即 LASD（Liquid Applied Sound Deadener），它是以机器人为载体进行液态喷涂，成膜厚度均匀致密、烘干后不开裂，阻尼因子是沥青阻尼垫 2~3 倍，故可提高车身 NVH 效果；传统阻尼垫密度为 $1.2~1.6g/cm^3$，而水性 LASD 的密度为 $0.9g/cm^3$，且 LASD 新型材料的阻尼因子高（图12-27），在同等隔声要求下，材料用量少，行业经验可降低材料用量 30%~50%（图12-28），尤其适合轻量化车身使用。

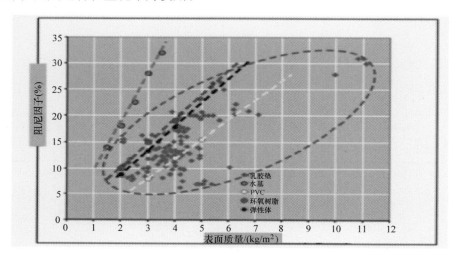

图 12-27　各类材料阻尼因子图

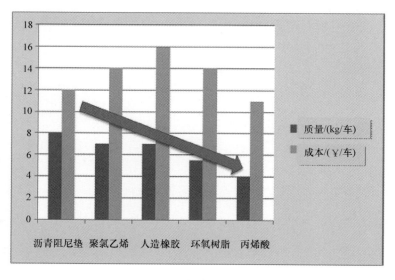

图 12-28　各类材料单台车用量

4. 中面涂工序

涂胶后工件进入中面涂工序。根据前面所介绍的,中面涂工艺分为传统 3C2B 工艺和紧凑型工艺两大类。如采用 3C2B 工艺,需要设置专用中涂喷涂线及中涂烘干,中涂涂层喷涂在电泳涂层表面,保护电泳涂层免受紫外线(UV)辐射,同时为后道面漆涂层提供平滑的表面,并且降低车身下部被石击造成涂膜破坏的风险,车身车间带来的车身缺陷,如表面鼓包和瑕疵、打磨痕等,可以通过中涂打磨来消除。中涂一般采用高压静电旋杯进行喷涂,由于挥发性有机化合物(VOC)排放的限制,大多数企业已经通过采用水性中涂,减少 VOC 排放。如紧凑型工艺,通过 BC1 涂层结合了中涂和色漆材料的特性,在颜色和涂料体系上与后道色漆 BC2(带有效果颜料)材料接近,BC2 涂料喷涂在湿的或闪干后的 BC1 涂层上,展现出色漆的金属效应及外观效果。

采用紧凑型工艺,整个工艺过程只有四道涂层:电泳涂层、BC1、BC2 和清漆,与传统的 3C2B 工艺(电泳涂层,中涂涂层,色漆 1,色漆 2 和清漆五道涂层)相比,具有减少 VOC 排放,降低设备投资费用及运行费用,如表 12-17 所示。

表 12-17 紧凑型工艺费用降低一览表

分项	具体内容
先期设备	减掉中涂机器人和输漆系统 减掉中涂喷漆房、闪干区和烘房 减掉中涂的打磨间和擦净区 减掉中涂的场地和位置
能耗	减掉了中涂工段喷漆间的全部水、压缩空气和能源消耗(空调送排风等) 减掉了中涂工段烘房的能源消耗
人力及运营	减掉了中涂工段的人工,中涂内表面喷涂工人及中涂后打磨擦净工人 减掉了中涂工段的消耗品(中涂涂料、过滤器材、砂纸、黏性擦布、手套等) 减掉了中涂车间的清洁维护费用 减掉了中涂线(机器人、烘干炉、喷漆室、机械化等)的维修费用

但紧凑型工艺相对 3C2B 工艺而言,缺点在于对电泳涂层的外观质量要求较高,一般要求电泳漆膜粗糙度在 $R_a 0.25$ 以下(0.8 步长),同时电泳漆膜未处理到位的缺陷需到面漆涂装完成,精修工位或小修工位方可进行处理,因此采用紧凑型工艺需要加强对板材粗糙度、电泳质量、工艺过程管理的管控,确保涂装产品的一次下线率。

目前水性紧凑型工艺已被汽车行业广泛采用。

5. 空腔防护工序

对于涂装完成的车身,为提升车身的防腐性能一般会在面漆检查合格后采用蜡来密封车身腔体,目前主流汽车企业采用喷蜡或注蜡两种工艺方法。

喷蜡工艺是将特殊的喷嘴插入空腔中进行喷涂,并且精确测量每个空腔内蜡的喷涂量,而注蜡工艺是向空腔内高压注入蜡液。喷蜡工艺一般会有多种类型及不同口径的喷嘴,可根据腔体结构及注蜡孔的尺寸选择最合适的喷嘴型号及尺寸。喷嘴可在压缩空气驱动下360°自动旋转，确保蜡雾分散均匀（图12-29和图12-30）。

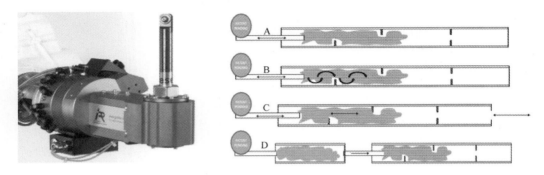

图12-29　喷蜡枪（左）喷蜡腔体结构类型（右）

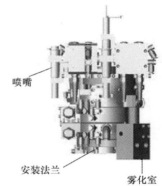

图12-30　使用机器人和喷嘴转换头的腔体防护步骤

对于注蜡工艺，一般为将固态蜡加热到120℃左右，保持蜡处于融化状态，通过自动注蜡设备将熔融状态的蜡注入车身腔体之中，注蜡过程有两种自动方式，一种是采用机器人+喷嘴转换头的注蜡方式，是在喷嘴转换头上布置多个气动翻转喷嘴，机器人从仓匣抓取所需的喷嘴转换头，将其插入到相应的空腔，完成注蜡后，再替换它以抓取下一台车所对应的喷嘴转换头，该方式比较适合多种车型共线生产。另一种自动化方式是在框架中布置多个喷嘴，当车体停在喷嘴固定框架上方并定位后，固定框架升起将所有喷嘴同时插入到车身底板相应孔中进行注蜡。采用该方式，在腔体连通的情况下，可以在短时间内完成同一台车身多腔体的密封工作。

对于涂装后车身的空腔防护而言，可能存在两种工艺方式共存的状态，如某汽车采用的注蜡工艺流程为：四门内外板采用喷蜡—车身底部加热至80℃左右—注蜡（蜡液加热到95℃）—倾斜沥蜡、冷却—车身底部蜡液清洁—转移至总装橇体。车身喷/注蜡分布图如图12-31所示。

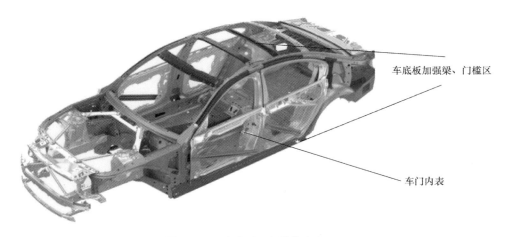

图 12-31 车身喷/注蜡的分布图

12.2.3 涂装工艺新技术展望

目前,能源与环境的危机加速了各国政府对汽车生产中能耗和排放的严格控制。到 2020 年,除美国之外的全球主要的汽车生产与消费的国家和地区,对乘用车燃油油耗的要求都将严格限制在 5L/100km 以下的水平,而且碳排放也更为严格。2017 年,国家开始打响蓝天白云保卫战,全国各地区纷纷出台节能减排政策新规和新能源汽车双积分制度。相关数据显示,汽车轻量化与能耗消耗有着直接关系。传统燃油汽车整备质量每减少 100kg,100km 油耗可降低 0.3~0.6L;新能源汽车每减少 100kg 质量,续驶里程可提升 10%~11%,还可以减少 20% 的电池成本以及 20% 的日常损耗成本。所以,随着新能源汽车全产业体系快速发展,汽车轻量化需求日渐迫切。新能源汽车比较传统汽车,全钢铁车身正悄悄地发生变化,多材料连接的轻量化车身和模块化车身结构等,这些都对新能源汽车涂装工艺提出了全新要求和挑战。

1. 多板材轻量化车身的涂装工艺

新能源汽车与传统以钢制车身为主的模式不同,新能源汽车更多地采用铝合金、高强度钢、碳纤维及热塑性塑料等多材料连接的轻量化车身,因各种基材关注的涂装目标及重点不同,必然推动不同基材采用模块化涂装的概念,其中较为典型的代表为 BMW i3 车型。BMW i3 是一款新能源汽车,它引领"Life – Drive"模块化设计,同时,"Life – Drive"模块化车身架构挑战了传统车车身的结构设计,见图 12-32。

"Life模块":碳纤维增强复合材料的车身骨架

"Drive模块":底盘、驱动、高压锂电池组件

图 12-32 BMW i3 的 "Life – Drive" 模块化车身架构

其车身所用材料如下：

1)"Life"模块由顶盖、乘员舱骨架及外饰塑料件组成。"Life"模块大量地使用了非金属材料，如碳纤维增强塑料（CFRP）、热塑性塑料、热塑性弹性体、胶粘剂和其他轻质材料。车身的内部结构共有 34 个 CFRP 零件，其中包括：13 个 RTM 整体件（48 个预成型件），2 个剖面有泡沫支撑核的 RTM 件，19 个整体纤维增强模压件。各种材料的质量占整车质量比例大约为：CFRP 占 50%、热塑性塑料＋热塑性弹性体 10%、胶粘剂和泡沫 15%。

2)"Life"模块的顶盖材料为再生 CFRP，耐温 85℃。透明涂装效果，外露碳纤维花纹。一般涂装工艺为：（透明腻子—烘干）—罩光漆—烘干。且根据再生 CFRP 的外观的致密程度，可仅涂清漆。涂装材料采用 CFRP 专用涂料。

3)"Life"模块的乘员舱骨架材料为再生 CFRP，耐温 85℃，结构件无涂装。

4)"Life"模块的外饰塑料件材料为热塑性材料。发动机罩、前后车门外板、前翼子板和后防护板采用 PP/EPDM TV30；车顶纵梁材料是 ABS/PC Min20，耐温 85℃。涂装工艺为：底漆—烘干（80℃，30min）—基色漆—闪干—罩光漆—烘干（80℃，30min），基色漆涂料以水性涂料为主。

5)"Drive"模块骨架是铝合金材料，采用阴极电泳或钝化工艺进行防护。

"Life-Drive"模块化车身架构的制造工艺与传统的钢铝车身的冲压、焊接和涂装工艺都有所不同，需要不再冲压，涂装变成离线模块化生产模式，可按再生 CFRP、塑料蒙皮和铝合金 Drive 分为模块化涂装，焊接也变成了以粘接为主、铆接为辅的工艺过程，其工艺路线如图 12-33 所示。

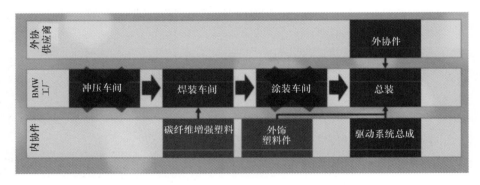

图 12-33　BMW 公司 i3 电动车车身的工艺路线

2. 全铝或钢铝混合车身的涂装工艺

车身轻量化技术中全铝车身或钢铝混合车身也是非常重要的技术路径。其中钢铝混合车身主要是通过车身骨架采用高强度钢材料，外板及车门等采用铝合金材料，实现车身轻量化目标，高强度钢在车身上的分布比例如图 12-34（见彩插）所示。

高强度钢材料一般为含 B 的 C-Mn 钢在热冲压成型过程中，钢材的抗拉强度由 600MPa 提升至 1500MPa 左右，实现零件的高强度化，从而实现减轻车身重量、提高车身安全等级的效果。由于高强度钢材料在热成型过程中极易形成较厚的氧化层，不利于保证焊接强度及

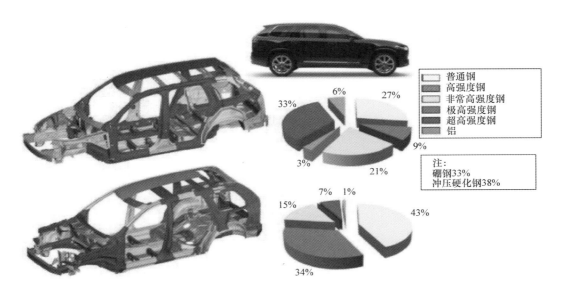

图 12-34　高强度钢车身分布图

涂装电泳成膜，降低车身的防腐性能。因此高强度钢材料在交货前钢板表面镀上一层铝硅（铝≥85%，硅10%）涂层，在热成型过程中与钢材表面形成相互交融的涂层，其微观结构如图 12-35 所示，经中性循环交变盐雾试验，可满足 30 个循环交变试验的防腐要求。

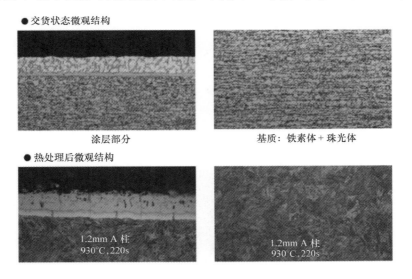

图 12-35　高强度钢硅铝镀层热成型前后的微观结构图

通过高强度钢的应用，可有利于优化车身结构设计，如可减少 A/B/C 柱区域原多层板结构，同时由于已形成耐蚀性良好的硅铝涂层，可适当降低对为保证车身内腔的电泳膜厚而必须保证的最低板间距、电泳通电孔等需求。

全铝车身或钢铝混合车身与现传统的涂装工艺差异较小，一般采用水性 3C2B 工艺或水性紧凑型工艺。

3. 非金属与金属混合车身的涂装工艺

车身的外饰件塑料化也是新能源汽车车身特征之一，主要有热塑性塑料、纤维增强塑料（FRP，俗称玻璃钢）、碳纤维增强塑料（CFRP）等非金属材料。目前，我国新能源车身多为金属与非金属混合材料组成，且金属车身占主导。由于传统金属车身和非金属件的涂装材料和工艺差异很大，二者都是分开涂装，也就是非金属件离线涂装，到总装车间装配到车身上。对于离线涂装，保证不同材质零件的面漆色差一致是生产难点。

随着材料技术的进步，非金属件与金属车身在线/共线涂装工艺有望解决这一难题。如图 12-36 所示，可耐 200℃ 的塑料翼子板可在电泳前或中涂前安装到白车身上，混合材料车身的中涂面漆一体喷涂完成。

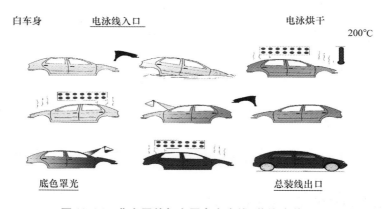

图 12-36　非金属件与金属车身在线/共线涂装工艺

非金属件与金属多种材质车身的涂装可采用低温 120℃（或 80~90℃）固化的中涂和面漆，其涂装工艺见图 12-37。可取消非金属件涂装线，降低烘干能耗，减少 CO_2 排放。

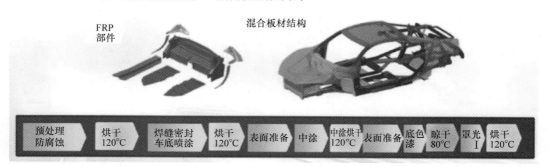

图 12-37　非金属件与金属车身 120℃ 涂装工艺

未来的涂装工艺将是模块化 + 绿色环保 + 智能互联的组合，智能互联将会深度融入汽车涂装工艺设计及规划之中。未来在涂装工艺设计中将会有两点不可或缺：①自动质量分析系统：在涂装工艺设计过程中就考虑每个工序质量数据的采集及分析系统，采集的质量数据如膜厚、色差和橘皮等，通过对这些质量数据的分析及监测，及时调整工艺参数，确保产品质量一致性，从而建立一套质量为导向的工艺控制系统；②大数据管理系统：在工业 4.0 时代的汽车涂装线应该是配有大量传感器和大数据基础上实现各类设备运行数据、车身定位跟踪、工件自动分流、物料和能源消耗自动统计、工艺参数及质量数据的自动分析、自动纠偏的数字化管理系统，并可在此基础上通过网络互联方式实现订单式生产、设备远程监控、远程诊断的网络化方面更加深入，最终实现客户个性化定制的柔性化生产。

第13章
典型零部件轻量化设计案例

13.1 车身结构件的轻量化设计案例

在车身结构件的轻量化设计过程中,采用超高强度钢和热成形钢并适当地降低钢板厚度,是典型的轻量化方式,其中重点的轻量化零件包括如 B 柱加强板、前防撞梁、纵梁、门槛等。

13.1.1 热成形 B 柱轻量化

汽车车身设计在实现轻量化的同时,必须保证安全性能。热成形零件因其具有较高的强度,在保证安全性能的同时,可以达到减重的效果,因此得到了广泛应用。其中,沃尔沃车型应用的热冲压成形钢最多。根据近几年欧洲车身会议的资料统计,2016 年 V90 和 2017 年 XC60 热冲压成形钢应用比例均为 34%。另外统计欧洲车身会议资料,应用热冲压成形钢最多的零件是 B 柱。这是由于在汽车的侧面碰撞中,B 柱是主要的受力部件之一。B 柱的变形模式和能量吸收对其入侵量和入侵速度有重要影响,并最终对乘员的安全性有重要影响。

某车型 B 柱原设计为:冷冲压 B 柱外板、B 柱加强板,其结构及材料情况如图 13-1 所示。经侧面移动壁障碰撞 CAE 分析和侧面刚性柱碰撞 CAE 分析,结果不满足要求。故将 B 柱外板改为热冲压成形材料 HC950/1300HS,并取消 B 柱加强板;同时优化零件局部结构,使其适应热冲压工艺。优化后的结构及材料情况如图 13-2 所示。两种材料的基本性能参数见表 13-1。

表 13-1 材料力学性能

材料牌号	屈服强度 /MPa	抗拉强度 /MPa	伸长率(%)不小于
HC340LA	340~420	410~510	21
HC420LA	420~520	470~600	17
HC950/1300HS	950~1250	1300~1700	5

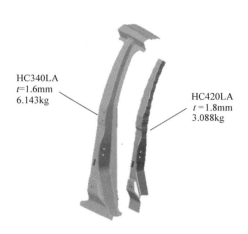
图 13-1　冷冲压 B 柱外板及 B 柱加强板

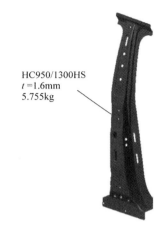
图 13-2　热成形 B 柱外板

采用新方案进行碰撞模拟分析，结果如下。

（1）50km/h 侧面移动壁障碰撞仿真分析

初始速度为 50km/h，采用 1300kg 壁障，根据 E-NCAP 要求，移动壁障 X 向中心在前排 R 点后 250mm 处。对应分析位置的示意图如图 13-3 所示，侵入量及侵入速度情况如表 13-2 所示。

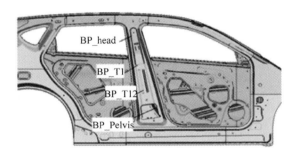

图 13-3　50km/h 侧面移动壁障碰撞对应分析点的示意图

表 13-2　最大相对侵入量及最大侵入速度分析结果

分析项目		位置			
		head	T1	T12	Pelvis
最大相对侵入量/mm	冷冲压成形方案	59	93	93	89
	优化后热成形方案	48	76	71	68
最大侵入速度/(m/s)	冷冲压成形方案	6.5	7.1	6.8	6.9
	优化后热成形方案	5.4	5.8	5.8	5.8

（2）32km/h 75°侧面刚性柱碰撞仿真分析

以 32km/h 为初始速度、75°的角度撞击柱壁障。障碍柱的中心位置与头部中心点位置 X 方向重合，障碍柱的高度要超过车身的最高点，直径为 254mm，材料属性设置为刚体，自由度全约束。对应分析位置的示意图如图 13-4 所示，优化前后的侵入量及侵入速度情况如表 13-3 所示。

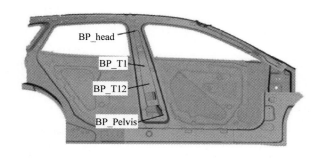

图 13-4　32km/h 75°侧面移动壁障碰撞对应分析点的示意图

表 13-3　最大相对侵入量及最大侵入速度分析结果

分析项目		位置			
		head	T1	T12	Pelvis
最大相对侵入量 /mm	冷冲压成形方案	310	386	372	322
	优化后热成形方案	197	230	240	295
最大侵入速度 /(m/s)	冷冲压成形方案	10.3	11.9	10	8.5
	优化后热成形方案	8.3	9.2	8.7	8.6

从 CAE 模拟分析结果来看，采用热成形 B 柱外板方案的性能要优于原方案。原方案中 B 柱外板与 B 柱加强板的总重量为 9.23kg，采用热成形后 B 柱外板重量为 5.25kg，减重达 43%。考虑到左右对称，热成形 B 柱方案较原方案单台减重 7.96kg。同时焊接工序也比原方案简单，减少生产时间，降低生产成本。

此外，为了达到较好的吸能和驾乘人员保护效果，有些车型将 B 柱分成上下两部分进行激光拼焊，上部采用超高强度钢，下部采用普通的高强度钢板。在满足零件使用功能的前提下，减少了零件数量及重量。例如本田思域 B 柱，上段材料抗拉强度在 1500MPa 以上，下段材料的抗拉强度级别为 600MPa。有些车的 B 柱对于强度有着很高的要求，在原有热成形 B 柱的基础上，设计时增加了热成形衬板，也就是补丁板热成形技术。衬板和 B 柱先焊接，然后一同进行热冲压。这样不但可以大幅度提高 B 柱中上部的强度和刚度，同时也减少了模具及加工费用。有些车型则充分考虑了侧面碰撞发生时 B 柱的变形特点，针对不同的区域选用不同强度或者厚度的材料，采用了多段变厚的设计，或者是变强度的设计。图 13-5 为这几种热冲压 B 柱的示意图。

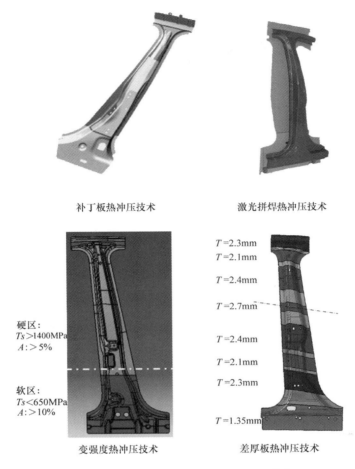

图 13-5　几种先进的 B 柱外板热成形技术

13.1.2　QP980 拼焊 B 柱和门槛的轻量化

QP 钢是近年来在钢铁行业和汽车行业都受到广泛关注的新型汽车用钢，是第三代超高强度钢的一种。Q&P 工艺即淬火 – 配分工艺（Quenching&Partitioning）由美国的 Speer 等人于 2003 年提出。该工艺是通过将钢淬火至马氏体转变开始温度（Ms）和马氏体转变结束温度（Mf）之间，随后在该温度下（一步法）或在 Ms 温度以上（二步法）保温，从而得到保持稳定的富碳残余奥氏体。经过 Q&P 工艺处理后，组织中的马氏体和适量的稳定残余奥氏体使材料具有高强度的同时保持了良好的塑性，所以 QP 钢可以同时满足汽车零件复杂造型和高强度的要求。采用 QP 钢进行轻量化也是近年来使用越来越广泛的轻量化手段之一。

在某车型开发中，出于轻量化的考虑，在门槛加强板和 B 柱外板分别采用了 $t1.2$ 的 QP980 和 $t1.8$ QP980 的激光拼焊板，相对初版设计方案单侧轻量化 4kg 以上。新老方案的重量对比见表 13-4，结构示意图见图 13-6。

表 13-4　采用 QP980 的轻量化设计后的用材和减重效果

	门槛 加强梁	门槛加强梁 支撑板	B 柱 加强板	B 柱骨架 加强板	B 柱内板	重量 总计
初版方案	H420/780DP t1.5	H420/780DP t1.2	H340/590DP t1.4	H340/590DP t1.5	H340/590DP t1.0	16.4kg
优化方案	QP980　t1.2	（取消）	QP980 t1.8/ H340/590DP t1.4	（取消）	H340/590DP t1.2	12.0kg

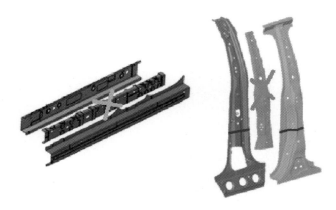

图 13-6　某车型门槛及 B 柱轻量化设计示意图

通过 CAE 碰撞模拟分析对初版方案和采用 QP980 的轻量化方案的侧碰效果进行了比较，分别从 B 柱侵入量、门槛最大侵入量、B 柱到座椅中心面距离和 B 柱最大侵入速度等 4 个角度对结构抵抗侧碰的效果进行了评价，结果见表 13-5。从碰撞仿真的结果来看，由于取消了结构内部的加强板，对抗侧碰产生了不利的影响，造成侵入量的增加和侵入速度的增大，但总体而言在可接受范围内。

表 13-5　侧碰模拟分析结果比较

	50km/h 侧碰评价项目	初版方案	QP980 方案
生存空间	B 柱侵入量/mm	82.6	95.7
	门槛最大侵入量/mm	57.6	77.1
	B 柱到座椅中心面距离/mm	276	264
	B 柱最大侵入速度/(m/s)	3.47	3.61

由于 B 柱加强板的成形难度较大，采用局部应变测量的方法重点检查了 B 柱加强板重点区域的变形量。拉延后的零件图片见图 13-7，典型应变值见表 13-6。

在实物验证阶段，进行了白车身的四通道试验和整车道路试验，使用 QP980 的零件和焊点都未出现开裂等现象。在实车碰撞后，QP980 激光拼焊 B 柱外板和门槛加强梁也表现良好，整体性能良好，碰撞侧车门可正常打开，门槛变形较少，B 柱仅下端底部有变形，未见材料开裂。在该车型开发过程中，通过采用 QP980 高强度钢起到了轻量化的显著效果。

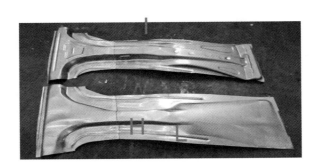

图 13-7 拉延后的 QP980 拼焊 B 柱加强板（上）和
作为对比的拉延到临近状态的 DP980 拼焊 B 柱加强板样件（下）

表 13-6　QP980 拼焊 B 柱加强板样件典型区域的减薄率

位置	e1（%）	e2（%）	减薄率（%）	位置	e1（%）	e2（%）	减薄率（%）	位置	e1（%）	e2（%）	减薄率（%）
I1	24	0	19.4	H1	20	2	18.3	L1	21	4	20.5
I2	22	3	20.4	H2	20	2	18.3	L2	17	0	14.5
I3	22	3	20.4	H3	20	0	16.7	L3	17	1	15.4

13.2　底盘零件的轻量化设计案例

内高压成形是一种加工空心轻体零件的先进成形制造技术。其成形原理：首先把管坯放到模具中，闭合模具，通过对管坯内部加压和轴向加力补料把其压入到模具型腔使其成形。对于产品轴线为曲线的零件，需要把管坯预弯成接近零件形状，然后加压成形。与传统冲压成形相比，内高压成形具有重量轻、刚度大、零件形状和尺寸精度高、总成零件冲压件数量和焊缝长度减少等特点。

内高压成形技术是整车轻量化的关键技术之一，欧美汽车公司已广泛应用了这一技术。目前，国外已有 250 多条内高压成形生产线，生产零件种类十几种。大部分汽车公司都建立了内高压成形生产线，如德国大众汽车公司在 Braunschweig 拥有 5 条内高压生产线，此外宝马公司、欧宝公司、丰田公司、福特公司也都拥有自己的内高压生产线，并利用内高压成形技术开发悬架系统零件、排气系统零件、转向系统零件和车身 A、B、C 柱等零件。

某车型的副车架采用内高压成形设计，主管材料为 STKM13B，钢管规格为：直径 63.5mm，壁厚 2.0mm。零件为空间曲线类零件，沿轴线方向上的截面是变化的。对于这类零件的成形工序主要有弯管、预成形和内高压成形，如图 13-8 所示。

针对以上加工过程，首先进行了成形 CAE 模拟分析。

（1）弯管

图 13-9（见彩插）为弯管过程中钢管的 FLD 图及厚度分布情况。

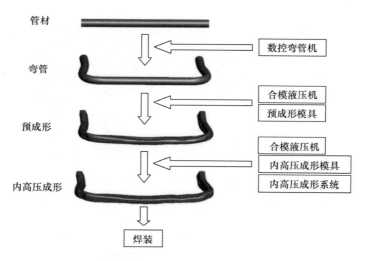

图13-8 某车型副车架主管内高压成形工艺

图13-9 弯管过程中钢管的FLD和厚度分布图

图13-10（见彩插）为弯管后钢管的壁厚分布。由图13-10可以看出：在位置1处，钢管的壁厚最小，其壁厚减薄率为12.5%；而在位置2处，钢管的壁厚最大，其壁厚增大率为53.5%。

（2）预成形

图13-11（见彩插）为预成形过程中钢管的FLD图及厚度分布情况。

图13-12（见彩插）为预成形后钢管的壁厚减薄率分布，从图中可以看到，在位置1处，钢管的壁厚减薄率最大，为13.47%。

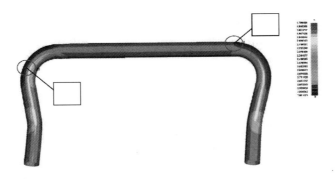

图 13-10　弯管后钢管的壁厚分布

图 13-11　预成形过程中钢管的 FLD 和厚度分布图

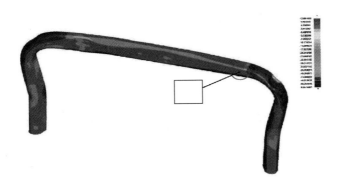

图 13-12　预成形后钢管的壁厚减薄率分布

(3) 内高压成形

图 13-13（见彩插）为内高压成形过程中钢管的 FLD 图及厚度分布情况。

图 13-13 内高压成形过程中钢管的 FLD 图和厚度分布图

图 13-14（见彩插）为内高压成形后钢管的壁厚减薄率分布，从图中可以看到，钢管最大壁厚减薄发生在位置 1 处，其最大减薄率为 23.43%。

图 13-14 内高压成形后钢管的壁厚减薄率分布

图 13-15（见彩插）、图 13-16（见彩插）和图 13-17（见彩插）为现场调试结果，可以看出成形破裂位置与模拟分析中壁厚减薄最大位置相吻合。

图 13-15 试验样件

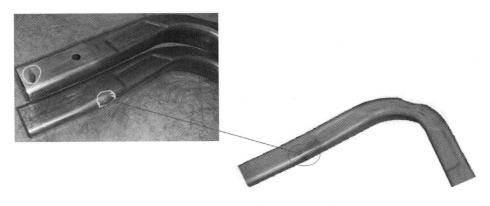

图 13-16　模拟结果与调试结果对比

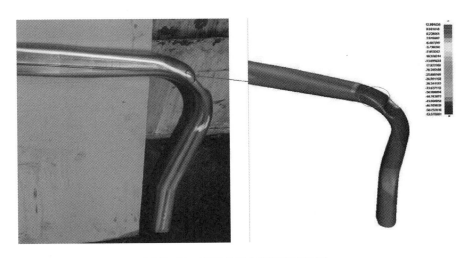

图 13-17　模拟结果与调试结果对比

对成形后的前副车架主管进行壁厚检测，首先将内高压成形零件沿典型截面切开，如图 13-18（见彩插）所示，之后用卡尺对每个截面进行壁厚测量。

图 13-18　壁厚检测截面位置

实际测量后,截面 A 壁厚最小值为 1.78mm,最大减薄率为 11%;截面 F 壁厚最小值为 1.68mm,最大减薄率为 16%;截面 B 壁厚最小值为 1.84mm,最大减薄率为 8%;截面 E 壁厚最小值为 1.68mm,最大减薄率为 16%;截面 C 壁厚最小值为 1.68mm,最大减薄率为 16%;截面 D 壁厚最小值为 1.72mm,最大减薄率为 14%。

通过采用内高压成形副车架,该车型实现减重约 3kg。

参 考 文 献

[1] 赵娣,陈晓磊. 汽车 B 柱轻量化设计及碰撞分析 [J]. 上海汽车,2014 (1):25 – 27.

[2] 鲁后国,李铁柱,阚洪贵. 基于仿真分析的汽车 B 柱侧面碰撞性能设计 [J]. 机械设计与制造,2017 (7):220 – 222.

[3] 李军,路洪洲,易红亮,等. 乘用车轻量化及微合金化钢板的应用 [M]. 北京:北京理工大学出版社,2015.